歴史教科書と著作権

育鵬社歴史教科書事件判決を批判する

小山　常実

三恵社

はじめに

平成二十三（二〇一一）年三月、平成二十二年度検定に申請していた育鵬社の『新しい日本の歴史』（伊藤隆執筆者代表、二十四年度から二十七年度使用）が検定合格した。この教科書は、「新しい歴史教科書をつくる会」（以下、「つくる会」と略記）が主導して作り上げた『新しい歴史教科書』（藤岡信勝代表執筆者、扶桑社、平成十六年度検定、十八年度から二十三年度使用）と多くの部分で酷似した内容と酷似した文章から成るものであった。

例えば、二つの教科書は「稲作開始」に関して次のように記していた。傍線部は、筆者が付したものであり、文章表現が酷似ないし同一と思われる部分である。

●『新しい歴史教科書』（平成十七年版、扶桑社）

すでに日本列島には、縄文時代に大陸からイネがもたらされ、畑や自然の水たまりを用いて小規模な栽培が行われていたが、紀元前4世紀ごろまでには、灌漑用の水路をともなう水田を用いた稲作の技術が九州北部に伝わった。稲作は西日本一帯にもゆっくりと広がり、海づたいに東北地方にまで達した。（24頁）

●『新しい日本の歴史』（平成二十三年版、育鵬社）

わが国には、すでに縄文時代末期に大陸からイネがもたらされ、畑や自然の湿地で栽培が行われていました。その後、紀元前4世紀ごろまでに、灌漑用の水路をともなう水田での稲作が、大陸や朝鮮半島から九州北部にもたらされると、稲作はしだいに広がり、東北地方にまで達しました。（24頁）

この例は、酷似のレベルを越えてデッドコピーと言えるほど類似している。明らかに、育鵬社の文章は、『新しい歴史教科書』を模倣どころか盗作して作り上げられたものである。育鵬社版には、デッドコピーとは言わなくても、『新しい歴史教科書』と酷似した箇所が全部で四七箇所も存在した。そこで、『新しい歴史教科書』の著作権を有する代表執筆者藤岡信勝氏は、「つくる会」の方針のもとに、平成二十五年四月、育鵬社や伊藤隆氏ら執筆者が上記例を含む四七箇所で氏の著作権を侵害しているとして東京地裁に提訴した。

しかし、平成二十六（二〇一四）年十二月十九日、東京地裁は原告敗訴の判決を下し、デッドコピーとも言える上記例を含めた四七箇所全てについて著作権侵害を認めなかった。これに対して原告は、著作権侵害であると主張する部分を二一箇所に絞って知財高裁に控訴した。だが、平成二十七年九月十日、知財高裁は、東京地裁判決の趣旨をほぼそのまま繰り返し、控訴を棄却した。原告・控訴人は、控訴に際して育鵬社等の行為は不法行為を構成すると主張したが、知財高裁は不法行為の成立も認めなかったのである。

しかし、このような知財高裁の態度は正しいものであろうか。常識的に考えて、上記例のように百字を優に超えるデッドコピーは、当然に不法行為であり、著作権侵害行為ではないだろうか。事実、その点を意識していたのか、育鵬社は、同年四月に検定合格した『［新編］新しい日本の歴史』では、「稲作開始」の部分を、基本的内容は変えずに具体的文章を次のように全く変えてしまっていた。

大陸や朝鮮半島から伝わった水田稲作は、縄文時代の終わりごろに北九州で本格的に始められました。その後、水田稲作は、北海道や沖縄などを除く日本中に、しだいに広まりました。（28頁）

育鵬社は、「稲作開始」の箇所における盗作又は著作権侵害を自覚していたと推測される。だからこそ、全く違う文章に変えてしまったのである。にもかかわらず、控訴審は、不法行為も著作権侵害も認めなかった。結局、一審も二審も、『新しい歴史教科書』から多数の部分を盗作して作成した教科書を合法と認めてしまったのである。ちなみに、控訴審でも著作権侵害であると控訴人側が主張した二一箇所について調査したところ、そのほとんどで文章が修正されていた。

「つくる会」理事を務める筆者は、平成二十三年から五年間、この育鵬社歴史教科書問題を追い続けてきた。他の仕事をしている時も、この問題が筆者の頭から離れることはなかった。それゆえ、二審判決を前にして、このように非常識な判断がなされた理由について考え続けた。判決の論理とはどういうもので、果たして正しいものであろうか。折に触れて、筆者は自問し続けた。これらの問いに対する答えはなかなか見付からなかった。

ただし、はっきりしていることが一つだけあった。それは、二審判決は歴史教科書の著作権を原理的に否定するものだということである。それゆえ、今後の歴史教科書はいろいろな教科書から文章を切り貼りして作っても、1頁以上の文章を他社から丸ごと盗作しても合法であるということになる。歴史教科書については盗作し放題の状態が訪れる危険性があるということだけは、筆者にとって明白であった。

筆者は、この危険性を少しでも減らすためには、判決、特に二審判決に対する批判が必要であると考え続けた。平成二十八年一月になって、この作業に集中する余裕が生まれた。以来、数か月、判決批判を一応完成させることができた。その成果が本書である。

本書の第一章では、育鵬社はどのように『新しい日本の歴史』を作成し、どのような著作権侵害及び盗作を行ったのか、また、何故に裁判で争われるまで事態はこじれたのか、これら二つの課題について検討していくこととする。

第二章では、一審で何が争われたか、著作権侵害を認めなかった一審判決の論理とはどういうものか、明らかにしていく。第三章では、被告側を勝利に導いた乙45号証などの証拠に焦点を合わせて、それらがどのような証拠だったか、検討していく。次いで第四章では、二審で新たに控訴人側が主張した論理を明確にしたうえで、二審で何が争われたか、控訴棄却した二審判決とはどういうものか、明らかにしていく。

第五章では、著作権法の本義に照らして、判例・学説との絡みで、二審判決はどのように位置づけられるか、検討を試みることとする。

本書の目的は、二審判決の不当性を、著作権法の専門家及び著作権問題に関心のある人達に訴えて、このように不当な判決が二度と出されないような社会的世論を形成することにある。もともと筆者が育鵬社歴史教科書問題に関心を持ったのは、「つくる会」理事という立場からであり、育鵬社が『新しい歴史教科書』の内容ばかりか、文章までも模倣して教科書作成を行ったことに対する憤りからであった。しかし、判決が確定した今となっては、育鵬社に対する批判よりも、判決に対する批判こそが重要である。判決批判が的確なものとなっているかどうかは、読者の判定に委ねたい。

目次◆歴史教科書と著作権――育鵬社歴史教科書事件判決を批判する

第一章　育鵬社歴史教科書は盗作だった

第一節　『新しい日本の歴史』の作成方法

そもそも、『新しい日本の歴史』は、何故に世の中に登場したのであろうか。振り返ってみれば、『新しい日本の歴史』の執筆者代表伊藤氏と『新しい歴史教科書』の代表執筆者藤岡氏は、共に「つくる会」の主要メンバーとして活動し、『新しい歴史教科書』を二度にわたって送り出している。また、『新しい歴史教科書』を送り出すにあたって、扶桑社と「つくる会」は協力し合っていた。ところが、平成十八（二〇〇六）年に「つくる会」は分裂し、伊藤氏と八木秀次「つくる会」元会長らは「つくる会」を出ていき、八木氏を理事長とする日本教育再生機構が作られた。「つくる会」が主導して作られた教科書との関連で言えば、『新しい歴史教科書』の執筆者のほとんどは「つくる会」に残留し、逆に『新しい公民教科書』の執筆者は全て八木氏らと行動を共にすることになった。

この「つくる会」分裂を受けて、扶桑社は、『新しい歴史教科書』は〈右過ぎるから〉という理由から「つくる会」との提携を解消した（『自由』平成二十年二月号）。そして、『新しい歴史教科書』や『新しい公民教科書』とは別個に新たな歴史教科書と公民教科書をつくるために、平成十九年、百パーセント子会社の育鵬社を設立した。この育鵬社は、新しく自分たちが作る教科書は「朝日新聞に批判されるようなものにはならないはずですよ」と語っていた（『ＡＥＲＡ』二〇〇六年七月三日号）八木氏らと提携する。そして、『新しい歴史教科書』とは別個に『新しい日本の歴史』

を作り、平成二十二（二〇一〇）年度に検定申請し、検定合格させたのである。

こうして『新しい歴史教科書』に批判的な育鵬社と八木氏らが結び付いて作られた『新しい日本の歴史』が、『新しい歴史教科書』と酷似した教科書だったのである。何とも、びっくりする事態が生じたと言えよう。

手抜きで作った育鵬社歴史教科書

では、育鵬社や伊藤氏らは、そもそもどのように『新しい日本の歴史』を作成したのであろうか。作成方法は、平成二十五（二〇一三）年十二月八日、一審の過程で提出された乙42号証によって一定程度知ることができる。この証拠は、中学校教員大津寄章三氏が提出した陳述書である。筆者がこの陳述書を見たのは一審終了後であったが、これによれば、『新しい日本の歴史』を実際に執筆したのは、一部の単元を除けば全て大津寄氏であった。大津寄氏は、平成二十（二〇〇八）年四月から二十一年十二月まで、一年九箇月で原稿を仕上げたという。氏は次のように述べている。


《20年4月（傍線部は引用者──以下同じ）の編集会議で、……執筆自体を私が行うという想定外の事態となり、以後手探り状態で執筆に没頭することとなりました。

翌21年12月までの2年近くは、一定量の執筆をしてはメールで送るとともに、編集会議で出た意見をもとに手直しした原稿を再送付するという作業のくり返しとなりました。その間17回上京し、育鵬社にこもって3日間執筆に追われるという強行日程も2度経験しました。

執筆分は文化の領域の一部や江戸時代の大半、どうしても思いつかない部分を除き、本文約70時間分及び扉、コラム（ミニコラム含む）、課題学習約50本でした。また、本文は育鵬社から台割りが示されていたため、それに基づいて執筆しました。》

この部分で筆者が気になったのは、平成二十（二〇〇八）年四月という検定申請まで二年しかない切羽詰まった時期からようやく原稿を執筆し出したということである。しかも、基本的に大津寄氏が一人で二十一年十二月までの一年九箇月で執筆したという。氏は、単元本文70時間分に加えて、コラムや課題学習など50本を仕上げている。二一箇月の間に、計１２０本もの原稿を作成する作業を行い、且つ何度も修正しているのだ。この作業は、一人で一年九箇月で出来るとは筆者には到底思えない。氏は、三日間ずつ二度缶詰め状態で執筆したことを誇っているが、その程度でこなせる分量ではない。

筆者は、平成十九年七月から二十一年十二月まで中学校公民教科書の執筆作業を二年半行った。公民教科書は基本的に五人で分担して単元本文を作成したが、それでも平成二十二（二〇一〇）年四月の検定申請に間に合わせるのにギリギリであった。全体構想を立てたとはいえ、筆者が執筆したのは、単元本文とコラムを合わせて17本に過ぎない。それでも、二年半のうち一年半は完全に公民教科書作成作業に忙殺された。

どう考えても、公民教科書執筆の方が、歴史教科書執筆よりも時間がかからない。また、我々の多くは大学教員であったから、中学校教員である大津寄氏よりも教科書執筆に時間を割くことのできる立場であった。もちろん、社会科を教えてきたという立場からすれば、我々よりも執筆時間が短くて済むのかもしれないが、単純計算で筆者が一年ないし二年で行った7倍もの作業を、氏がまともに完遂したとは到底思えないのである。何か極めて効率的な方法を採らなければ、120本もの教科書原稿を一年九箇月で一人が執筆することはできないであろう。

最初と最後に他社教科書の記述を見て執筆した大津寄氏

では、氏はどういう方法を採ったか。氏は続けて次のように述べている。

《執筆方法としては、まず各社教科書の本文記述に目を通し、大まかな内容と重要語句、分量を把握した後、一から文章を「一太郎」のソフトを用いて入力するという方法をとりました。執筆にあたっては、これまで長年自分が授業でおこなってきた展開方法や自作の予習プリント、板書図などをベースとして、その上で他社の教科書記述を参考にしながら、教科書にふさわしいものとなるよう文章を紡いでいきました。》

氏は、まず「大まかな内容と重要語句、分量を把握」するために、各社教科書の本文記述に目を通している。次いで文章を実際に紡ぐために「他社の教科書記述を参考に」している。二度も、他社教科書の内容や文章に影響される形で執筆していることに注目されたい。要するに、盗作の起きやすい形で、氏は執筆していたのである。

そして最も参考にしたのが、思想傾向が近い『新しい歴史教科書』であった。それゆえ、氏は、『新しい歴史教科書』から、いわゆるデッドコピーさえも多数行った。例えば、育鵬社教科書は、国分寺建立について次のように記している。

《聖武天皇は、国ごとに国分寺と国分尼寺を建て、日本のすみずみに仏教をゆきわたらせることで、政治や社会の不安をしずめ、国家に平安をもたらそうとしました。また、都には全国の国分寺の中心として東大寺を建立し、》（45頁）

これは、『新しい歴史教科書』の次の記述を書き写して、少々言葉を付け足せば出来上がるものである。

《聖武天皇は、国ごとに国分寺と国分尼寺を置き、日本のすみずみにまで仏教の心を行き渡らせることによって、国家の平安をもたらそうとした。都には全国の国分寺の中心として東大寺を建て》（45頁）

氏の陳述書を昨年二月に分析してみた時、筆者は、このような方法で執筆すれば、育鵬社のように手抜きで教科書を作ることもできたのは当然であると納得したものである。

第二節 「つくる会」側著者が基本的に作成した『新しい歴史教科書』

藤岡氏は八二単元中七五単元の著作権を有する

さて、原告側は、なぜ、『新しい日本の歴史』が『新しい歴史教科書』の代表執筆者である藤岡氏の著作権を侵害したと主張したのか。それは、『新しい歴史教科書』の著作権は、基本的に藤岡氏や西尾幹二氏など「つくる会」側著者に存在したからである。この点は、平成二十一年八月二十五日東京地裁判決が認定した事実である。

平成二十（二〇〇八）年六月十六日、西尾氏や藤岡氏ら「つくる会」側著者4名は、東京地裁民事部に提訴し、扶桑社に対して、『新しい歴史教科書』の出版等を平成二十二年三月一日以降しないように求めた（平成20年（ワ）第16289号・書籍出版等差止請求事件）。だが、翌二十一年八月二十五日、東京地裁判決が出され、扶桑社に対して平成二十三年度までの出版権が認められた結果、「つくる会」側の請求は認められなかった。

それゆえ、この訴訟は、扶桑社側、日本教育再生機構側の全面勝訴であるかのように誤解され、育鵬社版歴史教科書が扶桑社版歴史教科書の後継教科書であるかのような宣伝が行われてきた。そして、この宣伝は広く浸透してきたように思われる。ところが、判決は、こと著作権の帰属問題については、「つくる会」側著作者の主張を全面的に認め、全八二単元中七五単元について藤岡氏らの著作権を認めた。藤岡氏は、この七五単元全てについて西尾氏らとの共有著作権あるいは単独著作権を認められている。

裁判における二つの争点——著作権関係と出版権関係

裁判は、主に二つの争点をめぐって争われた。第一に、『新しい歴史教科書』は結合著作物か共同著作物かという、著作物の性格をめぐって争われた。藤岡氏ら原告は結合著作物であると位置づけ、自分たちの著作権を、扶桑社の意思と無関係に行使できると主張した。これに対して、被告である扶桑社は、共同著作物であると位置づけ、藤岡氏らは扶桑社の同意なしに著作権を行使できないと主張した。

第二に、出版許諾契約の内容をめぐって争われた。原告は、藤岡氏ら著作者と扶桑社との間で合意された出版許諾契約は、もともと平成十八（二〇〇六）年度から二十一年度まで四年間だけの発行期間を認めたものであると主張した。これに対して扶桑社は、出版許諾契約は、新しく改訂された教科書が発行されるまでの発行期間、すなわち平成二十三年度までの六年間の発行期間を認めたものであると主張した。

結合著作物か共同著作物か

「結合著作物」と「共同著作物」とでは、どう違うのか。「結合著作物」の例としては、新聞小説の本文と挿絵、音楽における曲と歌詞といったものが存在する。新聞小説の場合は、小説家が本文を書き、挿絵画家が挿絵を描いて一つの新聞小説が完成する。また、音楽の場合は、作曲家が楽曲を、作詞家が歌詞を作って完成する。本文と挿絵は一体のものとして一つの作品を形成するし、楽曲と歌詞も一体のものとして一つの作品となる。だが、本文と挿絵は、それぞれ別の著作者によって作成されたものであり、本文と挿絵を分離して、個別に利用することは可能である。楽曲と歌詞の場合も、同じことが言える。このように分離して利用することの可能なものを「結合著作物」という。「結合著作物」と認定されれば、藤岡氏らは、扶桑社の同意を得ることなく、単独で著作権を行使できることとなる。

これに対し、AB二人の学者が共同で書き上げた論文のような場合には、分離して利用することは不可能である。Aが書いた部分はここ、Bが書いた部分はそこというふうに分離できないからである。二人の画家が共同して描いた絵の場合にも、同じことが言えよう。このように分離して利用することの不可能なものを「共同著作物」という。「共同著作物」と認定されれば、著作権は著者たちと出版社との共有となる。したがって、例えば藤岡氏らは扶桑社の意思を無視して単独で著作権を行使できなくなる。ただし、逆に扶桑社側も、藤岡氏らの意思を無視して著作権を行使することはできないことも、勿論である。

『新しい歴史教科書』は結合著作物である

では、『新しい歴史教科書』は結合著作物なのか、共同著作物なのか。一般に、教科書は共同著作物とされることが多い。一般の教科書では、本当はおかしなことであるが、奥付にある著者は名前を貸すだけで教科書編集者が本文を執筆している極端な場合もある。また、著者が執筆したとしても、編集者が原形を留めないほどに書き直すことも多い。要するに、一般の教科書の場合、編集部が主導して内容も形式も含めて教科書を作成するケースが多い。それゆえ、教科書は、個別に分離して利用することが不可能なことが多く、一般的に、複数の著者と出版社との共同著作物とされることが多いのである。

ところが、扶桑社の『新しい歴史教科書』は、編集部ではなく、著者主導で作られた。そして、著者自身が単元本文などを苦心して実際に執筆しており、ページ単位で執筆者を特定することもできる。それゆえ、教科書の単元本文やコラムを個別に教科書本体から分離利用することも可能である。東京地裁は、これらのことを考慮して「結合著作物」であると判示した。そのうえで、藤岡氏ら「つくる会」側著者にほとんどの単元本文等の著作権を認めたのである。
それゆえ、地裁判決の立場からすれば、藤岡氏らは、扶桑社の同意を得ることなく、七五の単元本文などの著作権を行使できることになるのである。

扶桑社・育鵬社の出版権は平成二十三年度で終了した

このように著作権をめぐる第一の争点では藤岡氏らの全面勝利であったが、出版権をめぐる第二の争点では扶桑社側が全面的に勝利した。地裁判決は、出版許諾契約は「本件教科書の改訂が行われ、改訂された新しい教科書が発行されるまで」の発行期間を認めていたと判示した。そして、扶桑社版教科書は改訂されていないから、二十二年度と二十三年度も発行期間として認められるとした。既に平成二十一年度採択戦を経て二十二年度からの使用開始が決まっていた扶桑社版教科書の出版を差し止めた場合に出る社会的影響の大きさに配慮したものと思われる。

しかし、注目しておかなければならないのは、地裁判決が扶桑社に認めた権利は、平成二十三年度までの出版権にすぎないということである。『新しい歴史教科書』の出版権は、扶桑社には平成二十四年度以降なくなってしまったのである。当然、扶桑社の子会社である育鵬社にも出版権は全く認められない。にもかかわらず、扶桑社＝育鵬社は、扶桑社版『新しい歴史教科書』と、酷似した『新しい日本の歴史』を出版したのである。

結局、扶桑社＝育鵬社及び日本教育再生機構側は、『新しい歴史教科書』の記述を基にした教科書をつくる権利を、どのような意味でも持っていなかったのである。このことを確認しておきたい。

西尾氏や藤岡氏が中心になって作った『新しい歴史教科書』

では、何ゆえに、「つくる会」側著者にほとんどの著作権が認められたのか。それは、『新しい歴史教科書』を中心的に作ってきたのが西尾氏や藤岡氏等の「つくる会」側著者だったからである。前述の東京地裁判決は、扶桑社から出版された『新しい歴史教科書』初版と改訂版の作成過程を検討したうえで、その点を明らかにしている。作成過程については、詳しくは地裁判決、あるいは新しい歴史教科書をつくる会編著『歴史教科書盗作事件の真実』(自由社、二〇一二年)を参照されたい。

簡単に作成過程を振り返れば、『新しい歴史教科書』初版(平成十三年)は、代表執筆者である西尾氏が中心となり、作成したものである。原稿を執筆したのは、西尾、藤岡、高森明勅、故坂本多加雄、小林よしのり、田中英道氏らである。田中氏が執筆したのは、文化史関係の単元やコラムである。原稿を検討するために何度も行われた編集会議には、田中氏以外の前記執筆者と、編集部の真部栄一氏やB氏、そして伊藤隆氏らが参加した。

次に『新しい歴史教科書』の改訂版は、西尾氏が代表執筆者を退き、藤岡氏が中心になって作成された。改訂版は、初版本の理念を継承しつつも、頁数の削減、文体統一などを行い、初版本を大幅にリライト、あるいは一から起稿して作成したものである。当初は、当時の「つくる会」会長田中氏が古代から中世を、近世以降を藤岡氏が、それぞれ執筆することになっていた。だが、田中氏の原稿が中学校用教材として不適切だと指摘され、古代から中世の単元についても藤岡氏が執筆した。

原稿は、平成十五（二〇〇三）年中に出来上がり、執筆担当者や伊藤氏ら5名の監修者と数名の教育関係者による検討を経て、編集会議を通じて原稿が修正された。編集会議には、執筆者である藤岡、高森、九里幾久雄氏と編集部B氏の４名が参加した。

教科書作成に尽力していない扶桑社と日本教育再生機構側知識人

以上みてきたように、日本教育再生機構側の知識人は、特に改訂版の段階ではほとんど教科書作成に関与していないことに注目されたい。また、扶桑社も、初版段階こそ教科書作成に熱意を込めていたかもしれないが、改訂版段階では編集部B氏が関与しただけであった。何ともおかしなことに、編集長である真部氏は、平成十五（二〇〇三）年夏ごろから編集会議に来なくなっていた。少なくとも改訂版では、扶桑社は教科書作成に尽力していなかったのである。

さらに指摘しておけば、図版、表、地図などの選択や作成などの純粋な編集作業も、真部氏ではなく、藤岡氏が編集部に指示して行っていた。改訂版教科書は、完全に、「つくる会」側著者が、編集作業も含めて主導して作った教科書だったのである。そのようなわけで、平成二十一年八月二十五日東京地裁判決は、七五単元について藤岡氏や西尾氏らの著作権を認めたのである。

新しく起稿するという公言を破った日本教育再生機構側

したがって、もしも藤岡氏や西尾氏らの許可を得ずに七五単元の文章を基に教科書を執筆すれば、それは明確な著作権侵害となる。このことを、日本教育再生機構や育鵬社の人達は、十分に分かっていた。日本教育再生機構側の教科書作り関係の組織として、「改正教育基本法に基づく教科書改善を進める有識者の会」(以下、教科書改善の会と略記)というものが存在する。平成十九(二〇〇七)年七月二十四日に設立され、事務局は八木氏が理事長を務める日本教育再生機構が担う。この組織の代表世話人である屋山太郎氏は、平成二十一年九月三日、「中学校教科書採択結果を受けて」という声明を発し、平成二十二年度検定について次のように述べていた。

《当会は、改正教育基本法と新学習指導要領に基づいて扶桑社版教科書をさらに充実させる育鵬社の中学校歴史・公民教科書の発行を支援し、来年度の検定申請に向けて粛々と編集作業を行っています。なお、歴史教科書については全く新しい記述となり、著作権の問題が生じる恐れはありません。》

傍線部に注目されたい。自分たちに著作権がほとんどないことを自覚していたから、一から起稿すると宣言していたのである。にもかかわらず、日本教育再生機構側と育鵬社は、この公言を破った。彼らが作り上げた教科書は、藤岡氏や西尾氏などの著作権を多くの単元本文で侵害した「盗作教科書」だったのである。

第三節　盗作の概要について

では、育鵬社教科書の盗作とはどういうものであっただろうか。詳しくは、前掲『歴史教科書盗作事件の真実』を参照していただきたいが、盗作の概要について簡単に説明しておこう。

単元構成の類似性

藤岡氏が「つくる会」の意向に基づき裁判に訴えたのは、直接には、育鵬社の単元本文の文章が藤岡氏らが著作権を有する文章と類似しているからであった。だが、文章以前に、育鵬社版は、扶桑社版と単元構成が類似している。特に、第4章「近代の日本と世界」と第5章「二度の世界大戦」の部分は、扶桑社版の第4章と第5章に類似している。他の7社は相互に思想的には類似しているにもかかわらず、各社個性的な単元構成をしている。育鵬社版と扶桑社版の類似性は異常なものであった。最も類似している扶桑社版と育鵬社版の第5章第1節の単元構成を以下に掲げよう。

◉扶桑社（代表執筆者・藤岡信勝）

第5章　世界大戦の時代と日本

第1節　第一次世界大戦の時代

62第一次世界大戦

◉育鵬社（代表執筆者・伊藤隆）

第5章　二度の世界大戦と日本

第1節　第一次世界大戦前後の日本と世界

60第一次世界大戦

61ロシア革命と第一次世界大戦の終結
62ベルサイユ条約と国際協調の動き
63大正デモクラシーと政党政治
64ワシントン会議と日米関係
65文化の大衆化・大正の文化

63ロシア革命と大戦の終結
64ベルサイユ条約と大戦後の世界
65政党政治の展開
66日米関係とワシントン会議
67大正の文化

単元構成がそっくりであることに驚かされる。単元構成がそっくりだから盗作だとか著作権侵害だとかまで言うつもりはないが、育鵬社版が扶桑社版をリライトして作られたものだということの傍証にはなるだろう。

盗作は三三単元、四七箇所

では、育鵬社の著者たちが「つくる会」側著者の原稿をリライトした単元はどれだけ存在するのか。そのうち盗作と言える単元、盗作と言える部分がどれだけ存在するのであろうか。前掲『歴史教科書盗作事件の真実』105頁の「育鵬社版『中学社会　新しい日本の歴史』の章別単元数一覧表」を、表記を少し変えて掲げよう。この表で「対象外」とあるのは、学習指導要領の改訂で新設された単元や、元の原稿の著作権が教科書改善の会側の著者にあるため、著作権問題の発生の余地のないものである。

時代別	単元数	対象外	自力作成単元	依拠単元（うち盗作）	盗作箇所
1 原始と古代	14単元	3単元	3単元	8単元（6単元）	12箇所
2 中世	9単元	2単元	2単元	5単元（2単元）	3箇所
3 近世	18単元	2単元	4単元	12単元（8単元）	10箇所
4 近代	18単元	1単元	14単元	3単元（2単元）	2箇所
5 二つの世界大戦	17単元	1単元	4単元	12単元（11単元）	15箇所
6 現代	7単元	1単元	2単元	4単元（4単元）	5箇所
計	83単元	10単元	29単元	44単元（33単元）	47箇所

表を見ていただければ分かるように、育鵬社は、著作権問題の発生の余地のない一〇単元を除いた全七三単元のうち、実に四四単元も藤岡氏らの原稿に依拠して作成した。自力で作成したものは二九単元しか存在しない。この四四単元のうち三三単元に、全部で四七の盗作箇所が存在する。藤岡氏らの原稿に酷似している四七箇所の各々の分量は、字数にして、おおよそ１００字から５００乃至６００字程度である。平均的には2～３００字程度である。現物に即して言えば、少ないもので4～5行、多いもので1頁分、平均的には半頁分程度となる。

実は、単に酷似しているという点では、1～2行程度、1文程度酷似しているケースは、四七箇所以外にも多数存在する。自力作成単元の中にさえも存在する。例えば、近代のうち単元47から58

までの部分は、育鵬社が、扶桑社版に依拠せず一から自分の頭で起稿したとみなせる部分であるが、そこにも1文だけ、1～2行程度酷似している文章表現が見いだせる。例を挙げれば、育鵬社は、単元57「国際的地位の向上と韓国併合」では、「日本語教育など同化政策が進められたので、朝鮮の人々の日本への反感は強まりました」（177頁）と記している。これは、明らかに扶桑社版の単元59「列強の仲間入りをした日本」の中の「日本語教育など同化政策が進められたので、朝鮮の人々は日本への反感を強めた」（171頁）という表現を基に作成したものである。

しかし、育鵬社は、この単元全体を一から起稿しており、その中にこの1～2行をはめ込んだにすぎないというふうに読める。この程度の類似性は、目くじらを立てるほどのことではないとも言える。また、「日本語教育など同化政策が進められたので、朝鮮の人々は日本への反感を強めた」程度の短くてありふれた文章表現は、他社もしている可能性があり、著作権法が保護すべきほどの「創作性」はないという理屈も考えられよう。

したがって、我々は、盗作認定を行うに当たって、藤岡氏らの原稿をリライトしたとみなせる部分であっても、1テーマの部分（大体、1小見出し部分、300字程度）で酷似した文章が1～2行程度、1文程度しか見つからない場合には、盗作候補から外している。そのようにして我々が認定していったのが、三三単元、四七箇所にわたる盗作候補なのである。四七箇所を以下に掲げよう。

四七箇所

1　縄文時代

2　稲作開始
3　弥生文化
4　ムラからクニへ
5　倭の奴国王
6　卑弥呼
7　古墳文化
8　壬申の乱・天武天皇・持統天皇
9　記紀・風土記
10　国分寺建立
11　平安京
12　摂関政治
13　将門・純友の乱
14　院政
15　鎌倉幕府の成立
16　鉄砲伝来
17　南蛮貿易とキリシタン大名
18　信長
19　秀吉の全国統一

20 秀吉の朝鮮出兵
21 五人組と年貢
22 江戸時代における産業と交通の発達
23 田沼の政治
24 フェートン号事件・モリソン号事件
25 国学・蘭学
26 尊王攘夷運動
27 戊辰戦争
28 第一次世界大戦
29 日本の参戦と二十一か条要求
30 三・一独立運動と五・四運動
31 ワシントン会議
32 関東大震災
33 満州事変
34 リットン調査団
35 支那事変（日中戦争）・「南京事件」
36 北進論・南進論
37 第二次大戦開始

38　真珠湾攻撃
39　大東亜共栄圏
40　東南アジア占領
41　創氏改名・徴用
42　ヤルタからポツダムまで
43　冷戦開始
44　朝鮮戦争・独立回復
45　ベトナム戦争
46　冷戦終結
47　湾岸戦争

では、育鵬社による盗作とは、具体的にはどういうものであろうか。既に「2　稲作開始」の例と「10　国分寺建立」の例を挙げたが、更に、説明の便宜のために比較的文章が短い「36　北進論・南進論」の記述と「15　鎌倉幕府の成立」の記述の二例について、扶桑社（平成十七年版、十八〜二十三年度使用）と育鵬社（平成二十三年版、二十四〜二十七年度使用）の記述をそれぞれ掲げよう。傍線と丸番号は筆者が入れたものである。

一、「北進論・南進論」の記述の例

●扶桑社

単元72「悪化する日米関係」下、「悪化する日米関係」の小見出し下、

①1939年、アメリカは日米通商航海条約を延長しないと通告した。②石油をはじめ、多くの物資をアメリカからの輸入に依存していた日本は、しだいに経済的に苦しい立場に追いこまれた。

③日本の陸軍には、北方のロシアの脅威に対処する北進論の考え方が伝統的に強かったが、このころから、東南アジアに進出して石油などの資源を獲得しようとする、南進論の考えが強まっていった。④しかし、日本が東南アジアに進出すれば、そこに植民地をもつイギリス、アメリカ、オランダ、フランスと衝突するのはさけられなかった。（201頁）

●育鵬社

単元70「緊迫する日米関係」下、「悪化する日米関係」の小見出し下、

②日本は石油をはじめとする多くの物資をアメリカにたよっていましたが、①アメリカは、1939（昭和14）年には日米通商航海条約の廃棄を通告し、対日輸出制限をしだいに強化しました。

③一方、わが国の陸軍には、ソ連の脅威に対抗する北進論の考えがありましたが、東南アジアに進出しようという南進論が強くなりました。

④しかし、東南アジアに進出するということは、そこに植民地をもつアメリカ、イギリス、オランダ、フランスとの対立を深めることを意味していました。（２１１頁）

扶桑社も育鵬社も、ともに「①米国が日米通商航海条約を終わらせる旨を通告したこと、②日本が石油を初めとする多くの物資をアメリカに依存していたこと、③陸軍にはロシアの脅威に対抗する北進論の考え方があったが、東南アジアに進出する南進論が強まったこと、④東南アジアへの進出が、植民地を持つ英米蘭仏との衝突に繋がること」（一審判決）という4点のことを記している。①②③④という順序で書かれた扶桑社と②①③④の順序で書かれた育鵬社との違いはあるが、ほぼ同じ内容のことを類似した文章で記していることに注目されたい。明らかに、育鵬社は、扶桑社版の記述内容と文章を模倣する形で「北進論・南進論」の記述を書いたのである。

更に付言すれば、一審で育鵬社側は、四七の箇所ごとに平成八年版以降の各社記述を比較対照した乙45号証を提出した。この乙45号証によれば、①②③④の事項はいずれも多くの教科書では取り上げられていない。特に最も重要な③の北進論と南進論を共に記しているのは、扶桑社と育鵬社以外には1社も存在しない。つまり、育鵬社は、極めて個性的な扶桑社の「北進論・南進論」の記述内容を盗作及び著作権侵害していたのである。

念のため、付け加えるならば、事が教科書だけに、同じ事項を選択して同じような内容であればそれだけで盗作だと主張するつもりはない。内容だけではなく具体的文章自体も類似しているからこそ盗作及び著作権侵害だと言うのである。

二、「鎌倉幕府の成立」の記述の例

次に「鎌倉幕府の成立」の記述を掲げよう。

●扶桑社

単元19「鎌倉幕府」下、「鎌倉幕府の成立」の小見出し下、

①その後、義経が頼朝と対立し、平泉（岩手県）の奥州藤原氏のもとにのがれると、頼朝はその勢力を攻めほろぼして、東北地方も支配下に入れた。②1192（建久3）年、頼朝は朝廷から征夷大将軍に任命された。③頼朝は鎌倉に、簡素で実際的な武家政治の拠点を築いた。これを鎌倉幕府とよび、④鎌倉に幕府が置かれた約140年間を、鎌倉時代という。（68頁）

●育鵬社

単元16「武士の世の到来と鎌倉幕府」下、「武士の都・鎌倉」の小見出し下、

①頼朝は、平泉に逃れた義経を奥州藤原氏に討たせ、続いて奥州藤原氏を攻めほろぼすと、②1192（建久3）年、朝廷から征夷大将軍に任命されました。③頼朝は鎌倉に武家政治の拠点を築いたので、これを鎌倉幕府とよび、④幕府が鎌倉に置かれた約150年間を鎌倉時代といいます。（67頁）

扶桑社と育鵬社とを比べると、「①義経が平泉に逃れ、頼朝は奥州藤原氏を攻め滅ぼしたこと、②1192年、朝廷から征夷大将軍に任命されたこと、③頼朝は鎌倉に武家政治の拠点を築き、これを鎌倉幕府と呼ぶこと、④鎌倉に幕府が置かれた時期を鎌倉時代ということ」（一審判決）、以上四つの事項を選択し、①②③④の順序で配列している点で共通している。

しかも、具体的文章を比較してみると、①は文章をかなり変えているけれども、②③④はほぼ同一であり、デッドコピーと言えるほど酷似している。扶桑社の文体を常体から敬体に変え、「簡素で実際的な」を削除して「140」を「150」に変えれば、育鵬社の記述が出来上がるのである。デッドコピーの分量は80字程度あり、教科書本体で調べてみると3行の分量である。

なぜ、80字ものデッドコピーが出てくるのか

80字程度もの分量がデッドコピーになることは、丸写しでもしない限り、通常は考えられない。しかも、前述のように、現実に育鵬社の原稿を執筆した大津寄氏は、「まず各社教科書の本文記述に目を通し、大まかな内容と重要語句、分量を把握した後、一から文章を『一太郎』のソフトを用いて入力するという方法をとりました。執筆にあたっては、……他社の教科書記述を参考にしながら、教科書にふさわしいものとなるよう文章を紡いでいきました。」と説明している（乙42号証）。つまり、大津寄氏は、扶桑社版などを参考にしながら文章を紡いでいったことを明確に認めており、②③④に関しては、扶桑社版から丸写ししたうえで、文体を変え、「簡素で実際的な」を削除して

文章を完成させたのである。明らかに、育鵬社は、鎌倉幕府の成立の箇所について、扶桑社版から盗作したと言えよう。

鎌倉幕府成立一一八五年説に立っていた育鵬社

それにしても、なぜ、育鵬社は、扶桑社と異なり、鎌倉幕府の存立期間を「140年間」ではなく、「150年間」と記したのか。筆者は、五年前に育鵬社版を読んだ時、なぜ「150年間」と記しているのか全く分からなかった。話の筋、論理の筋が扶桑社と全く同じなのに、なぜ「140年間」を「150年間」に変えなければならないのか、分からなかった。一審のやり取りで、その謎が解けた。育鵬社は、鎌倉幕府が成立し鎌倉時代が始まった年代を、守護地頭の設置権限を頼朝が得た一一八五年と捉える説を採用したから、「150年間」と記していたのである。まさか育鵬社が征夷大将軍という役職の意義を軽視する一一八五年説を採用しているとは夢にも思わなかったから、本当に驚かされたものである。

歴史観・歴史認識が異なるのに、なぜ同じ配列、同じ文章になるのか

ここで一つの疑問は解けたが、途端に別の疑問が出てきた。一審において育鵬社は、扶桑社と育鵬社は、共に執筆者の思想傾向が類似しているのだから、書く内容が似てくるのは当然であると主張してきた。同じ思想傾向の人間が書いても、自分の頭で一から文章を紡いでいけば、デッドコピーになるわけがないのだが、この理屈はまだ分からないでもない。ところが、鎌倉幕府成立については、

実は、扶桑社と育鵬社は相対立する説に立ち、全く異なる歴史観から書いていたのである。もう一度言うが、扶桑社は幕府成立一一九二年説に立ち、育鵬社は一一八五年説に立っていた。歴史認識が決定的に異なるのである。つまり、天皇権威を重視する扶桑社と重視しない育鵬社の違いである。このように歴史認識が異なるにもかかわらず、育鵬社の記述はデッドコピーになっている。何故なのであろうか。

また、もう一つ別の疑問が出てくる。一一八五年説と一一九二年説とでは、選択した事項の配列が異なってくるのではないか。配列が異なれば、具体的文章も当然に違うものになるのではないか。時代の画期を一一九二年の征夷大将軍任命に置くからこそ、扶桑社のように、①②③④という順序の記述が生まれる。時代の画期を一一八五年に置くならば、育鵬社は順序を変えなければならないのではないか。守護地頭設置権限以降に関する育鵬社の記述を引用して考えていこう。(1)(2)(3)の番号は筆者が付したものである。

単元16「武士の世の到来と鎌倉幕府」下、「武士の都・鎌倉」の小見出し下、

(1)頼朝は都に軍を送って法皇を圧迫し、義経を捕えるためとして、自分の部下(御家人)を守護や地頭として各地に置くことを認めさせました。(2)国ごとに置かれた守護は国内の警備に当たり、荘園・公領ごとに置かれた地頭は年貢の取り立てや現地の治安維持に当たりました。(3)こうして頼朝の支配は全国に広がっていきました。

①頼朝は、平泉に逃れた義経を奥州藤原氏に討たせ、続いて奥州藤原氏を攻めほろぼすと、

②1192（建久3）年、朝廷から征夷大将軍に任命されました。③頼朝は鎌倉に武家政治の拠点を築いたので、これを鎌倉幕府とよび、④幕府が鎌倉に置かれた約150年間を鎌倉時代といいます。（66～67頁）

この文章を読んで誰が一一八五年説だと納得できようか。一一八五年説に立つならば、育鵬社は、③④あるいは最低限③の事項を、⑴の次に移動すべきであろう。裁判で育鵬社が強調した「淡々と時系列に沿って配列していく」方針からすれば、そうするのが自然である。例えば、扶桑社と同じ平成十七年版の東京書籍は、育鵬社と同じ一一八五年説の立場から、鎌倉幕府の成立を次のように記している。⑴と③①は、筆者が付した番号であるが、⑴の次に③が置かれていることに注意されたい。

⑴平氏の滅亡後、義経が頼朝と対立すると、頼朝は義経をとらえることを口実に朝廷に強くせまり、国ごとに守護を、荘園や公領ごとに地頭を置くことを認めさせ、③鎌倉幕府を開いて武家政治を始めました。①さらに、義経が奥州の藤原氏のもとにのがれると、平泉を中心に栄えていた藤原氏をも攻めほろぼしました。（52～53頁）

にもかかわらず、育鵬社は、③④を一一九二年説の扶桑社と同じ位置に置き、しかもデッドコピーの文章を記してしまった。大津寄氏という人物が本当に自分の頭で文章を紡いだのだとしたら、あり得ないことである。大津寄氏は、ほとんどものを考えず、ただ丸写ししていったのであろう。そして、育鵬社の編集部も、執筆者として名前を出している人たちも、その不手際をチェックできなかったのである。

それでも、育鵬社や裁判所は著作権侵害を否定するのであろうが、盗作したことは否定しようがない事実である。そのことを如実に示すのが、「鎌倉幕府の成立」の箇所の例なのである。

大津寄氏には、是非とも説明してもらいたい。一一八五年説に立ち、一から自分の頭で書いた記述が、どうして、一一九二年説の教科書と同じ事項の選択と配列を行うことになるのであろうか。

また、大津寄氏は、乙42号証の中で次のように陳述していた。

《執筆にあたり、そのような方々の著書の内容が念頭にあったことは当然ですし、記述に類似点があるというならそのような思想の近さが内容にも反映している点があるものと思われます。無論、一度私の中で咀嚼し血肉化された歴史認識に基づく文章は、その素材がだれのものであれ私自身の作品であることは論を待ちません。》

それゆえ、大津寄氏には是非とも説明してもらいたい。「一度私の中で咀嚼し血肉化された歴史認識に基づく文章」が、何故にデッドコピーになってしまったのであろうか。

第四節　育鵬社盗作問題の意味

育鵬社盗作問題の本質

ここまで、育鵬社が行った盗作とはどういうものかみてきた。では、育鵬社盗作問題の本質とは何であろうか。この問題の社会的意味を考えていきたい。

繰り返すが、育鵬社は、単元本文という教科書の中心部分について四七箇所にもわたって、藤岡氏や西尾氏などの原稿から盗作し、藤岡氏らの著作権を故意に侵害した。故意による著作権侵害は、親告罪とはいえ、十年以下の懲役もしくは千万円以下の罰金かそれらの併科の罪に相当する犯罪行為である（著作権法第119条）。

かかる犯罪行為により作成された育鵬社の教科書は、平成二十三（二〇一一）年度の採択戦において採択を伸ばし、不当な利益を得ることになった。その結果、『新しい歴史教科書』は採択を激減させ、自由社の教科書事業は大幅な赤字を計上することになった。「つくる会」の運動も大きな痛手を被ることになった。要するに、育鵬社は、藤岡氏らの著者、自由社と「つくる会」に大きな損害を与えたのである。

しかし、我々が訴えたいのは、このように私的な損害のことではない。また、育鵬社盗作問題の本質的な意味は、このようなところにあるのではない。この問題は、歴史的にも、社会的にも、もっと大きな意味合いをもつものである。前掲『歴史教科書盗作事件の真実』は、本質的な意味合いを

5点にまとめている。長くなるが、例えば「(歴史的な大規模盗作事件)」といった小見出しを新たに付けて、引用しておこう。

(歴史的な大規模盗作事件)

第一に確認すべきことは、この問題が例のないほど大規模な盗作事件だったということである。育鵬社は、「つくる会」側の著者たちの著作権を故意に侵害し、許可を得ずに、『新しい歴史教科書』をリライトする形で『新しい日本の歴史』をつくった。この盗作に関与している人間の数は、少なく見積もっても十人は優に超える。これほど大規模かつ大掛かりな盗作は、歴史上あまり例がないのではないかと思われる。こんなことが許されるならば、どんな盗作もほとんど許されることになろう。

(国民の教科書への信頼感を破壊した)

第二に、日本国民の教科書への信頼感を破壊した罪である。なにしろ、ことは子供が使う大切な教科書である。育鵬社による盗作事件は、直接にはこの教科書で教えられる子供たちへの裏切りであり、日本の教科書に対する歴史的に培われた国民の信頼を傷付け、さらには教科書制度全体を破壊する、重大な犯罪的行為であるといっても過言ではない。

(文化の発展を阻害し法秩序とモラルを破壊する)

第三に、日本の文化の発展を阻害し、法秩序とモラルの破壊につながるという問題である。他人が真面目につくった教科書から中心部分を丸ごと盗んだ人たちが、何の社会的制裁も受けないならば、今後はどんな盗作行為も許されることになろう。それは結果的に日本の文化の発展を阻害することにつながる。また、この事件を不問に付すことは、日本の法秩序を破壊することになる。そして、このようなことをしても咎められないという実績がつくられれば、モラルの破壊が進行することになる。

平成二十四年五月二日、アンパンマンとキューピー人形を合体させて作られた「アンキュー」の製作販売を行っていた、アルプという大阪の衣料品製造会社の二名が、著作権法違反の容疑で現行犯逮捕された。アンキューのデザインをテレビやインターネットで見たが、確かにアンパンマンとそっくりである。育鵬社も、同じことをやった。しかも、アンキューとは比べようもない悪質さである。アンキュー製作者が逮捕されて、育鵬社歴史教科書の製作者が野放しになっている状態は社会正義に反するものである。

（中韓による知的財産権の侵害を批判できなくなる）

第四に、国内でこのような盗作を許していたのでは、日本は、中国や韓国による知的財産権の侵害を批判できなくなる。今日、知的財産権をめぐるルールを中国や韓国に守らせるように持って行くことは、日本国にとって死活問題である。

平成二十四年四月十八日の読売新聞朝刊は、「中国でもオラがしんちゃんだゾ」のタイトルと、「双葉社側の著作権　上海の裁判所認定」の見出しで、中国の裁判所が、「しんちゃん」のイラストやタイトルをめぐる双葉社側の主張を認めたと報じた。イラストやタイトルは、著書の文章よりもはるかに著作権侵害を認定するのが困難である。にもかかわらず、パクリ天国として有名な中国の裁判所が、双葉社側の主張を認めたのである。

育鵬社問題を、自由主義社会の正義に適うように適切に解決しないと、知的財産権をめぐる世界でも、日本は中国にさえ後れを取ることになりかねない。

（保守言論界に泥を塗った）

第五に、保守系の言論人に傷を付け、保守言論界に泥を塗る結果をもたらしたことである。おそらく、日本教育再生機構に集まり、教科書改善の会に協力している保守系の知識人は、事情を知らないままに善意で協力したに過ぎないだろう。こんな大規模な盗作事件が、代表的な保守系知識人を糾合したと自称する団体によってなされたことの深刻さを、よくよくかみしめなければならない。責任の所在と責任の取り方を曖昧にするようなことになれば、日本国家を導く健全な保守系の言論の将来にとっても、大きな傷となるだろう。（１３６〜１３９頁）

『歴史教科書盗作事件の真実』が言うように、育鵬社盗作問題とは、日本の言論界全体、日本社会全体の問題である。育鵬社や八木氏を初めとした日本教育再生機構側の言論人に然るべき責任を取らせることが必要である。でなければ、知的財産権をめぐる自由主義社会のルールが根底から破壊されてしまうことになろう。

「つくる会」乃至「つくる会」に属する複数の個人は、以上のような考え方から、育鵬社や八木氏らの言論人に対して、一年余りも粘り強く盗作に関する謝罪を求め続けてきた。できるだけ、裁判ではなく、育鵬社らによる自発的な謝罪によって問題を解決したかったからである。だが、謝罪要求は無視され続け、ようやく平成二十五（二〇一三）年になって、「つくる会」側と育鵬社との間で話し合いがもたれたが、この交渉も不調に終わり、同年四月、裁判の場に問題の解決が移されることとなった。次章では、一審の概要について見ていくこととする。

第二章　一審の概要

第一節　裁判の提訴

育鵬社、扶桑社、伊藤隆氏、八木秀次氏、屋山太郎氏の5者を訴える

平成二十五（二〇一三）年四月十五日、藤岡氏の訴訟代理人は東京地裁に対して訴状を提出した。訴状には、当然ながら、四七箇所について育鵬社と扶桑社の記述を比較し、文章表現で同一性のある部分に下線を引いた別紙「著作権侵害対照表」を添えて提出した。四月二十四日には「訴状訂正・補充申立書」が提出され、訴状が完成した。

訴の原告は、「つくる会」理事（元会長）、扶桑社版歴史教科書の代表執筆者であり、八二単元のうち七五単元について著作権を有する藤岡信勝氏である。著作権を侵害された四七箇所はいずれも七五単元に属する部分である。

被告は、育鵬社、扶桑社、伊藤隆氏、八木秀次氏、屋山太郎氏の5者である。育鵬社は、中学校用歴史教科書である『中学社会　新しい日本の歴史』とその市販本『こんな教科書で学びたい　新しい日本の歴史』を出版している。扶桑社は、市販本に発行者として名を連ねており、育鵬社は同社の百パーセント子会社である。

伊藤氏は、日本教育再生機構の起ち上げに参画し、育鵬社版歴史教科書の執筆者代表を務めている。八木氏は、日本教育再生機構を起ち上げて理事長となり、執筆者の一人を務めている。

屋山氏は、やはり日本教育再生機構の起ち上げに参画し、育鵬社版教科書の編集と普及のための団体である教科書改善の会の代表世話人を務めている。前述のように、代表世話人である屋山氏は、平成二十一年八月二十五日東京地裁判決が出ると、同年九月三日、「歴史教科書については全く新しい記述となり、著作権の問題が生じる恐れはありません。」という声明を発した。この声明は育鵬社版歴史教科書に対する信用を高める効果をもち、育鵬社版の採択率を押し上げ、自由社版の採択率低下をもたらした。

侵害された権利

では、藤岡氏は、育鵬社等5者を何故に訴えたのか。それは、育鵬社版教科書の制作発行によって、藤岡氏が扶桑社版歴史教科書について有している著作権（具体的には翻案権）と著作者人格権（同一性保持権、氏名表示権）を侵害されたからである。

翻案権は、原著作物（この場合扶桑社版歴史教科書の単元本文）を元に文章などを改変して二次的著作物を作る権利である（著作権法第27条）。前述のように、扶桑社版の単元本文の著作権は、ほとんど藤岡氏ら「つくる会」側著者が有している。にもかかわらず、育鵬社らは、藤岡氏らの許可をとらずに文章などを改変して翻案を行い、育鵬社歴史教科書という二次的著作物を作った。藤岡氏らが扶桑社版『新しい歴史教科書』について有している翻案権を侵害したのである。

著作者が持つ著作者人格権のうちの同一性保持権とは、自己の意思に反して行われる改変を拒否できる権利のことである（法第20条①）。繰り返しになるが、育鵬社や伊藤氏、八木氏らは、藤岡氏らの許可をとらず、勝手に文章の改変を行ったわけだから、藤岡氏らの同一性保持権を侵害しているのである。

著作者がもつ氏名表示権とは、同法第19条①にあるように、著作者の名前を表示するかどうか、どのような名前を表示するか決定する権利である。原著作物である扶桑社版『新しい歴史教科書』の著作者である藤岡氏らは、二次的著作物である育鵬社『新しい日本の歴史』の著作者でもあり、氏名表示権を有することになる（法第28条）。育鵬社らは、藤岡氏らの氏名表示権も侵害したのである。

請求の内容

これらの権利侵害による損害を回復するために、原告は、主に、①市販本『こんな教科書で学びたい　新しい日本の歴史』の出版、販売、頒布の禁止、②市販本『こんな教科書で学びたい　新しい日本の歴史』の在庫の廃棄、という二つのことを請求するとともに、相応の損害賠償を請求した。

①②について補足をすれば、本来ならば、市販本だけではなく、中学校教科書も出版販売頒布を禁止し、在庫を廃棄しなければならないものである。だが、現に教育現場で使用されている教科書の差し止めを行うことは社会的な混乱を招くことを考慮し、藤岡氏は、市販本だけの出版差し止めに留めた。訴状では、その点を「6　事情・補足」のところで次のように述べている。

《本件は、義務教育の場で現に使用されている歴史教科書が大々的な盗作によるものであるという極めて深刻な社会的影響を及ぼす事件であり、公益的見地からもこれを放置・看過することは許されないと考え、本件提訴に及んだものである。ただし、本件書籍2（中学校教科書のこと――引用者）に関しては現に教育現場において教科書として使用されており、出版を差止めた場合に生じる混乱及び生徒らに与える影響の重大性という諸事情に鑑み、同書籍については敢えて出版の差止めを求めないこととしたものである。》

「著作権問題に関する提訴のご報告」――公益のための提訴

ともあれ、四月十五日、「つくる会」理事会の決定に基づき、藤岡氏は東京地裁に提訴した。翌十六日、その報告が「著作権問題に関する提訴のご報告」というタイトルで「つくる会」ホームページに掲載された。この報告で重要なのは、最後の段落の次の言葉である。

《教科書における著作権侵害は、社会的に見ても決して見逃されてはならない違法行為です。「つくる会」としては、単に著作権を侵害されたという立場からだけではなく、このような社会的使命をも自覚して、この問題の提訴に踏み切りました。》

ここにあるように、「つくる会」の意向に基づき、藤岡氏は、国家全体、社会全体の公益のために提訴したのである。確かに、金銭と労力を考えれば、提訴が「つくる会」に利益をもたらすかどうかは不明確なところがある。しかし、育鵬社等は、著作権が自分たちにないことを百も承知で、「つくる会」側著者が著作権を有する単元本文から四七箇所もの盗作を行っていた。前にも述べたが、こういう教科書を野放しにしておけば、どんな盗作も許されることになろう。日本の著作権、いや知的財産権をめぐる法秩序全体が破壊されていくことになる。知的財産権をめぐる秩序をアジアに確立していくことは日本にとって重要課題であるが、中国や韓国に対して知的財産権をめぐるルールを守れと言えなくなっていくだろう。日本は、中国に軍事侵攻されずとも、内部から滅んでいくことになろう。

誰かが育鵬社や八木氏らによる社会秩序の破壊を食い止めなければならない。この秩序破壊を食い止める戦いは、被害者である「つくる会」がやらなければどうにもならないし、「つくる会」には秩序破壊を食い止める責任があるのである。「著作権問題に関する提訴のご報告」は、このような考え方から書かれている。

第二節　被告の荒唐無稽な主張——扶桑社にも単元本文の著作権がある

育鵬社等4者と八木氏の弁護士は別々となる

さて、こうして始まった裁判は、どのような経過をたどったであろうか。何よりも被告側は、育鵬社、扶桑社、伊藤氏、屋山氏の4者と八木氏とが分裂し、弁護士が別々に就くことになったことが注目される。平成二十四（二〇一二）年十一月以来深まっていたとされる両者の亀裂が裁判にも現れたということだろうか。ただし、前もって言えば、両者の間で主張が対立するようなことはなかった。

簡単に裁判手続きの進行を追いかけておこう。まず、育鵬社等4者は、平成二十五年六月五日付で訴状に対する答弁書を提出した。それを受けて、六月十二日、第一回期日が開かれ、原告と被告が集まり、日程と裁判の進め方が相談された。以後、平成二十六（二〇一四）年十月二十四日まで一〇回の期日が開かれ、十二月十九日に判決が出されたのである。その間、原告と被告が相互に書面をやり取りしつつ、主張をぶつけ合った。以下に、期日と重要な書面の日付を掲げておこう。

平成二十五年六月五日　育鵬社他答弁書
平成二十五年六月十二日　第一回期日
七月三十一日　育鵬社他準備書面１
八木準備書面１
平成二十五年八月二十七日　第二回期日
十月二十四日　原告準備書面１、２
平成二十五年十月二十四日　第三回期日
十二月十二日　育鵬社他準備書面２
十二月十九日　育鵬社他証拠説明書
十二月十九日　八木準備書面２
十二月十九日　原告準備書面３
平成二十五年十二月十九日　第四回期日
平成二十六年二月十七日　原告準備書面４

八木準備書面3

平成二十六年二月十七日　第五回期日

四月十七日　育鵬社他準備書面3

四月十八日　八木準備書面4

五月二日　育鵬社他証拠説明書

平成二十六年五月八日　第六回期日

七月七日　原告準備書面5

原告証拠申出書

平成二十六年七月七日　第七回期日

七月二十二日　原告準備書面6

七月二十二日　育鵬社他証拠説明書

七月二十四日　八木証拠説明書

八月二十二日　育鵬社他準備書面4

八月二十五日　育鵬社他証拠説明書

平成二十六年八月二十九日　第八回期日

九月五日　伊藤氏等への求釈明書

九月十八日　育鵬社他証拠説明書

九月二十二日　八木証拠説明書

平成二十六年九月三十日　第九回期日
十月七日　育鵬社他準備書面5
十月十日　育鵬社他準備書面6
十月二十四日　原告準備書面7
平成二十六年十月二十四日　第十回期日
平成二十六年十二月十九日　判決

このような裁判日程の中で、八木氏は、自身の関わり方以外の点では、全面的に育鵬社等4者の主張をそのまま援用した。したがって、主として育鵬社等の主張を検討していくこととしよう。

平成二十五年六月五日付答弁書の内容

育鵬社側の最初の主張は、平成二十五年六月五日付の答弁書で行われた。答弁書には、育鵬社等4者の主張が出揃っている。第一に、平成十三年六月二十八日江差追分事件最高裁判決を引いて、そもそも四七箇所には著作物性が存在しないから著作権侵害ではないとする。第二に、共同著作物論を再度出してきて、扶桑社が四七箇所も含めた単元本文全体の共同著作権者であると主張した。

この2点が重要な争点であるが、最初に指摘しておくと、これは本当に矛盾した主張である。一方で、四七箇所の著作物性を否定して著作権侵害を否定しながら、他方で被告扶桑社を四七箇所の著作権者と設定するのである。この矛盾した主張を、育鵬社等は一貫して行ってきたのである。

上記2点の主張に加えて、第三に、育鵬社教科書を作成する際に、扶桑社版の本文を流用してはいないと主張した。第四に、伊藤隆氏は執筆者代表ではないと主張した。第五に、屋山太郎氏は教科書制作に関与していないとし、屋山氏の平成二十一年九月三日の声明は同年八月二十五日の東京地裁判決と関係なく出されたものだとする。要するに、屋山氏には責任がないと主張しているのである。第六に、育鵬社教科書が「著作権侵害によって制作されていることを知りながら」八木氏が教科書採択活動を行ったという事実はないと主張した。

これら6点は、敢えて言えば、著作権侵害か否かを争う侵害論の第一点とそれ以外に分けられる。第二点以下の5点は、責任論である。四七箇所が著作権侵害だとして、その責任は誰にあり、どの程度の責任かということを判定する場合の判断材料をめぐる論点である。最も争われたのは侵害論であるが、これについては次節で検討していくこととして、本節では、責任論に関する5点について検討していきたい。

扶桑社も四七箇所の共同著作権者である——育鵬社等の主張

第二点については、育鵬社等は、既に答弁書の段階からかなりまとまった主張を行っている。答弁書は次のように述べている。

《扶桑社版書籍（改訂版）の制作過程において、原告が初版本の本文のリライトを行ったこと、原告が別紙著作権侵害対照表部分の著作権者の一人であることは認め、その余の事実は否認する。扶桑社版書籍の執筆・編集については、初版本及び改訂版を通じて、原告や訴外西尾幹二（以下「訴外西尾」という。）に被告扶桑社を含めた著作関係者全員によって行われている。すなわち、教科書本文の内容の確定は、被告扶桑社が主催する編集会議における議論によって行われ、さらに被告扶桑社編集部員と文部科学省との間の教科書検定における協議を通して最終的な教科書の内容が決定した。つくる会内編集会議の実態は知らないが、扶桑社版書籍の内容の確定は、あくまで被告扶桑社が主催する編集会議により行われている。また、本文以外の図表や写真等を作成・用意したのは、被告扶桑社編集部員である。被告扶桑社編集部員は、原告による本文のリライト段階においてもその内容の作成に深く関与している。訴状別紙著作権侵害対照表の該当部分については、被告扶桑社も共同著作権者である。》

何と、育鵬社等は、共同著作物理論に基づき、扶桑社の共同著作権を主張したのである。しかし、平成二十一年八月二十五日東京地裁判決で否定されたことは前述のとおりである。

扶桑社は文化史関係の単元本文にしか「深く関与」していない

共同著作物理論を基礎づけるために、育鵬社等は、自分たちに都合の良いように事実関係を歪曲している。まず、答弁書は、「教科書本文の内容の確定は、被告扶桑社が主催する編集会議における議論によって行われ」と述べているが、編集長であった真部栄一氏は、前述のように、平成十五年夏以降は編集会議にさえも出なくなっていたことは、平成二十一年八月二十五日判決が事実認定しているところである。編集会議の実質的な主催者は藤岡氏であった。また、扶桑社編集部員は、「原告による本文のリライト段階においてもその内容の作成に深く関与している」としているが、その関与の仕方は、藤岡氏が『新しい歴史教科書』の初版をリライト等をして作り上げた原稿について、「記述に重要事項の漏れがないか、記述として正確かなどの観点からチェック」しただけである（同判決）。編集者としての当然の作業をしただけである。「その内容の作成に深く関与している」とは到底言えない関与の仕方である。それゆえ、扶桑社が著作権を有するなどあり得ないことである。

なお、藤岡氏らが著作権を有しない文化史関係の単元本文についてだけは、扶桑社編集部が「その内容の作成に深く関与している」と言える。同判決によれば、執筆者田中英道氏と編集部のB氏は、初版の文化史を執筆する際、「二人三脚」のようにして動いているからである。

しかし、文化史のようなケースでも、だからと言って、出版社は、著作権を主張できるものではない。出版社が著作権を主張できるのは、図表などについてのみである。

そこで、原告は、平成二十一年八月二十五日判決などを根拠に、準備書面2、5、7と三回にわたって、扶桑社の単元本文に対する共同著作権を否定した。例えば、平成二十五年十月二十四日付準備書面2では、「被告扶桑社が著作権を有するのは被侵害書籍中の図表等についてのみであって、教科書記述本文については著作権を有しない」と明言している。

大津寄氏が一から文章を書いた——育鵬社等の準備書面2

次いで、第三点についてみていこう。最初に被告側が詳しい反論を行ったのは第三の論点についてであった。育鵬社等は、平成二十五年十二月十二日付の準備書面2で、育鵬社教科書を作成する際に扶桑社版の本文を流用してはいないと主張した。これは、訴状の「被告扶桑社が被侵害書籍の本文データを保有していたものであることを奇貨として、……教科書改善の会において行った上記声明とは裏腹に、被侵害書籍の本文記述を流用することを企てた」との主張に対する反論である。準備書面2を見ると、「第3　育鵬社版書籍が、扶桑社版書籍のデータを用いて作成された事実はないこと」の見出しの下、次のように大津寄氏が一から新しく原稿を作成したと述べている。

《被告育鵬社は、被告扶桑社が原告らから改訂版書籍の著作権に関する訴訟を提起された（結果は被告扶桑社の勝訴。甲5）ことから、教科書本文部分については、全面書き換えすることとし、草稿を作成することになった大津寄章三氏（以下「大津寄氏」という。）には、一から本文部分を記述してもらうよう依頼した。

大津寄氏は、まず各社教科書の本文記述に目を通し、大まかな内容と重要語句、分量を把握した上、一から文章を「一太郎」のソフトを用いて入力するという方法をとった。執筆にあたっては、これまで長年同氏が授業で行ってきた展開方法や自作の予習プリント、板書図などをベースとして、その上で他社の教科書記述を参考にしながら、教科書にふさわしいものとなるよう文章を紡いでいったものである。その間、被告育鵬社は、大津寄氏に対し、改訂版書籍のデータ等、執筆の補助となる材料の提供は一切していない（以上につき乙42）。

したがって、育鵬社書籍が、扶桑社版書籍のデータを用いて作成された事実は全く存在しない。育鵬社書籍が扶桑社書籍の盗作であるなどという原告の主張は、原告の邪推から生まれた事実無根の主張である。》

このように、育鵬社等は、まず〈①教科書本文を一から書くように大津寄氏に頼んだ〉と述べ、〈②

扶桑社版のデータを大津寄氏に渡していない〉と述べる。次いで、乙42とは第一章でもふれた大津寄氏の平成二十五年十二月八日付陳述書のことであるが、大津寄氏の陳述を基に、〈③大津寄氏は、各社の記述を参考にしつつも、一から文章を作成したのだから盗作ではない〉と主張している。

育鵬社等は大津寄氏に責任を押し付けた？

しかし、第一章で述べたように、あるいは実際に扶桑社版と育鵬社版とを読み比べてもらえば分かるように、両社の記述は、「参考にしながら」というレベルをはるかに超えて酷似している。酷似したのは何故か。普通に考えれば、大津寄氏が育鵬社から扶桑社版の電子データをもらって流用したからであると推論するのが当然である。この推論が正しいとすれば、①②③全てが嘘だということになる。

仮に、大津寄氏が電子データをもらわず「一太郎」に一から打ちこんだということが事実だとしても、少なくとも四七箇所の部分については、ほとんど扶桑社版教科書という紙のデータを参考にして、その記述を引き写したり、多少修正を加えながらパソコンに打ちこんでいったと考えられよう。そうでなければ、例えば「鎌倉幕府の成立」や「国分寺建立」のようにデッドコピーと言える文章は出来ようがないからである。この二つ目の推論が正しければ、③だけが嘘だということになる。そして、嘘をついているのは大津寄氏であるということになる。

それゆえ、筆者は、この準備書面2を読んで、非常に嫌な感じがした。育鵬社等4者は、責任を立場の弱い大津寄氏に押しつける作戦に出たのではないかと感じた。裁判が原告勝訴となった場合、二つ目の推論が事実として認定されていくことになるからである。

つまり、育鵬社は〈教科書本文を一から書くように大津寄氏に頼んだ〉し、〈扶桑社版のデータを大津寄氏に渡していない〉のだが、大津寄氏は育鵬社の方針に反して、ほとんど扶桑社版だけを参考にしてその記述を引き写したり、多少修正を加えながらパソコンに打ちこんでいった、という事実認定が行われていただろう。

しかし、育鵬社等が言うように教科書本文を一から新しく書く方針を育鵬社編集部が立て、その方針を大津寄氏にきちんと伝えていたならば、大津寄氏にしても、扶桑社版を引き写したりはしなかったと思われる。

伊藤、屋山、八木氏に質問を行う

最後に、第四、第五、第六の3点についてみていこう。原告側は、準備書面1とともに提出された平成二十五年十月二十四日付準備書面2で反論した。まず伊藤氏はやはり実質的に執筆者代表であると反論し、屋山氏は平成二十一年九月三日付声明を根拠に教科書制作に関与していると主張し、八木氏は著作権侵害を知りながら採択活動を行っていたと主張した。そして更に、平成二十六年七月七日付証拠申出書により、伊藤氏、八木氏、屋山氏の被告本人尋問を要求した。これに対して、七月二十二日付証拠説明書に添付する形で、育鵬社等の弁護士から屋山氏の七月十五日付「陳述書」が送られてきた。次いで、七月二十四日付証拠説明書に添付する形で、八木氏の弁護士から氏の七月二十日付陳述書が送られてきた。陳述書で、屋山氏と八木氏は、自身と育鵬社歴史教科書との関わりについて説明を行った。
その後、裁判所の方から、著作権侵害論の判決と損害論（責任論）の判決を分けて、侵害論の中間判決を先に出すのはどうかとの提案があった。原告被告両者はこの提案を受け入れたため、被告本人尋問は行われなくなった。被告側は、裁判所は著作権侵害ではないと判断しているから中間判決を出すのだと捉え、原告側は、裁判所にとって著作権侵害は自明であるから先に侵害論の中間判決を出すのだと捉えていた。両者は正反対のことを予想していたのだが、裁判所と原告被告の合意によって、責任論に関する詳しい検討は省略されることになり、裁判所にとって面倒な尋問が省略されてしまったのである。

今にして思えば、原告敗訴の一番の原因は、被告本人尋問を行わなかったことである。伊藤氏や八木氏の尋問をふまえ、更に大津寄氏の尋問まで行われれば、少なくとも、〈③大津寄氏は、各社の記述を参考にしつつも、一から文章を作成したのだから盗作ではない〉ということが嘘であると事実認定されたのではないだろうか。そうなれば、原告勝訴の可能性が高まったのではないだろうか。

それはともかく、被告本人尋問の要求を止めた原告側は、九月五日付で求釈明書を提出し、伊藤、屋山、八木の三氏の育鵬社歴史教科書との関わりについて、一問一答式の質問を行った。これに対して、伊藤氏と屋山氏の九月十一日付陳述書、八木氏の九月十一日付陳述書が送られてきた。これらのやり取りの中で、３氏が自身と教科書との関わりについてどのように述べたか、まとめていくこととしよう。

伊藤氏の主張――編集会議の座長でした

伊藤氏から見ていこう。原告側からの質問に対する伊藤氏の回答を全て掲げよう。

1　被告書籍制作過程における被告伊藤の役割は何か。

【回答1】執筆者の一人であり、編集会議の座長でした。

2　編集会議において、被告書籍本文が原告書籍に酷似していることが問題になったことはあるのか。

【回答2】ありませんでした。

3　2について「ない」として、編集会議の過程では気付かなかったということか。

【回答3】気付かなかったということではなく、問題とならなかったということです。

4　2について「ない」として、被告書籍検定合格後に原告側から著作権侵害の指摘を受けて初めて（酷似の事実を）認識したというのか。

【回答4】その時点で、原告側がそのような主張をしていることを認識しました。

5　上記指摘を受けて執筆者らの間でどのような議論がされたのか。

【回答5】特に議論はしていません。指摘を受けた個所は、いずれも歴史的事実に基づく一般的見解を時系列にそって記述しているにすぎず、原告の主張する著作権侵害には当たらな

い、との認識でした

回答1を見ると、育鵬社等4者の答弁書は伊藤氏が執筆者代表であることを否定したが、伊藤氏自身は否定も肯定もせず、ただ「執筆者の一人であり、編集会議の座長でした」とだけ答えた。これは、実質的に執筆者代表を認めた発言と言える。少なくとも、著作権侵害と判断されれば、その責任から逃げる気はないということであろう。

しかし、回答5はいただけない。回答は、真部氏らが「つくる会」との交渉過程で述べていたことの繰り返しに過ぎない。歴史教科書というものは、原則的に、「歴史的事実に基づく一般的見解を時系列にそって記述」するものである。こんなことを言ったら、歴史教科書の著作権は否定されてしまうことになろう。

それに、扶桑社や育鵬社の教科書は、歴史学界では一般的見解に当たることを述べていても、教科書の世界ではむしろ少数派の特殊的見解に当たることを述べている。教科書という性格を考えれば、四七箇所は決して「歴史的事実に基づく一般的見解」を記述したものではないはずである。

屋山氏の主張――教科書編集に関わっていない

次いで屋山氏の見解について見ていこう。屋山氏については、九月十一日付陳述書よりも七月十五日付陳述書の方が詳しいし、意味のある回答になっている。そこで、七月十五日付陳述書に基き、氏の見解を検討していこう。氏は、まず氏自身も教科書改善の会も教科書編集に関わっていないと述べている。

「教科書改善の会」が行っていた支援とは、上述のような側面支援であり、教科書編集の意思決定機関である教科書編集会議に私が参加したことはなく、執筆や監修にも加わっていません。

教科書編集の進捗状況などの報告を節目の折に育鵬社編集部から口頭で受けることはありましたが、その間、編集内容に口出ししたことはありません。教科書の編集は、育鵬社編集部、執筆や監修に関わられた先生方にすべてを託していました。

恐らく、氏も教科書改善の会も、教科書編集に携わっていないのであろう。八木氏も、準備書面3（平成二十六年二月十七日付）で教科書改善の会は編集に関わっていないと述べている。だが、そうなると、平成二十一年九月三日の教科書改善の会代表世話人・屋山太郎氏の声明は一体何だったのだろうかという疑問が出てくる。何度もこの声明について触れているが、もう一度、この声明を取り上げよう。教科書作成途上の平成二十一年九月三日、屋山氏は、教科書改善の会代表世話人として、「中学校教科書採択結果を受けて」という声明を発表した。その「4．次回検定申請について」という項では次のように表明していた。

《当会は、改正教育基本法と新学習指導要領に基づいて扶桑社版教科書をさらに充実させる育鵬社の中学校歴史・公民教科書の発行を支援し、来年度の検定申請に向けて粛々と編集作業を行って

います。なお、歴史教科書については全く新しい記述となり、著作権の問題が生じる恐れはありません。》

傍線部にあるように、屋山氏は、教科書改善の会が「粛々と編集作業を行っています」と述べていたのである。氏は、嘘をついていた。そして更に、最後の傍線部にあるように、育鵬社版歴史教科書は一から起稿するから著作権問題は生じないと述べていた。つまり、二つの嘘をついていたのである。そこで、陳述書では一つ目の嘘について、次のように弁明している。

《ホームページに掲載された文章には、一部不正確なところがあり、誤解を招くことになったかもしれません。正確には、「当会は、改正教育基本法と新学習指導要領に基づいて扶桑社版教科書をさらに充実させる育鵬社の中学校歴史・公民教科書の発行を支援し、」の後には、「育鵬社は」という主語を入れて、「育鵬社は、来年度の検定申請に向けて粛々と編集作業を行っています。」とすべきだったのです。》

「一部不正確」などと誤魔化しているが、平成二十一年九月三日の声明は誰が読んでも、教科書改善の会が教科書編集に携わっていると記したものである。八木氏や屋山氏は、多くの有名な保守言論人を揃えた教科書改善の会が編集していると世の中に思わせて育鵬社教科書の信用性を高めようとして、このような嘘をついたのであろう。その責任は重いと言わねばならない。

屋山氏の主張——育鵬社の言うとおり、一から起稿すると声明した

だが、氏の責任は、そのことよりも、二つ目の嘘にある。育鵬社版歴史教科書は一から起稿する

と氏が保証したことにより、育鵬社教科書は盗作教科書ではないという偽りの信用性を与えてしまったのである。この問題については、氏は、九月十一日付陳述書で次のように原告からの質問に答えている。

1 「歴史教科書については全く新しい記述となり、著作権の問題が生じる恐れはありません」(甲31)と教科書改善の会ホームページで記載した根拠は何か。

【回答1】育鵬社側からその趣旨の説明があったからです。

屋山氏としては、育鵬社の説明をそのまま信じたということだろうが、であるならば、育鵬社は屋山氏をだましていたと言えよう。

八木氏、著作権侵害を知りつつ採択活動をしていたかに答えず

最後に、第六の点、すなわち八木氏が「著作権侵害によって制作されていることを知りながら」教科書採択活動を行ったかどうかについて、八木氏自身の主張を検討しよう。氏は、七月二十日付陳述書で次のように述べている。

《育鵬社の歴史教科書が、扶桑社版教科書の記述を流用したという事実はありません。

育鵬社の歴史教科書の原稿素案は、実際に教科書を使う中学生が理解しやすい文章表現となるよう、現場感覚のある中学校の教員に書いてもらおうとの育鵬社編集部の意向があり、それに該当す

る大津寄章三氏（以下「大津寄氏」といいます。）により全く新しく執筆がなされたものです。大津寄氏には、扶桑社版の歴史教科書の本文データも渡されていません。

大津寄氏の作成した原稿素案をたたき台として、編集会議において議論がなされ、各編集委員から問題点の指摘や改善への提案が行われ、育鵬社編集部が中心となって、執筆者や監修者の意見を集約し、修正が重ねられていったのであり、原告から非難されるいわれは何らありません。

私自身の育鵬社の歴史教科書への関わりとしては、執筆者・監修者として、改善のための意見を述べたり、具体的な修正提案を行ったりしたことであり、それ以上でも以下でもありません。他の編集委員、執筆者・監修者の関わり方と同じです。

また、原告は、私が、育鵬社の歴史教科書が「大々的な著作権侵害によって制作されていることを知りながら、採択の活動を行った」と主張しています。私が採択活動に協力したのは事実ですが、そもそも著作権侵害がない以上、何ら非難される点はないと思います。》

最後の段落がこの問題に対する回答であるが、八木氏は、否定も肯定もせず、「何ら非難される点はない」と強弁している。しかし、平成二十三（二〇一一）年の教科書採択戦の当時、少なくとも育鵬社版が著作権侵害の可能性をもった教科書であることを八木氏は自覚していた。例えば、採択戦がたけなわの七月、千葉県で自民党主催の教科書講演会が予定されていた。この講演会で八木氏が年表問題（平成二十三年版『新しい歴史教科書』の年表が平成十三年版東京書籍の年表の著作権を侵害していた問題）を持ち出すという情報が入ってきた。「つくる会」側は、或る筋を通じて、「年表問題を持ち出して自由社教科書批判を行うことは止めてもらいたい。でなければ、こちらも育鵬社の盗作問題を公表せざるを得なくなる」と申し入れた。八木氏は、講演会では年表問題の持ち出しをピタリと中止した。

また、採択活動の終わった後の話であるが、例えば、育鵬社に対する平成二十四年十一月八日付「申し入れ書」で、「盗作との指摘は事実無根だが、そのような指摘を受ける原案を用意したのは貴社編集部の落ち度によるものである」と指摘し、更には「監修者・執筆者及び採択した教育委員会・学校に対して早急に事情の説明とご迷惑をお掛けしている旨のお詫びをして頂きたい」とまで、育鵬社を責めたてていたのである。

大津寄氏が書き、自分はチェックしただけ――八木氏の主張

この陳述書で八木氏は、更に二つのことを述べている。一つ目に、大津寄氏は扶桑社版の本文データをもらわずに新しく執筆したと述べている。二つ目に、自分自身も他の執筆者等も「改善のための意見を述べたり、具体的な修正提案を行ったりした」だけだと言う。つまり、育鵬社等の準備書面2のように、責任を大津寄氏一人に押し付けたのである。

しかし、八木氏や育鵬社等の言うことが事実なら、また新たな問題が発生する。育鵬社版の著作者は、本当は伊藤氏や八木氏その他の有名人ではないのではないかという問題である。育鵬社版は、大津寄氏というゴーストライターによる著作物ではないかという問題である。つまり、育鵬社等は、伊藤氏や八木氏等の保守言論人が執筆したものですよ、という嘘をついて採択を勝ち取っていったということになるのである。詐欺行為ともいえるものであり、育鵬社版を採択した教育委員会や教

育現場に対する裏切り行為以外の何物でもないということになろう。育鵬社版教科書というのは、仮に全く盗作行為をせずに作られたものであるとしても、大いに問題のある教科書なのである。

更に言えば、育鵬社等や八木氏がいくら大津寄氏に責任を押し付けようとしても、それは成功しないであろう。ゴーストライターが仕出かした盗作の責任は、当然、伊藤氏や八木氏を初めとした「執筆者」が取らなければならないからである。

その後、八木氏は、原告側の九月五日付求釈明書に対して、九月十一日付陳述書で回答している。この中で、育鵬社教科書の制作過程について次のように回答している。

1　被告八木は「申し入れ書」（甲22）では被告書籍本文原案は育鵬社編集部が用意したと言い、陳述書1（丙1）では大津寄氏が原案執筆したと言っているが、どちらが正しいのか。

【回答1】どちらも正しいです。陳述書（丙1）で述べましたように、現場感覚のある中学校の教員に書いてもらおうとの編集部の意向にもとづいて大津寄氏が文章を執筆し、それを編集部がチェックしたうえで原稿素案として編集会議に提示したのです。

八木氏の七月二十日付陳述書や育鵬社等の準備書面2では、原稿素案ないしは素稿は大津寄氏の責任とされていたが、この九月十一日付陳述書では、大津寄氏と育鵬社編集部の責任とされている。いずれにせよ、八木氏は、日本教育再生機構側の運動のリーダーとしての責任、執筆者としての責任、著作権侵害によって作成された事実を知っていた責任、といった全ての責任を放棄し、大津寄氏と育鵬社編集部に著作権侵害の責任を押し付けたのである。

第三節　著作物性をめぐる被告側の主張

江差追分事件最高裁判決を育鵬社問題に当てはめた被告側

これまで責任論に関するやり取りをみてきたが、最後に、最も重要な侵害論について見ていこう。侵害論に関する被告側の主張は、答弁書を経て育鵬社等準備書面1（平成二十五年七月三十一日付）でおおよそ出揃った。彼らが依拠するのは、平成十三年六月二十八日江差追分事件最高裁判決の判決理由である。判決理由要旨全文を掲げよう。

【要旨1】言語の著作物の翻案（著作権法27条）とは、既存の著作物に依拠し、かつ、その表現上の本質的な特徴の同一性を維持しつつ、具体的表現に修正、増減、変更等を加えて、新たに思想又は感情を創作的に表現することにより、これに接する者が既存の著作物の表現上の本質的な特徴を直接感得することのできる別の著作物を創作する行為をいう。そして、著作権法は、思想又は感情の創作的な表現を保護するものであるから（同法2条1項1号参照）、【要旨2】既存の著作物に依拠して創作された著作物が、思想、感情若しくはアイデア、事実若しくは事件など表現それ自体でない部分又は表現上の創作性がない部分において、既存の著作物と同一性を有するにすぎない場合には、翻案には当たらないと解するのが相当である。

被告側の準備書面1では、この要旨全文を引用し、そもそも扶桑社の四七項目（一審二審判決とも項目という表記を行っているので、以下、これに倣うことにする）には著作物性がないと主張していく。まず、【要旨1】で翻案を定義して「これに接する者が既存の著作物の表現上の本質的な特徴を直接感得することのできる別の著作物を創作する行為」と定義する。そして、著作権法は「思想又は感情の創作的な表現」を保護するものだとしたうえで、「思想、感情若しくはアイデア、事実若しくは事件など表現それ自体でない部分又は表現上の創作性がない部分」は著作物ではなく、著作権は認められないとする。この基準から四七項目全てを評価し、四七項目の全ては著作物ではなく、したがって著作権（翻案権）侵害はあり得ないとする。

著作権問題で問題になるのは、主に、依拠性、類似性、著作物性（創作性のある表現か否か）の3点である。依拠性とは、育鵬社教科書が扶桑社教科書を基にして作られたかどうかということである。類似性とは、二つの教科書が類似しているかどうかということである。著作物性とは、扶桑社教科書が育鵬社教科書と類似している部分が、創作性のある表現であり、著作物性が認められるかどうかということである。

三点のうち、被告側は、依拠性と類似性については争わず、原告書籍の著作物性をひたすら否定していく作戦に出てきたのである。依拠性と類似性は否定しようがないからである。その際、金科玉条のように掲げるのが、江差追分事件の最高裁判決の判決理由要旨であった。

した。

著作物性を否定する三つの論理

被告側は、この判決理由要旨に基づき、以下の三つの論理を用いて、四七項目の著作物性を否定した。

一、思想、感情若しくはアイデアは表現ではないから、著作権（翻案権）の保護を受けない。
二、事実若しくは事件は表現ではないから、著作権（翻案権）の保護を受けない。
三、創作性がない表現は、著作権（翻案権）の保護を受けない。

一つは、思想やアイデアに過ぎないものは著作物ではないというものである。通説判例とも、あるいは諸外国でも、思想（感情、アイデアを含む）と表現の二分論をとっており、保護されるのは表現だけであり、思想は保護されないという立場をとっている。

二つは、社会的事件や歴史上の事実など、事実それ自体は表現ではないから著作物ではないというものである。これも、判例学説上のコンセンサスがある。ただし、歴史研究や歴史教科書とノンフィクションなどは、数ある事実の中から一定の事実を選択し（事実の選択）、一定の論理にしたがってそれらの事実を配列して因果関係を明らかにして（事実の配列）表現するものである。この事実の選択と配列に個性のあるものには著作物性を認めるのが一般的な見解である。育鵬社側の準備書面も、原則的にはこのことを認め、「歴史小説などの場合は著作物性が肯定される場合もあろう」と述べてはいる。

三つは、創作性のない表現は著作物ではないというものである。ある思想の表現方法が極めて限定されている場合には、著作物性を認めるべきではないというコンセンサスが、判例学説にあるからである。

ありふれた表現も集積すれば創作性のある表現となる

しかし、三つ目の論理については、次のような指摘をしておかなければならない。四七項目の文章の全てが一般的なありふれた表現だとは思わないが、仮にありふれているとしても、それらの具体的文章表現が集積されればありふれた表現ではなくなり、表現上創作性のあるものとなるということである。同様のことは、福井健策『著作権とは何か――文化と創造のゆくえ』（集英社、二〇〇五年）でも述べられている。

《どこでもみかけるようなありふれた表現も著作物ではありません。たとえば、転任・退任の挨拶や引越し通知などが例に挙げられます。（中略）

では、小説の中のごく短いフレーズや、楽曲の短いフレーズはどうでしょうか。そこだけ取りだしてみるとありふれていたり、既存の表現が多く見受けられます。そうすると、その部分だけを抜き出してみれば独創的ではない。そのパートも含んだもっと大きな固まりは独創的ですが、個々のパートだけを抜きだすと独創的とはいえないでしょう。この場合、作品全体や大きな固まりは著作物ですが、ある短い箇所だけを抜きだしたときには著作物というには足りない。このように考えます。

ごく短いフレーズの例として、「国境の長いトンネルを抜けると雪国であった」という川端康成『雪国』の冒頭を挙げる研究者がいます。『雪国』という小説全体はもちろん著作物です。また、この一行は小説の冒頭に位置づけたときにはきわめて効果的で印象的です。しかし、この一行だけを抜きだしたときには、短すぎて独創的な表現とはいえない気がします。長いトンネルを抜けると、雪景色が広がっていたという状況は実際によくあるわけで、その状況を簡潔に伝える文は恐らく数パターンしかないでしょう。だから、この部分だけを取りだして考えると、おそらく著作物ではありません。著作物でないならば、この一行だけを真似するのは自由です。》(28～29頁)

川端康成のフレーズは20字だが、筆者も、育鵬社盗作問題を検討する際、30～40字程度の同一文あるいは類似文が見付かっても、その周辺に更に類似乃至同一の文がなければ問題にしないという方針を貫いた。四七項目の文章は長いものは六百字強に達しており、1頁を超えている。短いものでも百字程度は存在する。四七項目の文章が全てありふれたものの集積だと仮定しても、これだけの長さの文章に著作権がないというのは明らかに強弁である。

しかし、あらかじめ言えば、一審判決も二審判決も、ありふれた具体的文章表現が集積されればありふれた表現ではなくなり、表現上創作性のあるものとなるという視点から四七項目の文章について検討することは一切なかったのである。

教科書の著作権を否定した育鵬社等

被告側準備書面1は、総論的には以上三つの論理又は判断基準を全て使っている。育鵬社側は、四七項目の単元本文について扶桑社と育鵬社の記述を比較検証したと述べ、全てについて著作権は成立しないとする。その際、まず二つ目の論理と一つ目の論理を適用し、「原告が同一性を有すると主張する部分の大半は、いずれも歴史的事実そのものか、歴史的事実に対するありふれた認識（評価）を記載した内容に過ぎないことが確認された」とする。

次いで三つ目の論理を適用し、「対照表中の歴史的事実及び歴史的事実に対する認識（評価）以外の表現部分については、基本的に事実や認識（評価）に関する記述をつなげて文章として成り立たせるために必要不可欠な接続詞や助詞などが用いられているに過ぎない部分であって、原告の個性が表出した表現は見受けられなかった」とする。

こんなふうに言ってしまえば、特に事実を扱うノンフィクションや歴史小説、歴史教科書などの著作権は否定されてしまうことになろう。いや、それどころか、育鵬社側は、単に歴史教科書だけではなく、教科書一般の、特に単元本文の著作権を認めていないようなことを述べている。

《扶桑社版教科書が伝記や歴史的小説とは異なる教科書である以上、その出版物としての性格上（しかも本件の対照表は、比較的自由度の高いコラム部分とは異なる本文部分である。）、著作者の一人が歴史的事実や歴史的事実に対する認識以外の純粋な表現部分においてその個性を表出させることなどは、もともと期待も想定もされていないのである。》

このように、育鵬社側はコラムの著作権は認めるが、単元本文の著作権は認めないようである。しかし、前にも述べたが、教科書の中心部分は単元本文である。コラムはなくても教科書は成立するが、単元本文がなければ教科書は成立しない。つまり、育鵬社側の主張とは、教科書の著作権を事実上否定するものである。

それとも、育鵬社の立場とは、単元本文全ての著作権を否定するのではなく、四七項目だけの著作権を否定するものなのだろうか。しかし、四七項目とそれ以外の箇所では、書き方の点で違いはない。それゆえ、やはり、育鵬社側は、扶桑社教科書の単元本文すべての著作物性――著作権を否定しているといえるのである。しかも、一単元のうちに二箇所以上盗作された箇所があり、単元本文全体が育鵬社に盗まれているケースさえもある（例えば単元62「第一次世界大戦」、単元79「占領政策の転換と独立の回復」）。こういう単元の場合には、育鵬社の立場からすれば、一つの単元本文全体の著作物性を否定しなければならなくなる。単純に考えても、四七項目だけの著作物性を否定することなど、不可能と言うべきだろう。

育鵬社側の個別分析――事項の選択配列は同一だが、そこには著作権はない

こうして総論として四七項目の著作権を否定したうえで、育鵬社側は、四七項目それぞれについて個別に育鵬社と扶桑社を比較検証する文章を記している。それらは、ほとんど同じパターンで記されている。まず育鵬社と扶桑社とが取り上げた事項を示したうえで、それらを「表現している点及びその表現の順序において概ね共通し、同一性がある」と記す。四七項目中四五の分析でそのように記している。つまり、ほとんどの箇所で、事項の選択と配列に関して、育鵬社と扶桑社は同一であると認めたのである。

残る項目35「支那事変（日中戦争）・『南京事件』」等の二項目についても、取り上げられた歴史

的事項を並べたうえで、それらを「表現している点において共通し、同一性がある」と述べ、事項の選択における同一性については認めている。全四七項目について、育鵬社側は、事項の選択における同一性を認めたのである。

しかしながら、育鵬社側は、四七項目のうち、「1　縄文時代」を初めとした三九項目については二つ目の論理を適用し、「しかし、上記同一性を有する部分はいずれも一般的知見に属する歴史的事実そのものであって、表現それ自体でない部分において同一性を認められるにすぎない」とする。また項目35や項目20「秀吉の朝鮮出兵」等八項目については、二つ目と一つ目の論理を適用し、「しかし、上記同一性を有する部分はいずれも一般的知見に属する歴史的事実そのもの又は歴史に関するありふれた認識（評価）であって、表現それ自体でない部分において同一性を認められるにすぎない」とする。そして、四七項目全てについて著作権を否定するのである。

つまり、取り上げられた歴史的事項の選択と配列が同一でも、それらはありふれたものであるから、そこには著作権は存在しないというのである。しかし、取り上げる事項の選択と配列とは内面的表現形式のことであり、内面的表現形式は著作権法によって保護される表現だと一般に理解されている（中山信弘『著作権法』有斐閣、二〇〇七年、47～48頁）。また、各教科書を読み比べたことのある人なら誰でも知っていることであろうが、各社が取り上げている歴史的事実も「認識」も同一ではないし、同じものを取り上げている場合でも配列順序は異なっているものである。だが、選択と配列が同じであっても、育鵬社側は著作権侵害をしていないというのである。

更におかしなことに、準備書面は、扶桑社が取り上げている事項が、「一般的知見に属する歴史的事実そのもの又は歴史に関するありふれた認識（評価）」であることを示すために、研究書や高校の学習参考書などを参考文献として挙げている。「19　秀吉の全国統一」「24　フェートン号事件・モリソン号事件」等の一九項目について、そのようにしている。

だが、参考文献として挙げるならば、扶桑社版と教科書採択戦で競い合った平成十七年版の東京書籍、帝国書院等の他社教科書であろう。問題なのは、扶桑社版が行った事項の選択と配列が中学校教科書として個性があるかどうかのはずである。東京書籍等他社の多くも同じような選択と配列をしているのだから、扶桑社の選択・配列はありふれたものであり、そこには著作権はありませんよ、というのならば、説得力も出てくるというものである。ところが、育鵬社側は、一九項目については教科書以外の例しか挙げられなかったのである。このことを確認しておきたい。

平成二十一年八月二十五日東京地裁判決は単元本文の著作権を認めた

以上のように育鵬社側は、特に二つ目の論理を使って、事項の選択配列の著作物性を否定し、更には教科書の単元本文の著作物性を否定してしまった。それゆえ、当然に、四七項目総体の著作物性を否定してしまった。

しかし、扶桑社版歴史教科書の著作権をめぐって争われた平成二十一年八月二十五日東京地裁判決は、明確に、事項の選択配列の著作物性を肯定し、教科書の単元本文の著作物性を肯定した。東京地裁判決は、次のように述べている。

《著作物とは、「思想又は感情を創作的に表現したものであって、文芸、学術、美術又は音楽の範囲に属するもの」をいう（著作権法2条1項1号）。

本件記述（本件書籍において、各単元において図版や解説文を除外した本文部分や、各コラムにおいて図版や解説文を除外した部分）は、特定のテーマに関して、史実や学説等に基づき、当該テーマに関する歴史を論じるものであり、思想又は感情を創作的に表現したものであって、学術に属するものであるといえる。

この点、本件教科書（本件書籍）が、中学校用歴史教科書としての使用を予定して作成されたものであることから、その内容は、史実や学説等の学習に役立つものであり、かつ、学習指導要領や検定基準を充足するものであることが求められており、内容や表現方法の選択の幅が広いとはいえないものの、①表現の視点、②表現すべき事項の選択、③表現の順序（論理構成）、④具体的表現内容などの点において、創作性が認められるというべきである。》

最初の傍線部から知られるように、地裁判決は、扶桑社の単元本文やコラム本文について、明確に著作物性を認め、著作権の成立を認めている。ここに、単元本文とコラム本文の区別はない。我々が指摘した四七項目は全て単元本文であるから、地裁判決は著作物性を、それゆえ著作権を肯定しているのである。

そして地裁判決は、二つ目の傍線部から知られるように、①表現の視点、②事項の選択、③表現の順序（論理構成）、④具体的表現内容（文章表現）まで四つのレベルを挙げ、それら四つのレベルで創作性があるとしている。だから、著作物であり、著作権が認められるということになるのである。

単元本文に著作権があることなど、当たり前のことである。そして、具体的な文章表現＝外部的表現形式はもちろん、前述のように事項の選択配列＝内部的表現形式に著作権を認めることには、判例学説の間でコンセンサスがある。

さらに、髙部眞規子「著作権法の守備範囲」（『月刊　パテント』二〇一三年十一月号）でも、次のように記されている。

《歴史的な事実そのものではなくて，これを創作的に表現したものには、著作物性あるいは創作性が認められる場合もあります。又、歴史的な事実に関する著述でありましても、基礎資料からどのような事実を取捨選択するのか、どのような観点、どのような視点や表現を選択するかについて、いろいろな方法があり得るわけですので、事実の選択や配列、あるいは歴史上の位置付け等が、本質的な特徴を基礎付ける場合もあり得るところでございます。》

傍線部の「本質的特徴」とは創作性と言い換えてもよいものだから、「事実の選択や配列や、歴史上の位置付け等」に創作性・個性があれば、著作物性が認められるとしていることに注目されたい。明らかに、「歴史上の位置付け」と記されているものは地裁判決の「表現の視点」と重なるものである。とみてくれれば、具体的文章表現や選択配列だけではなく、「表現の視点」も著作物性を基礎づける一要素であるとみて差しつかえないであろう。

一つの単元本文全体には著作権が認められる

しかも、注意しなければならないのは、前述のように、東京地裁判決は、扶桑社版教科書を結合著作物として捉えており、各単元本文全体を一つの著作物として捉えていることである。前記引用文の後に、続けて地裁判決は次のように言う。

《なお、本件書籍は、上記（1）で認定したとおり、82個の単元、多数のコラムや課題学習等から成るものの、各単元やコラムは、本件書籍の他の部分とは分離して利用することも可能であり（本件教科書が、中学校用歴史教科書として使用することが予定された書籍であるからといって、各単元やコラムが中学校用歴史教科書としてしか利用することができないわけではない。）、また、各単元やコラムは、特定のテーマに関連する本文の記述（側注を含む）、関連する写真、地図、図表やこれらの解説文等で構成されているものの、本件記述（各単元において図版や解説文を除外した本文部分やコラムにおいて、図版や解説文を除外した部分）を、写真、地図、図表やこれらの解説文等とは分離して利用することも可能であるから、本件書籍はこれらの各著作物が結合したいわゆる結合著作物に当たるというべきであり、これらの各単元やコラムが一体として著作権法2条1項12号の「共同著作物」に当たると解することはできない。》

このように、地裁判決は、各単元本文（側注を含む）全体を一個の著作物とみなし、従って著作権を認めているのである。この地裁判決の論理からすれば、扶桑社版の一つの単元本文全体が盗まれたケースでは、細かく検討するまでもなく、著作権侵害であるとの結論が出るはずだということになるのである。

第四節　共有書面の作成

原告準備書面1（平成二十五年十月二十四日）――【事実の選択配列】の個性を示す

話を戻すと、扶桑社版の四七項目について全て著作物性を否定した被告側に対し、原告側は、準備書面1（平成二十五年十月二十四日付）によって反論した。まず、被告が準備書面1で援用した江差追分事件や「破天荒力」事件（平成二十二年七月十四日知財高裁判決）は表現が類似していないケースであり、表現が酷似している育鵬社事件のケースとは全く異なると主張する。

そのうえで、平成二十一年八月二十五日東京地裁判決と江差追分事件最高裁判決の「最高裁判所判例解説」を根拠に、事実（事項）の選択配列や「歴史上の位置付け」あるいは「表現の視点」に個性がある場合には著作権が認められるとする。そして、「15　鎌倉幕府の成立」や「16　鉄砲伝来」のケースに即して、東京書籍や帝国書院の平成十七年版と対比しながら、特に扶桑社版が個性ある選択配列を行っており、その選択配列をそのまま育鵬社版が模倣していると主張した。

共有書面の原告主張欄の完成

原告準備書面1の日付である平成二十五年十月二十四日は、第三回期日であった。この日、四七項目それぞれに関する原告と被告の主張を一望にできる共有書面を作ることが決まった。共有書面は、四七項目についてそれぞれ、被告書籍、原告書籍、原告主張、被告主張の四つの欄を設けて一

共有書面

	被告書籍	原告書籍	原告主張	被告主張
1 縄文時代	文章をそのまま掲載	文章をそのまま掲載	【原告著作の表現の視点】 【事項の選択】 【表現の順序（論理構成）】 【具体的表現内容の翻案】	原告と同じ形で反論
2 稲作開始	文章をそのまま掲載	文章をそのまま掲載	上と同一	上と同一

望できるようにしたものである。被告書籍と原告書籍の欄には、それぞれ縄文時代なら縄文時代の記述が載せられることになった。先取りして言えば、一審判決の際、被告主張欄の右列に裁判所の判断が書き込まれることになった。

さて、まずは原告主張欄を完成させることになった。原告側は、十二月十九日の第四回期日を経て、平成二十六年二月十七日の第五回期日のとき、原告主張欄を完成させ、準備書面4（二月十七日付）とともに提出した。

原告主張欄では、前回判決が示した著作物性を示す①表現の視点、②事項の選択、③表現の順序（論理構成）、④具体的表現内容（文章表現）という四つのレベルで、原告書籍と被告書籍の四七項目について比較検証している。そのことを通じて、四七項目それぞれの部分における原告書籍の著作物性を証明し、被告書籍が原告書籍を翻案したものであり、原告の著作権（翻案権）を侵害していると主張した。

被告側は乙45号証を準備した

原告主張欄の完成を受けて、被告側が反論を行うことになった。被告側は、特に事項の選択と配列の問題を検討するために、平成八年版と十三年版の全中学校歴史教科書と十七年版及び二十三年版の東京書籍、帝国書院、教育出版、大阪書籍（大阪書籍の教科書は平成二十三年版以降は、日本文教出版から出されることとなった）の調査を行った。その成果は、平成二十六年五月二日付で乙45号証としてまとめられ提出された。この作業をふまえて、被告側は、育鵬社等の平成二十六年四月十七日付準備書面3と、共有書面の被告主張欄で反論を行った。

当時、筆者も含めた原告側は、乙45号証にどういう意味があるか、全く分からなかった。被告側は、扶桑社版が行った事項の選択と配列はありふれたものであり、他社も行っているものにすぎないですよ、全く個性的な選択と配列を行ってはいませんよ、と主張するためにこそ、乙45号証を作成したはずである。ところが、乙45号証を見ても、全てのケースで、扶桑社と育鵬社の類似性がまず確認された。次いで、一部例外はあるが、ほとんどのケースで、この2社と東京書籍他の記述との類似性は確認できなかった。更に言えば、2社以外の東京書籍等7社の記述を相互に比較しても、その選択と配列は類似性よりも相違こそが目立っていた。ついでに文章自体にも触れれば、東京書籍等7社の記述は、その思想傾向が類似してはいても、文章の類似性はほとんどのケースで発見できなかった。

当時、筆者が乙45号を見た時、歴史教科書は、各社が事項の選択と配列については、文章についても独自に工夫しているという印象を持った記憶がある。それゆえ、原告側は、乙45号証に対する体系的な批判を全く行わなかった。というよりも、批判の必要性自体を感じなかったのである。

ところが、後に詳しく見るように、この乙45号を用意したことこそが、被告側の最大の勝因であった。四七項目全てのケースで乙45号が最大の証拠として使われ、乙45号を根拠にして扶桑社版における事項の選択と配列も文章表現も、その創作性が否定されていったのである。

各社の事項の選択配列は同一である——被告側準備書面3

さて話を戻して、被告側準備書面3をみると、被告側は、「本件の主たる争点」は原告書籍の四七項目と被告書籍の四七項目で同一性のある部分に創作性（著作物性）が認められるかどうかだとし、原告書籍には江差追分事件の場合以上に創作性がないとする。

その際、被告側が使用する論理は、第三節で述べた三つの論理である。一つ目は、思想や感情、アイデアに過ぎないものは著作物ではないというものである。二つ目は、社会的事件や歴史上の事実など、事実それ自体は表現ではないから著作物ではないというものである。三つ目は、創作性のない表現は著作物ではないというものである。

四つのレベルに即して言えば、まず、①表現の視点については、一の論理を使う。すなわち、「原告の言う表現の視点なるものはその大半が原告の内心の動機等を述べたにすぎないもので、そもそも著作権法により保護される表現ではない」という。

次いで②事項の選択と③表現の順序（論理構成）については、育鵬社側が何度も述べてきたように、一と二の論理、特に二の論理を使う。すなわち、扶桑社歴史教科書が行った事実（及び歴史に関する評価）の選択と配列は、創作性のないありふれたものであるとする。

注目すべきことに、扶桑社版の②③に創作性がないと言うために、被告側は二つの理屈を用いた。

第一に、①②③の点で創作性が認められるのは歴史小説や伝記の場合であり、歴史教科書にはこれらの点で創作性は認められないとする。またも、歴史教科書の著作権を否定してしまったのである。第二に、平成八年版、十三年版の他社教科書を特に取り上げ、これらと扶桑社版の選択配列は同一であるとする。更には、平成十七年版、二十三年版の各社と比べても、扶桑社版の選択配列は同一のものであり、創作性のあるものではないとするのである。この第二の理屈には、本当に驚かされた。

そして、④具体的表現内容=具体的な文章表現については、まず一と二の論理、特に二の論理を使い、ほとんどの部分は一般的知見に基づく歴史的事実そのもの或いは歴史的事実に対するありふれた認識（評価）を書いているにすぎないから、表現ではないとする。そのうえで三の論理を使い、残る表現と言えるものも極めて一般的なありふれた表現でしかなく、創作性に欠けているので著作権の保護を受けないとする。その結果、繰り返すが、四七項目の、いや教科書単元本文全体の著作権を、育鵬社側は否定してしまったのである。

七月七日付原告準備書面——被告側主張は歴史教科書の著作物性を認めないもの

以上のような被告側主張を受けて、五月八日の第六回期日では、今度は原告側が被告に対する反論を行うことになった。そして、七月七日付準備書面5とともに、反論を書きこんだ共有書面を提出した。

準備書面5では、まず3点のことを述べている。第一に、被告の主張は、「歴史教科書はありふれた歴史的事実を記載しているものであって、そこには創作性などなく、著作物には当たらない」

とするものだと位置づける。そして、このような論理は、東京書籍であれ、帝国書院であれ、いずれの教科書からコピーして出版しても著作権侵害にならないとする暴論であると批判する。

第二に、被告側が根拠とする江差追分事件判決の事案と本件とを比較し、江差追分事件は参考にならないとし、原告と扶桑社との間で争われた前回の判決は、扶桑社版の単元本文の著作物性を認めていると指摘している。

第三に、他社も同じような事項の選択と配列を行っていると被告側は言うけれども、ほとんどの箇所で東京書籍と帝国書院は扶桑社及び育鵬社とは異なる選択と配列をしていることを指摘している。そして、異なる選択と配列は、異なる「表現の視点」が現われた結果であるとする。

おおよそこれら三点のことを述べた上で、最後に、被告側主張の根本矛盾を突いて書面を終えている。全文を引用しておこう。

《なお、被告は原告書籍は創作性がなく著作物ではないと言っておきながら、被告扶桑社も原告書籍の著作者であって共同著作物であるとして自己矛盾も甚だしい主張をしている。しかしながら、別件訴訟において被告扶桑社は本文に関する共同著作権を主張したものの認められず、同被告が作成した図表等との関係で結合著作物であるとされているものである。》

共有書面の【被告主張に対する反論】

準備書面5とともに出された共有書面には、新たに四七項目全てについて【被告主張に対する反論】が書き込まれた。この反論の中で興味深いものを1件だけ紹介しよう。原告は、「16　鉄砲伝来」

の箇所で次のように反論を述べている。

《(2) 被告は原告の「表現の視点」を思想、感情若しくはアイデアに過ぎないというが、この「表現の視点」が記載事項の選択配列・表現の順序・表現内容に反映されているものである。被告主張の中で、「⑥：日本が世界一の鉄砲生産国となったこと」について、「中学校用歴史教科書では記述は無いが、川勝平太「鉄砲が動かした世界秩序」『地球日本史①』(扶桑社、1998年)p.202以下(乙5)には有り」と書かれているとおりで、初めて中学校歴史教科書にこの史実を取り入れ、それを核にして、鉄砲伝来の時代像を創り上げたところに、原告の「表現の視点」に基づく「表現の創作性」が現れているのであり、そして、被告書籍はこの創作性をそっくり真似ているのである。》

ここで、準備書面と同じく、「表現の視点」が選択配列と具体的な表現内容に反映されていると強調している。当然の主張であるが、面白いのは傍線部である。原告側は、被告による調査を補強証拠にして、「日本が世界一の鉄砲生産国となったこと」という史実を初めて中学校歴史教科書に取り入れて、「それを核にして、鉄砲伝来の時代像を創り上げたところに」表現の創作性が現れていると主張するのである。

被告側は同じことの繰り返し

こうして原告は、扶桑社版、ひいては歴史教科書の著作物性を主張するのであるが、これに対して、被告側は、準備書面4(平成二十六年八月二十二日)で一応の反論を行う。最も力を入れているのが、扶桑社版における事実の選択・配列がありふれたものであるという主張であった。また、「16 鉄砲伝来」のケースには触れていないが、原告が記した「表現の視点」に対する反論にも力を入れていた。被告側は、「表現の視点」は実際の表現にはなっていないとし、更に「そもそも著作権法の保護の対象ではない。思想、感情又はアイデアは表現それ自体ではない」とする。しかし、目新しい論理は存在せず、その内容はこれまでの繰り返しに過ぎなかった。

これ以降、何度か書類がやり取りされたが、特に目新しい論理は存在しなかった。そして、平成二十六年十月二十四日に結審し、十二月十九日に一審判決が下りたのである。裁判官は東京地方裁判所民事第40部の東海林保、今井弘晃、足立拓人の三氏であり、裁判長は東海林氏であった。

第五節　一審判決……歴史教科書の著作権を実質上否定した

一審判決は、原告の請求を棄却する旨の主文の後に、「事実及び理由」を述べている。判決の構成を掴むため、「事実及び理由」の目次をまず示そう。

第1　請求
第2　事案の概要
1　（事案の要旨）
2　前提事実

3　争点

第3　争点に関する当事者の主張

第4　当裁判所の判断

1　争点（1）（被告各記述が原告各記述を翻案したものか否か）について

（1）翻案について

（2）教科書及びその検定について

（3）原告各記述及び被告各記述について

（4）原告の主張について

ア　表現の視点の違いに基づく創作性につき

イ　別件事件の判決につき

（5）小括

2　結論

以上が判決本体の目次構成であるが、更に原告と被告の共有書面に四七項目全てに関する裁判所の個別判断が書き込まれた対照表が添付された。個別判断については次節で見ていくこととして、本節では、判決本体の示す論理を見ていこう。

著作物性だけが焦点となる

一審判決は、被告側の主張を全面的に採用した。判決は、第2の「3　争点」で裁判における争点を以下の4点に整理した。

（1）被告各記述が原告各記述を翻案したものか否か
（2）原告が有する著作者人格権の侵害の有無
（3）各被告の責任原因
（4）損害発生の有無及びその額

裁判所は、以上4点のうち（1）（2）の2点についてのみ判断を行った。そのうち（1）についてのみ検討を行い、育鵬社の記述は『新しい歴史教科書』の記述を翻案したものではないと判断し、従って原告の著作者人格権の侵害も成立しないと判断した。そして、侵害が成立しない以上、責任原因論や損害論は検討する必要がないので、（3）（4）については判断するまでもないとして原告の請求を全て棄却したのである。

争点（1）を判断するにあたって実質的に検討されたのは、著作物性（創作性）、類似性、依拠性の3点のうち、著作物性（創作性）だけであった。類似性については多少言及されることはあったが、依拠性は全く問題にされることがなく、基本的には著作物性だけが問題にされた。以下、判決の著作物性に関する論理を見ていこう。

著作物性が否定されるか肯定されるかの一般理論

判決はまず第4の1の「(1) 翻案について」という項で、江差追分事件の最高裁判決を引き、著作物性が認められず翻案とは言えないケースを三つ、逆に著作物性が肯定されるケースを三つまとめている。番号と傍線は筆者が付したものである。

《①歴史上の事実や歴史上の人物に関する事実は、単なる事実にすぎないから、著作権法の保護の対象とならず、また、②歴史上の事実等についての見解や歴史観といったものも、それ自体は思想又はアイデアであるから、同様に著作権法の保護の対象とはならないというべきである。他方、(1) 歴史上の事実等に関する記述であっても、その事実の選択や配列、あるいは (2) 歴史上の位置付け等において創作性が発揮されているものや、(3) 歴史上の事実又はそれについての見解や歴史観をその具体的記述において創作的に表現したものについては、著作権法の保護が及ぶことがあるといえる。

そして、上記のように「創作性」又は「創作的」というためには、厳密な意味で独創性が発揮されたものであることは必要ではなく、筆者の何らかの個性が表現されたもので足りるというべきであるが、他方、③文章自体がごく短く又は表現上制約があるため他の表現が想定できない場合や、表現が平凡かつありふれたものである場合には、筆者の個性が表現されたものとはいえないから、創作的な表現であるということはできない。》

右のように、判決は著作物とは言えない場合を①②③の三つに整理している。第一に、歴史上の事実は、事実でしかなく表現ではないから著作物ではないとする。第二に、〈歴史上の事実等についての見解〉や〈歴史観〉は、思想又はアイデアであり表現ではないから著作物ではないとする。第三に、文章表現がありふれたものである場合には、創作性のない表現であるから、やはり著作物ではないとする。

このように判決は、一方で著作物性が否定されるケースに力点をおいて3点挙げているが、他方で、著作物性が肯定される場合を（1）（2）（3）と三つ挙げている。一つ目に、第一の点と対応するが、歴史上の事実の〈選択や配列〉に創作性がある場合には著作物性が肯定されるとする。二つ目に、第二の点と対応するが、歴史上の事実に対する〈歴史上の位置付け等〉に創作性のある場合には著作物性が肯定されるとする。三つ目に、第三の点と対応するが、歴史上の事実（第一のもの）または〈歴史上の事実等についての見解〉や〈歴史観〉（第二のもの）を創作的に文章表現した場合には、すなわち「何らかの個性が表現された」場合には著作物性が肯定されるとする。

一般理論の問題点

一見尤もなことを述べているようであるが、厳密に考えていくと、判決が提出した一般理論には問題がある。何よりも第三点と三つ目の点と関連するが、原告記述と被告記述で共通する文章表現がありふれていて創作性が低いものであるとしても、一定分量以上デッドコピー又はデッドコピーに近い文章が存在する場合には、それについて創作性を認められるという理論が抜けている。この理論は、第五章で検討する髙部眞規子「著作権法の守備範囲」（『月刊　パテント』二〇一三年十一月号）という論文にも出てくるものであり、一般に承認されているものと思われる。判決を読んだ時、この論理が何故に抜けているのか、疑問に思ったものである。

実際、年表などの編集著作物でも、全く同一の表現が多数あれば著作権侵害となる。それゆえ、なおさら、普通の著作物の場合には、同一乃至酷似したありふれた表現が集積されれば個性ある表現として著作物として認定すべきではないだろうか。

次に疑問に感じるのは、思想に過ぎないから著作権法で保護されないとする〈歴史上の事実等についての見解〉や〈歴史観〉は、創作的な表現として保護される場合もあり得る〈歴史上の位置付け等〉とどのように違うのだろうか。特に〈歴史上の事実等についての見解〉と〈歴史上の位置付け等〉とは同じことではないか。少なくとも区別できないのではないだろうか。

更に言えば、〈歴史上の位置付け等〉が表現であるとすれば、前述の「表現の視点」も表現として捉えることは可能であろう。後述のように、被告側にならって判決が一律に「表現の視点」は思想・感情にすぎず表現ではないから保護されないと切り捨てた態度には反省が求められよう。とりあえず、以上のような疑問を一般理論に対して述べておこう。

教科書及びその検定による制約を強調する

ともあれ、判決は、このように歴史関係記述の著作物性に関する一般理論としても、著作物性が認められる余地を狭く設定する。その上で、第4の1の「(2) 教科書及びその検定について」という項で、検定教科書という性格から歴史教科書の記述は一定の枠内に押し込められていることを強調する。具体的には、「義務教育諸学校教科用図書検定基準」によって、特定の事項を特別に強調し過ぎたり、一面的な見解を十分な配慮なく取り上げたりしないこと等々が要求されており、教科書記述を公正・中立でバランスのとれたものとする制約があるとする。更に、中学校学習指導要領と「中学校学習指導要領解説　社会編」による制約もあるとする。

しかし、被告の受け売りなのだろうが、判決の教科書に対する認識は不正確である。まず、学習指導要領には拘束性があるが、解説書には拘束力が存在しない。指導要領は極めて簡単な内容であり、指導要領による教科書の内容の制約は微々たるものであるし、解説書どおりに記しても取り上げる事項は多様に存在する。

確かに一方で検定によって教科書の記述は一定の枠内にはめ込まれているが、検定制度は、多様な教科書が競い合うことによって教科書レベルを上げていく狙いを持っている。実際、特に歴史教科書が取り上げる事項、記述の仕方は、各社によって多様であり、各社個性的である。この点は、歴史教科書や公民教科書の記述内容史を研究してきた筆者はよく知っていることである。だからこそ、自虐史観の教科書と反自虐史観の教科書が対立し、歴史教科書問題が発生してきたのである。

しかし、一審裁判官には、二審裁判官もだが、歴史教科書問題は知っているが、それでも教科書の内容・記述は全て同じようなものだという思い込みがあるようだ。そこで、「(3) 原告各記述及び被告各記述について」と「(4) 原告の主張について」という項で、特に前者で①表現の視点、②事項の選択、③表現の順序（論理構成）、④具体的表現内容（文章表現）という四つのレベルで、被告記述と同一性のある原告記述は全て創作性のある表現とは言えないと論じていく。

①【表現の視点】

まず、①【表現の視点】については、「表現の視点に当たるアイデア、制作意図・編集方針又は歴史観などは、……それ自体は表現ではなく、著作権法によって保護されるものではない」と片付ける。

しかし、もう一度言うが、表現として保護される場合もあり得る〈歴史上の位置付け等〉と思想であるため保護されない〈歴史観〉はどう違うのであろうか。また、同じく思想であるため保護されない〈歴史上の事実等についての見解〉と保護され得る〈歴史上の位置付け等〉とはどう違うのであろうか。説明してもらいたいものである。

②【事項の選択】

次いで最大の焦点であり、被告も裁判所も最も力を入れて論じている②【事項の選択】について見るならば、判決は「一般論としては、その具体的な選択の結果に、何らかの表現上の創作性が表れることはあり得るということができる」と、「(1)翻案について」で記したことを再確認する。

だが、すぐに、この一般論を、歴史教科書については打ち消していく。まず、歴史教科書の場合には、検定基準他の制約があるから、主観的に創意工夫を凝らしても、表現に独自性が現われないことがあるという、歴史教科書に関する一般理論を構築する。その上で、第一に、ある歴史教科書が選択した事項の組み合わせが他社と違ったとしても、他の歴史教科書にも記載されている事項を取り上げている場合には、歴史教科書の個性があるとは言えないとする。

《したがって、例えば、ある歴史教科書の一単元において選択された複数の事項の組合せが、他の歴史教科書の同じ単元において選択された事項の組合せと異なる場合であっても、当該歴史教科書で取り上げられた個々の事項が、いずれも他の歴史教科書にも記載されているような一般的な歴史上の事実又は歴史認識にすぎないときは、通常、それらの事項の組合せは、歴史教科書に記載され得る一般的な事項の中から、著者が適宜選択をした結果であるといえ、そこに著者独自の創意工夫が表れているということはできないから、その組合せの相違をもって歴史教科書の個性であるということはできないと解される。》

また第二に、他社教科書に全く記載のない事項を取り上げても、歴史文献等に既に記載された「一般的な歴史上の事実又は歴史認識」である場合にも、歴史教科書としての個性を認められないと言う。続けて、判決は次のように言う。

《また、ある歴史教科書に、他の歴史教科書には記載のない事項が取り上げられて記載されている場合でも、その事項が歴史文献等に記載されている一般的な歴史上の事実又は歴史認識にすぎないときは、それを当該歴史教科書の中の関連する単元で取り上げ、一般的に歴史教科書に記載される歴史的事項に関連して、その説明のために、又はそれを敷衍するものとして、付加して記述することは、歴史学習のための教科書としては通常のことであるから、当該歴史教科書にそのような他の歴史教科書に記載のない事項があるというだけでは、そこに歴史教科書としての個性が表れていると解することはできないというべきである。》

第一の点はまだ一応理解できるが、第二の点には本当に驚かされた。歴史教科書とは基本的に「歴史文献等に記載されている一般的な歴史上の事実又は歴史認識」を取り扱うものである。既に歴史文献に掲載されていることを他社に先駆けて取り上げたとしても、そこに個性は存在しないと言うならば、少なくとも【事項の選択】というレベルについて歴史教科書が個性を発揮するということは不可能となろう。何といっても、裁判所は、後述のように文章自体の創作性というものに重きを置かず、【事項の選択】というレベルにおける創作性の有無に一番重点を置いている。それゆえ、この【事項の選択】をめぐる判決の論理は、歴史教科書の著作物性、著作権を実質的に否定したものだと言えよう。

ただし、最後の「当該歴史教科書にそのような他の歴史教科書に記載のない事項があるというだけでは、そこに歴史教科書としての個性が表れていると解することはできない」という文言が注目される。「だけでは」という所に注目すれば、他社教科書に全く記載のない事項を取り上げた場合には一定程度の創作性を判決は認めていると読めるからである。少なくとも、こういう場合の創作性をゼロとは見ていないようである。

③【表現の順序（論理構成）】（配列）

【事項の選択】に続いて【表現の順序（論理構成）】即ち事項の配列について見るならば、事項の配列についても、一般論としては創作性が発揮される可能性があると述べる。しかし、すぐに、歴史教科書については、検定基準などの制約から、配列順序の幅は限られており、個性が表れる場合は少ないとする。その上で第一に、歴史的事実を単に時系列に沿って配列するような場合には創作性は認められないとする。第二に、仮に他社と配列が異なったとしても、そこに個性が表れているとは言えないとする。

第一点は分からないでもないが、第二点は全く理解できない基準である。ともあれ、こうして、判決は、事項の選択と配列に関して、歴史教科書が個性を発揮する可能性を認めない一般理論を構築したのである。

④【具体的な表現内容】（具体的な文章表現）

こうして①②③のレベル全てで、歴史教科書が個性を発揮する可能性を閉じてしまった判決は、最後に具体的な文章表現の問題を取り扱う。この問題については、①の【表現の視点】を表した文章表現の場合と、②③と関連するが、「表現の素材とされている歴史上の事実又は歴史認識」を表した文章表現の場合を分けて論じている。前者から引用しよう。傍線もａｂｃも筆者が付したものである。

《表現の視点に当たるアイデア、制作意図・編集方針又は歴史観などは、……それ自体は表現ではなく、著作権法によって保護されるものではないのであるから、仮にその表現の視点が独自のものといい得るとしても、ａその表現の視点に基づいて記述された具体的な表現内容が、単に著者のアイデア、制作意図・編集方針又は歴史観などをそのまま文章にして記述したにすぎない場合や、ｂその表現の視点に基づけば、誰が書いてもそのような文章としてしか表現できず、あるいは、ｃその文章表現が平凡なものにとどまるときは、その文章は、表現の視点という著作権法で保護されない点において独自性があるというにすぎず、その具体的な表現内容において、著作権で保護されるべき表現上の創作性を有するものということはできない。》

ここでは、【表現の視点】を表した文章表現のうち、創作性が認められない場合をａｂｃの三つに整理している。一つは、表現の視点をそのまま文章にしたような場合は創作性を認められないとする。しかし、歴史観をそのまま文章にすることはあり得るが、アイデア、制作意図・編集方針といったものをそのまま文章にすることは、歴史教科書であろうとなかろうと、あり得るのだろうか。おかしなことを言うものである。判決は、机上の空論をくり広げているのである。また、歴史観をそのまま文章にする場合には、極めて個性的な内容となるのではないだろうか。歴史事実を書き表す場合よりも歴史観を記す場合には当然に筆者の個性はより現れるのではないだろうか。

二つは、「その表現の視点に基づけば、誰が書いてもそのような文章としてしか表現できず」という場合にも創作性を認めるわけにはいかないとする。確かにそういう場合があるならば、尤もな理論である。しかし、これも机上の空論である。同じ表現の視点に立ち、その結果、同じ事項を選択したとしても、自分の頭で一から文章を紡げば、全く別の文章表現がなされるものである。その点は後に例示したいと考える。

三つは、その表現の視点に基づき記した「文章表現が平凡なものにとどまるとき」は表現上の創作性を認められないとする。

次いで後者で四つ目のことが述べられている。すなわち、判決は次のように述べている。

《また、歴史教科書において取り上げられ、その表現の素材とされている歴史上の事実又は歴史認識も、……それ自体は著作権法で保護されるべき表現には当たらないのであるから、……仮に取り上げられた歴史上の事実あるいは歴史認識がそれ自体として独自性を有するものであるとしても、そのような事実あるいは認識を、ありふれた構文や一般的な言い回しで、生徒が理解しやすいような文章として記述したというだけでは、その具体的な表現内容において創作性があるということはできない。》

このように、「歴史上の事実又は歴史認識」を「ありふれた構文や一般的な言い回しで、生徒が理解しやすいような文章として記述した」場合も創作性があるとは言えないとするのである。

三の場合と四の場合は、即ち文章がありふれている場合には創作性は認められないというふうにまとめてしまうことができる。しかし、教科書は基本的にはありふれた文章を記すものである。また、前に述べたように、文章表現が平凡であっても、二つの歴史教科書で共通する記述部分のうちデッドコピー又はデッドコピーに近い文章が一定程度以上存在する場合には、そこに創作性を認めるべきである。その点が抜けていることが大問題である。

結局、判決は、④【具体的な表現内容】（具体的な文章表現）のレベルについても、歴史教科書の創作性を基本的に認めない立場を鮮明にしたのである。

ただし、四の場合には、「歴史上の事実あるいは歴史認識がそれ自体として独自性を有するものであるとしても、そのような事実あるいは認識を、ありふれた構文や一般的な言い回しで、生徒が理解しやすいような文章として記述したというだけでは、その具体的な表現内容において創作性があるということはできない」という文言が注目される。独自性のある歴史事実や歴史認識をありふれた文章で表現した場合には、一定程度の創作性を認めているようではある。少なくとも、こういう場合の創作性をゼロとは見ていないようである。

なお、ここでは「歴史認識」という言葉が使われている。「(1) 翻案について」という項では、「歴史上の事実等についての見解」という言葉が使われていたが、ここではその代わりに使われているようである。ますます、判決の言葉遣いが分からなくなるところである。

創作的な表現として保護される場合もあり得る〈歴史上の位置付け等〉、思想に過ぎないから著作権法で保護されないとする〈歴史上の事実等についての見解〉、〈歴史認識〉や〈歴史観〉、これら4者の言葉遣いについて説明してもらいたいものである。

総合的判断の欠如

以上①②③④のレベルに関する判決の判断について個別に検討してきたが、更に判決には大きな問題がある。それは、判決も表現として認めている②③④に関する総合的判断が欠如している問題である。

判決は、②【事項の選択】、③【表現の順序】、④【具体的な表現内容】(具体的な文章表現)の三領域をそれぞれ分断して判断する。そもそも、①【表現の視点】はアイデアだとして表現から排除したうえで、表現として認めた三領域全てにおいて、それぞれ創作性を否定し、創作性は存在しないとする。

しかし、仮に三つの領域におけるそれぞれの著作物性が低いとしても、ゼロであるわけではない。

三つの領域について総合的に判断すれば、創作性、著作物性が肯定される場合があるのではないだろうか。例えば、②【事項の選択】と③【表現の順序】の二つの領域について、それぞれ創作性を完全認定できないまでも一定程度認定すべき場合がある。特に他社教科書が全く選択しないような事項を選択して記述している場合がそれである。特に『新しい歴史教科書』にはそういう場合が数多く存在する。

同様に、④【具体的な表現内容】（具体的な文章表現）の領域について、創作性が低いとはいえ一定程度認定すべき場合があろう。そういう場合に、②③④の三つの領域の創作性の程度を合せて総合的に判断し、創作性を完全認定できる場合があると考えられよう。

しかし、判決は、四七項目について具体的判断を行う際にも、決して総合的判断を行おうとはしなかったのである。もっとも、判決が築いた歴史教科書に関する一般理論からすれば、総合的に判断して創作性が認定されるケースはあり得ないのかもしれない。

ただし、子細に判決を読めば、総合的判断によって創作性を認定できるケースの可能性は完全にないわけではない。振り返れば、判決は、②【事項の選択】の領域においては他社教科書に全く記載のない事項を取り上げた場合には一定程度の創作性を認めている。また、④【具体的な表現内容】（具体的な文章表現）においては、ありふれた文章で独自性のある歴史上の事実又は歴史認識を表現した場合でも一定程度の創作性を判決は認めている。したがって、総合的判断という手法を取り入れれば、判決の歴史教科書に関する一般理論からしても、この二つの創作性を合わせて創作性、著作物性を認定することができると考えられよう。

実は、『新しい歴史教科書』は他社が全く取り上げていない事項を数多く選択し、それを文章表現しており、それを『新しい日本の歴史』が模倣したケースは数多い。例えば項目1「縄文時代」や項目24「フェートン号事件・モリソン号事件」、項目34「リットン調査団」といったケースがそれだ。こういうケースでは、二つの創作性を合せて判断する手法を用いれば、判決の歴史教科書に関する一般理論に基づいたとしても、著作物性を認定することは十分に出来たものと思われる。特に、「1　縄文時代」や「24　フェートン号事件・モリソン号事件」のケースでは、デッドコピーとも言える数十字分の文章も存在した。こういうケースでは特に総合的判断が必要だったと言えよう。しかし、このような総合的判断を一審判決は決してしようとはしなかったのである。

ともあれ、以上のような歴史教科書に関する一般理論を立てた判決は、個別四七項目全てにこの理論を適用し、ことごとく著作物性を否定し、著作権（翻案権）侵害を全面的に認めなかったのである。

単元本文の著作権を否定してしまった一審判決

しかし、ここで大きな問題が発生してしまう。四七項目のうち、項目28「第一次世界大戦」と29「日本の参戦と二十一か条要求」の記述を併せると扶桑社版の単元62「第一次世界大戦」の全文となる。また、項目43「冷戦開始」と44「朝鮮戦争・独立回復」の記述を併せると扶桑社版の単元79「占領政策の転換と独立の回復」の全文となる。扶桑社版の単元62と単元79は、単元本文全体を育鵬社版に盗作されてしまっていたのである。

こういう単元本文全体が盗まれた場合にまでも著作物ではないとするのは、一つの単元本文全体を一つの著作物として認めた平成二十一年八月二十五日東京地裁判決を真っ向から否定するものである。一まとまりの単元本文の著作物性を否定することは、歴史教科書の著作権を否定することである。何となれば、教科書の中心はコラムではなく単元本文であり、コラムが無くても教科書は出来上がるが、教科書本文がなければ、それはもはや教科書とは言えないからである。

そこで、判決は、歴史教科書の著作権を否定するのかという批判を避けるために、第4の1の（4）「イ　別件事件の判決につき」の項で、平成二十一年八月二十五日東京地裁判決は「抽象的に原告書籍の創作性を肯定しているにすぎず、原告書籍の個々の記述について、その記述のいかなる点に創作性があるかについては何ら触れていない」と述べている。

しかし、この別件判決は、「『1　日本人はどこから来たか』（16ないし17頁）、『2　縄文文化』（18ないし19頁）……『62　第一次世界大戦』（180ないし181頁）……『79　占領政策の転換と独立の回復』……」というふうに単元名と頁を具体的に挙げた上で、それらが一つ一つ個別の著作物であると述べているのである。すなわち、例えば単元62の単元本文は一つの独立した著作物であると明確に述べているのである。

ところが、再度いうが、一審判決は、単元本文全体が盗まれた項目28・29のケースでも、項目43・44のケースでも著作権侵害を認めなかったのである。一審判決とは、まさしく一まとまりの単元本文の著作物性さえも否定する、本当におかしな判決なのである。

第六節　【事項の選択と配列】に関する創作性否定方法の出鱈目さ

では、判決は、個別項目に関して、具体的にはどのように著作物性を否定していっただろうか。前々節で原告と被告との共有書面のことを記したが、裁判所は、【原告主張】と【被告主張】の右横に〈裁判所の判断〉という列を設けて、四七項目についてそれぞれ個別判断を示していった。その際、各項目について、①【表現の視点】②【事項の選択】③【表現の順序】④【具体的な表現内容】（具体的な文章表現）の順に、裁判所の判断を書き込んでいった。

判決は、①【表現の視点】の欄では、四七項目全てにおいて、原告の言う【表現の視点】は全て「歴史的事実についての認識」やアイデア等であり、「いずれもそれ自体は著作権法で保護されるべき表現には当たらない」と切り捨てる。また、④【具体的な表現内容】（具体的な文章表現）についても、何故ありふれた表現にすぎず創作性がないと言えるのか、全く具体的な検証をせずに創作性を否定していった。

③【表現の順序】についても、判決は、ほとんどの項目で「時系列又は一般的な順序の配列にすぎず、創作性は認められない」（項目3他）、「時系列に沿った配列であり、ありふれた表現であって、創作性は認められない」（項目4他）、「ありふれた配列であって、創作性は認められない」（項目5他）とのみ記し、切り捨てる。なぜ、一般的又はありふれた配列なのか、全く具体的な検証をしようともしなかった。

結局、４点のうち判決が力を入れたのは、分量的にも内容的にも、②【事項の選択】の領域だけであった。そこで、②の領域に焦点を合わせて、四七項目の中からいくつかの例を選び、一審がどのように著作物性を否定していったか、検討していくこととする。

②【事項の選択】に関する裁判所の判断

最初に項目１の「縄文時代」の例を掲げよう。裁判所は、②【事項の選択】の箇所に、先ず次のように書きこんだ。(1)(2)(3)の番号は筆者が付したものである。

(1)原告が同一と主張する共通の事項は、要するに、①食料に恵まれていたため、大規模な農耕や牧畜が始められていなかったこと、②１万数千年前に土器を作り始めていたこと、③世界で最古の土器の一つであること、④縄文土器と呼ばれること、⑤１万数千年前から紀元前４世紀頃までを縄文時代と呼び、この頃の文化を縄文文化と呼ぶこと、⑥人々が数十人程度の集団で生活していたこと、⑦住まいが竪穴住居だったこと、⑧貝塚から出土する土器や石器などから当時の生活の様子がうかがえること、⑨三内丸山遺跡から約５千年前の大きな集落跡が見つかったことであると認められるが、

(2)それらは、いずれも歴史的事実若しくはそれを前提とした概念の定義にすぎず、また、他の歴史教科書にも取り上げられている一般的な事項であり（乙45）、

⑶上記の点を表現しようとすれば、原告書籍のような表現にならざるを得ないのであって、表現の選択の幅は極めて狭いというべきであり、実際の表現自体も教科書の記述としてごくありふれた表現にすぎないから、上記共通の事項に関し、その選択及び表現に創作性を認めることはできない。

上記⑴⑵⑶の部分が〔裁判所の判断〕の核心部分である。四七項目に関する②【事項の選択】の部分は、全て同じスタイルで書かれている。まず⑴の部分では扶桑社と育鵬社が共通に取り上げている事項を数え上げている。次いで⑵では、乙45号証を根拠にして、扶桑社と育鵬社で共通する九つの事項は他社も選択しているとする。そして更に、⑶では④【具体的な表現内容】にも触れ、九つの事項を文章表現しようとすれば扶桑社版のようになるしかなく、実際にもありふれた文章表現に過ぎないのだから、②【事項の選択】についても④【具体的な表現内容】についても創作性は認められない、と結論づける。この⑴⑵⑶の部分は全て判で押したように四七項目全てで同じスタイルである。

多少違いを指摘すれば、⑵の「歴史的事実若しくはそれを前提とした概念の定義」の部分が、項目によって違いがある。最も多いタイプは、項目２「稲作開始」など二六項目の例であり、「それらは、いずれも歴史的事実にすぎず」と記されている。次いで多いタイプは、項目１「縄文時代」など一〇項目の例であり、「それらは、いずれも歴史的事実若しくはそれを前提とした概念の定義にすぎず」と記されている。同じく項目20「秀吉の朝鮮出兵」など一〇項目でみられる例では、「それらは、いずれも歴史上の事実若しくはそれを前提とした歴史認識にすぎず」と記されている。最後に項目17「南蛮貿易とキリシタン大名」の一例だけで見られるものであるが、「それらは、いずれも歴史上の事実若しくはそれを前提とした概念の定義や歴史認識にすぎず」と記されている。整理すれば、以下のようになる。

一、選択した事項が歴史事実だけの例
　項目2、3、4、5、8、9、10、13、18、19、22、24、25、28、29、30、32、34、37、38、39、40、42、43、44、46の二六例
二、選択した事項が歴史事実＋概念の定義の例
　項目1、7、11、12、14、15、23、26、27、33の一〇例
三、選択した事項が歴史事実＋歴史認識の例
　項目6、16、20、21、31、35、36、41、45、47の一〇例
四、選択した事項が歴史事実＋概念の定義＋歴史認識の例
　項目17の一例

以上四タイプ存在するが、要するに判決は、扶桑社版が選択した歴史事実、概念の定義、歴史認識は全て他社も選択している一般的な事項であるから扶桑社版が行った事項の選択には創作性はな

いとするのである。

平成二十三年版日本文教出版に記述があるから扶桑社に創作性はない

こうして判決は、(1)(2)(3)の部分までで、乙45号証を根拠にして【事項の選択】に関する創作性を四七項目すべてについて否定してしまう。四七項目のうち、項目10「国分寺建立」等二一項目については、(3)までで終えてしまう。

これに対して、項目1を初めとして、項目2、3、4、6、7、9、14、15、16、17、21、23、25、29、31、33、34、35、36、38、39、41、42、45、47の二六項目では、特記事項として(4)の部分を付加している。この部分に判決の出鱈目な判断が表現されている。項目1では、上記(1)(2)(3)に続いて(4)の部分が次のように記されている。

(4)原告は、暗い遅れたイメージのあった縄文時代に対する認識の解放を企図するとの上記表現の視点から、特に上記③、⑨の事項を指摘したところに、表現上の創作性があると主張するが、縄文土器が世界最古の土器の一つであることや約5千年以上前に大きな集落があったことは、それぞれ他の歴史教科書（帝国書院「縄文土器は、世界でもっとも早くからつくられはじめた土器です」、日本文教出版「6000年前ごろには、多くの住居からなるむらをかまえて、一か所に長く住むようになりました。」）にも同様に記載された一般的な事実があるから、これらの事項を歴史教科書の関連する単元で取り上げて記載したとしても、そこに個性が表れているということはできない。また、上記原告の企図は、これらの事項の選択という表現上において、具体的に表れているとはいえない。

判決は、⑵の部分で、乙45号を根拠にして、扶桑社と育鵬社で共通する①から⑨の事項は、「他の歴史教科書にも取り上げられている一般的な事項」であると述べたが、この⑷では、言葉を補足して⑵の結論を補強しようとしている。

しかし、この言葉の補足が、判決の出鱈目さを露呈することになった。判決は、傍線部から知られるように、③（縄文土器が）世界で最古の土器の一つであること、⑨三内丸山遺跡から約五〇〇〇年前の大きな集落跡が見つかったこと、という二つの事項は他社も記しているという。しかし、⑨についてから言えば、日本文教出版の「６０００年前ごろには、多くの住居からなるむらをかまえて、一か所に長く住むようになりました。」との記述は、乙45号証で調べてみると、平成二十三年版のものである。原告書籍である扶桑社版は平成十七年版である。後に出版された二十三年版の教科書に記述があることを以て、その前に出た教科書の創作性を否定することはできないであろう。こんな論理をふりかざす裁判官には、法の精神があるのだろうか。

また判決は、③については、帝国書院の平成八年版が「縄文土器は、世界でもっとも早くからつくられはじめた土器です」と記しているから扶桑社版が③を取り上げても創作性はないという。しかし、帝国書院のこの記述は、あくまで縄文土器の写真キャプションとして書かれたものであり、焦点である単元本文ではないことをまず指摘しておきたい。

また、平成八年版の帝国書院は、単元本文で「紀元前3世紀ごろまでの約8000年間を、縄文時代といいます」と記しており、縄文時代の開始を「1万年前」と解釈している。扶桑社版や育鵬社版が「1万数千年前」と解釈しているのとは大違いである。「②1万数千年前に土器を作り始めていたこと」、「⑤1万数千年前から紀元前4世紀頃までを縄文時代と呼び、この頃の文化を縄文文化と呼ぶこと」、この2点を記した教科書は、乙45号証によってみても全く見当たらないのである。したがって、②③⑤⑨の四つの事項を取り上げた教科書は、乙45号証に掲げられた平成十七年版までの教科書の中では、扶桑社版と育鵬社版の他には存在しない。にもかかわらず、判決は、①から⑨について全て「他の歴史教科書にも取り上げられている一般的な事項」だと結論づけるのである。

筆者は、本当に、乙45号証の読み方が杜撰なことに驚かされた。いや、そのことよりも、後に出版された教科書記述を根拠にして前に出版された教科書記述の創作性を否定する態度には、更に驚かされた。なお、このような例は「縄文時代」の項目以外でも、項目34「リットン調査団」や項目42「ヤルタからポツダムまで」の項目でも見られるのである。

高校教科書に記述があるから原告書籍には創作性はない

しかし、「縄文時代」の例は、まだ曲がりなりにも中学校歴史教科書を扱っているからましだとも言える。判決は、中学校歴史教科書に例がない場合には、高校教科書を引き合いに出して、高校教科書にも記述があるから「他の歴史教科書にも取り上げられている一般的な事項」だと結論づけている。その例を挙げれば、項目7「古墳文化」、項目14「院政」、項目23「田沼の政治」、項目38「真珠湾攻撃」、項目42「ヤルタからポツダムまで」の五例存在する。

ここで取り上げられている高校教科書とは、いずれも山川出版の『詳説日本史』（平成五年）と『詳説日本史B』（平成十八年版）である。中学校歴史教科書の創作性が問題にされている時に高校歴史教科書を引き合いに出すのはそもそもおかしな話だが、平成十八年出版の高校教科書に記述があることを以て十七年出版の原告書籍の創作性を否定するとは、更におかしなことをするものである。

関連して項目6「卑弥呼」の場合も、高校用教科書用語集『世界史B用語集』（山川出版社、平成十六年）に取り上げられていることを以て、「他の歴史教科書にも取り上げられている一般的な事項」だとして、扶桑社版の創作性を否定している。

国史大辞典が既に取り上げているから創作性はない

しかし、項目7等の六例はまだましな例である。筆者が本当に驚愕したのは、高校教科書どころか、一般歴史書に記述があることを取り上げても創作性のある【事項の選択】とはならないと判決が判断していることである。その例を挙げれば、項目16「鉄砲伝来」、項目21「五人組と年貢」、項目25「国学・蘭学」、項目29「日本の参戦と二十一か条要求」、項目31「ワシントン会議」、項目34「リットン調査団」、項目47「湾岸戦争」の7例存在する。

例えば、項目25「国学・蘭学」では、判決は原告書籍と被告書籍が共通に選択した事項を「①本居宣長が『古事記』などの研究を通して、儒教や仏教の影響を受ける以前の日本の姿を明らかにしようとする国学を切り開いたこと、②国学は、皇室の系統が絶えることなく続いていること（万世一系）が日本が世界に優れるゆえんであると説いたこと、③国学は皇室を尊ぶ考え方をつちかったこと、④徳川吉宗の時代に、キリスト教と関係のない西洋の書物の輸入が認められたこと、⑤西洋の学問をオランダ語で学ぶ蘭学がおこったこと」という5点にまとめる。

そして、「それらは、いずれも歴史的事実にすぎず、また、他の歴史教科書にも取り上げられている一般的な事項であり（乙45）」として、原告書籍の行った【事項の選択】の創作性を否定するのである。

しかし、この項目25の核心は、万世一系云々を記した②の点である。②を選択した教科書は、乙45号証を見ても、扶桑社と育鵬社以外には存在しない。だから、「他の歴史教科書にも取り上げられている一般的な事項であり」とは言えないのである。そこで、判決は特記事項を書き、乙9号と乙10号の文献にも書かれているから、②を「中学校用歴史教科書の『国学』及び『本居宣長』に関する記述部分において、その説明として付加的に取り上げたからといって、その事項の選択に個性が表れているとはいえない」と結論づけている。

②は核心部分なのに「付加的」と歪曲していることがまず問題だが、証拠として使われた乙9号と10号とはどういうものであろうか。まず乙9号は国史辞典編集委員会『国史大辞典13』（吉川弘文館、平成四年）であるが、国史大辞典は項目16、34でも証拠として使われている。すなわち、歴史教科書というものは既に歴史文献で書かれている事項を取り上げるものであるが、一般の歴史文献どころか、国史大辞典で既に取り上げられていたら、その事項の選択に創作性はないというので

ある。これには驚愕させられた。こんなことを言われたら、少なくとも歴史教科書が【事項の選択】に関して創作性を認められる余地はゼロであると言ってよいだろう。

しかし、乙10号を証拠として用いることは、乙9号以上に出鱈目なことである。乙10号は、藤田覚『天皇の歴史6　江戸時代の天皇』（講談社）の一節である。この書物は、平成二十三年に出版されたものであり、平成十七年に出版された扶桑社版教科書の参考にしようもないものである。こんな出鱈目な証拠の扱い方によって、【事項の選択】に関する創作性は否定されていったのである。

証拠はないが、一般的な事項に決まっているのだから創作性はない

とはいえ、これまで見てきた例では、一応、出鱈目ではあれ、教科書や一般文献で記述されている証拠を示したうえで【事項の選択】に関する創作性を否定していた。だが、項目9「記紀・風土記」、項目17「南蛮貿易とキリシタン大名」、項目36「北進論・南進論」、項目45「ベトナム戦争」の四ケースでは、教科書の例も一般文献の例も示さずに「他の歴史教科書にも取り上げられている一般的な事項」だとして、【事項の選択】の創作性を否定している。

例えば、項目9「記紀・風土記」の例では、(1)(2)(3)の部分を次のように記している。

(1)原告が同一と主張する共通の事項は、要するに、①国のおこりや歴史をまとめようとする動きが起こったこと、②「古事記」は民族の神話と歴史を物語としてまとめたものであること、③「日本書紀」は国家の正史として、歴代天皇とその歴史が記されたものであること、④朝廷は、

地方ごとに伝説や地理、産物などを記した「風土記」を作らせたことであると認められるが、

(2)それらはいずれも歴史上の事実にすぎず、また、他の歴史教科書にも取り上げられている一般的な事項であり（乙45）、

(3)上記の点を表現しようとすれば、原告書籍のような表現にならざるを得ないのであって、表現の選択の幅は極めて狭いというべきであり、実際の表現自体も教科書の記述としてごくありふれた表現にすぎないから、上記共通の事項に関し、その選択及び表現に創作性を認めることはできない。

このように判決は、選択された事項を4点にまとめて、4点とも「他の歴史教科書にも取り上げられている一般的な事項であり」として原告書籍の創作性を否定する。しかし、そもそも、原告書籍の【事項の選択】に個性があるかどうかは、他の中学校歴史教科書が取り上げているかどうか、何社ぐらいが取り上げているかということによって判断すべきものである。乙45号証によって他社の中学校歴史教科書を調べてみると、②③のことを記して『古事記』と『日本書紀』の違いを記している教科書は存在しない。そもそも古事記を「民族の神話」と位置づけ且つ表現する教科書は存在しないし、『日本書紀』を「国家の正史」と位置づけ且つ表現する教科書すらも存在しない。明らかに、原告書籍の【事項の選択】には、中学校教科書としての創作性、個性があるのである。

ところが、判決は、何としても原告書籍の創作性を否定したいと考える。他のケースでは、中学校教科書に見付からなければ先ずは被告が提示した高校教科書の例を示し、それが無理な時は被告

が提示した一般歴史文献の例を示して、原告書籍の創作性を否定する。ところが、項目9ではその例も示すことはできなかったので、次の(4)のように、根拠を示さないまま、②③の事項はありふれた一般的な説明に過ぎないから、やはり創作性は認められないとするのである。

(4)原告は、上記表現の視点から「古事記」と「日本書紀」の文献としての性格の違いを明記し、両書の役割を創作的に記載したと主張するが、上記②、③の事項はいずれも「古事記」及び「日本書紀」についての一般的な説明にすぎないから、その記述自体に創作性があるとはいえず、また、歴史教科書において、歴史書に関する記述をするに当たり、その内容を敷衍して説明することは、ありふれたものというべきであるから、その事項の選択に個性が表れているとはいえない。

以上みてきたように、判決には、原告教科書がいかなる【事項の選択】を行おうとも創作性を認めないという強固な意思が感じられる。あらかじめ、最も重要であり且つ焦点となり続けた【事項の選択】についての創作性が認められる可能性はゼロにされていたのである。

同じ事項を選択しても文章表現はいかようにも可能である

では、具体的な文章表現についての創作性の問題はどうか。これまでこの問題は深く追究せずにきたが、項目9「記紀・風土記」のケースに即して考えておきたい。判決は、(3)の部分で文章表現の問題に触れ、「上記の点を表現しようとすれば、原告書籍のような表現にならざるを得ないのであって、表現の選択の幅は極めて狭いというべきであり」という理由と、「実際の表現自体も教科書の記述としてごくありふれた表現にすぎない」という理由を挙げて創作性を否定している。より重要ではない二つ目の理由は敢えて否定する気はないが、より重要な一つ目の理由は全くの出鱈目である。同じ事項を選択しても、更には同じ順序で配列したとしても、自分の頭で文章を練れば、全く違う文章が出来上がるものである。その点は、被告書籍とその改訂版である平成二十七年版『新しい日本の歴史』を比較検討すると、一目瞭然である。

●育鵬社平成二十三年版

単元12「天平文化」下、「神話と歴史書の完成」の小見出し下、

律令政治のしくみが整い、国際交流もさかんになるなか、わが国にも国家としての自覚が生まれ、国のおこりや歴史をまとめようとする動きがおこりました。まず、『古事記』がつくられ、ついで朝廷の事業として『日本書紀』が編さんされました。『古事記』は民族の神話と歴史として伝えられたものを記録した、文学的な価値の高い物語であり、『日本書紀』は国家の正史として、歴代の天皇とその歴史が年代順に記されたものです。

さらに朝廷は、国司に命じて、地方ごとに伝説や地理、産物などを調べさせ、『風土記』を編集させました。(44頁)

●育鵬社平成二十七年版

単元12「天平文化」下、「神話と歴史書の完成」の小見出し下、

律令国家としての基礎ができあがるにつれ、わが国の歴史が書物としてまとめられるようになりました。神々の物語や代々の天皇の業績を記した『古事記』や、国の正史として代々の天皇やその業績を記した『日本書紀』がそれにあたります。また、朝廷の命令によって、各地の地理や産物、伝説などを記した『風土記』もつくられました。（48頁）

両者を比較すると、両者とも同じ事項を選択し、同じ順序で表現している。しかし、両者の具体的文章はほとんど類似していない。「上記の点を表現しようとすれば、原告書籍のような表現にならざるを得ない」というのは嘘であることを、被告側が改めて立証したのである。

扶桑社と育鵬社における日露戦争の記述の違い

実は、原告が盗作及び著作権侵害だと主張してきた四七項目以外にも、それらに負けないほど【事項の選択と配列】のそっくりな例が多数存在する。特に近代史の記述にそういう例が多い。例えば、日露戦争に関する扶桑社と育鵬社の記述は、同一の事項を選択し、それらを同一の順序で表現したものである。しかし、両者の具体的文章表現は、ほとんど類似した所がない。まず、両社の記述を掲げよう。

●**扶桑社**

単元58「日露戦争」下、「日露開戦と戦いのゆくえ」の小見出し下、

①日本の10倍の国家予算と軍事力をもっていたロシアは、満州の兵力を増強し、朝鮮北部に軍事基地を建設した。②このまま黙視すれば、ロシアの極東における軍事力が日本が太刀打ちできないほど増強されるのは明らかだった。政府は手遅れになることをおそれて、③ロシアとの戦争を始める決意を固めた。

④1904（明治37）年2月、日本はロシアに国交断絶を通告し、日露戦争の火ぶたを切った。⑤戦場になったのは朝鮮と満州だった。⑥1905年、日本陸軍は苦戦の末、旅順を占領し、奉天会戦に勝利した。

⑦ロシアは劣勢をはね返すため、本国からバルチック艦隊を派遣した。艦隊はインド洋を横切り、東シナ海を経て、1905年5月、日本海にやって来た。これをむかえ撃った日本の連合艦隊は、東郷平八郎司令長官の指揮のもと、兵員の高い士気とたくみな戦術でバルチック艦隊を全滅させ、世界の海戦史に残る驚異的な勝利を収めた(日本海海戦)。（166〜167頁）

●**育鵬社平成二十三年版**

単元56「ロシアとの激突・日露戦争」下、「日露戦争の開戦と日本の勝利」の小見出し下、

①ロシアの極東での軍備増強を②このまま黙認すれば、わが国の存立の危機をむかえると考えた③政府は開戦を決意し、④1904（明治37）年2月、日露戦争が始まりました。

日本はこの戦いに国力のすべてをつぎこみ、⑤日露両軍は朝鮮半島や満州で激戦をくり広げました。⑥陸軍は、ロシアが築いた旅順の要塞を攻略するため、乃木稀典の率いる軍を送り、多くの犠牲を払った末に占領しました。

シベリア鉄道を使い戦力を増強するロシアに対し、日本側は兵力や弾薬の面で劣勢でした。しかし、わずかながらも優勢に戦いを進めた日本軍は、両軍合わせて50万人を超える奉天の戦いでもロシア軍を退却させることに成功しました。

⑦海上では、東郷平八郎の率いる連合艦隊がロシアのバルチック艦隊を対馬沖でむかえ撃ち、全滅させるという世界の海戦史に例を見ない戦果を収めました（日本海海戦）。（173～174頁）

上記のように、扶桑社は、①ロシアは満州の兵力を増強したこと、②黙視すれば日本が太刀打ちできなくなること、③開戦の決意、④日露戦争の開始、⑤戦場になったのは朝鮮と満州だったこと、⑥旅順占領と奉天会戦の勝利、⑦日本海海戦の勝利、という七つの事項を選択し、①②③④⑤⑥⑦の順序で配列している。

育鵬社も、同じ七つの事項を選択し、全く同一の順序で配列している。しかし、具体的文章表現においては、両者に類似した所はほとんど存在しない。育鵬社は、原告書籍の内容を参考にしているが、具体的表現については全く原告書籍に依拠せず、自分の頭で一から文章を紡いでいったものと推測できよう。要するに、この日露戦争の例から知られるように、同じ視点から同じ事項の選択と配列を行っても、別人が一から自分の頭で考えて文章を紡げば、類似していない文章ができるものなのである。それゆえ、同じ事項を選択して同じ順序で配列したとしても、全く異なる文章表現はいかようにも可能であることを確認しておきたい。

ちなみに、育鵬社が日露戦争に関して選択した事項の選択と配列は扶桑社と同一ではあったが、これについては盗作とも著作権侵害とも判断しなかった。原告書籍が一般文献であれば、事項の選択と配列がここまで酷似していれば盗作及び著作権侵害と判断したかもしれないが、あくまで教科書同士の事柄である。原告側は、どんなに【事項の選択と配列】が似ていても、それだけでは盗作又は著作権侵害とはみなさなかった。あくまで、具体的文章も類似乃至酷似している場合に盗作及び著作権侵害と見なしたのである。

個性的な言い回しをした場合も、創作性を認めなかった判決

なお、重要な問題とは思われないが、判決が挙げる「実際の表現自体も教科書の記述としてごくありふれた表現にすぎない」という理由について触れておきたい。このように判決が言うのであれば教科書としては珍しい表現を行えば創作性を認めるのかと言えば、そうではない。例えば、項目20「秀吉の朝鮮出兵」では、育鵬社版には「全国統一を成しとげ、意気さかんだった秀吉は、」という言い回しがある。これは、扶桑社版の「約１００年ぶりに全国統一を果たし、秀吉の意気はさかんだった。」という文を基に作ったことは明白である。何しろ、大津寄氏自身が扶桑社版等他社の教科書を二度にわたって参考にしたことを陳述しているからである。

この扶桑社版の言い回しは、印象的な言い回しだし、少なくとも「教科書の記述としてごくありふれた表現にすぎない」と言えないものである。だが、判決は、この独特な言い回しに注意を全く払っていない。

また、項目24「フェートン号事件・モリソン号事件」では、扶桑社版はフェートン号事件について「1808（文化5）年、イギリスの軍艦フェートン号が長崎港に侵入し、当時対立していたオランダの長崎商館の引き渡しを求め、オランダ人2人をとらえるなどの乱暴をはたらいた（フェートン号事件）。」と記している。育鵬社版は、明らかにこの記述に影響され、「1808（文化5）年には、イギリスのフェートン号が長崎港に侵入し、オランダ商館員を連れ去り、食料をうばうなどの乱暴をはたらくという事件がおこりました（フェートン号事件）。」と記した。「などの乱暴をはたらいた」という「教科書の記述としてごくありふれた表現にすぎない」と言えない言い回しを、育鵬社は扶桑社から模倣したのである。だが、やはり、この独特な言い回しに注意を払っていない。

項目24「フェートン号事件・モリソン号事件」の例

勿論、筆者は、このような独特な言い回しがあるからと言って、それだけで文章表現における創作性を肯定せよと言っているのではない。しかし、例えば、項目24では、育鵬社には扶桑社と酷似した文章が多数存在するのだ。一例を挙げれば、アメリカの捕鯨活動について、育鵬社は「一方、北太平洋ではアメリカの捕鯨活動がさかんになっていました。これらの船は、わが国に接近して、水や燃料の補給を求めるようになりました。」と記しているが、これは扶桑社の「いっぽう、北太平洋では、アメリカの捕鯨船の活動がさかんになり、日本の太平洋岸にこれらの船が接近して、水や燃料を求めるようになった。」（121頁）という文章とそっくりである。デッドコピーと言ってもよいほど似ている。何度も述べてきたが、一定量以上の文章の酷似があれば、文章表現のレベルにおける創作性を肯定すべきではないだろうか。まして、上記独特の言い回しがあることも併せ考えれば猶更であろう。

また、事項の選択についても、項目24に関する原告書籍の記述には、少なくとも一定の創作性がある。判決は、項目24については、⑴「原告が同一と主張する共通の事項は、要するに、①1805年に、イギリスのフェートン号が長崎港に侵入し、オランダ人をとらえるなどの乱暴をはたらいたこと（フェートン号事件）、②北太平洋ではアメリカの捕鯨船の活動が盛んになったこと、③これらの船が日本に接近して、水や燃料を求めるようになったこと、④幕府は海岸防衛を固め、1825年には異国船打払令を出したこと、⑤1837年に日本の漂流民を届けにきたアメリカ船モリソン号を砲撃したこと（モリソン号事件）、⑥蘭学者の高野長英や渡辺崋山が西洋の強大な軍事力を知って、幕府の措置を批判したが、幕府は彼らを厳しく処罰したこと（蛮社の獄）である」とまとめた上で、⑵「それらはいずれも歴史上の事実にすぎず、また、他の歴史教科書にも取り上げられている一般的な事項であり（乙45）」と述べて、【事項の選択】に関する創作性を否定する。

しかし、乙45号証を見ると、①のフェートン号事件を取り上げた教科書さえも、帝国書院の平成八年版だけである。②の北太平洋におけるアメリカの捕鯨船の活動が活発化したことに触れた教科書も、平成二十三年版の教育出版が多少とも触れていることを除けば皆無である。それゆえ、①②

③④⑤⑥の事項全てが「他の歴史教科書にも取り上げられている一般的な事項であり」と判決が言うのは間違いである。判決の乙45号証の読み方には、出鱈目さがつきまとうのである。

結局、項目24の場合には、少なくとも、《事項の選択と配列》レベルにおける創作性と文章表現のレベルにおける創作性とを合せて捉えて、項目24全体の創作性を認めるべきではないだろうか。要するに、筆者は、総合的判断が必要だと言いたいのである。そして、四七項目のほとんどの場合に、総合的判断が必要だったと思われるのである。

一審判決の著作物性判断の問題点

以上、一審判決がどのように原告書籍の著作物性を否定していったか、見てきた。ここで、その著作物性否定方法の問題点を挙げておこう。今見てきたように第一の問題点は、【事項の選択】、【表現の順序】、【具体的な表現内容】の三領域における創作性を総合的に判断する観点の欠如である。

第二の問題点は、具体的文章表現についての検証が欠如していることである。判決は、デッドコピーの存在や、「秀吉の意気はさかんだった」というような独特の言い回しにも注意を払わず、同じ事項の選択と配列を行っても具体的文章が異なる例がいくらでもあることを無視した。真面目に文章を検討した形跡は全くないのである。

第三の問題点は、事項の選択がありふれていて創作性がないと言うときの非常識さ、出鱈目さである。この第三の問題点が一番の問題であるが、乙45号証に示された中学校歴史教科書の記述についての読み方が杜撰で恣意的なのである。まず判決は、平成二十三年版の教科書記述やキャプションを証拠にして扶桑社版の創作性を否定したり（例えば項目1「縄文時代」）、他社教科書が選択している事項が扶桑社版や育鵬社版と大きく違うことを見逃していたり（例えば項目47「湾岸戦争」）する。

次に判決は、高校教科書だけではなく一般書籍の記述さえも比較対象にして扶桑社版の著作物性を否定しているし、場合によっては何の証拠も示さずに扶桑社版が選択した事項は一般的な事項に過ぎないと決めつけて創作性を否定している。更には、一般書籍の記述を比較対象にする場合も、平成二十三年出版の文献に既に書かれているから十七年出版の扶桑社版には創作性がないと言うのである。事後法を認める精神は、一審裁判官には強固に存在するようである。

ともかく、一審が著作物性を否定していくやり方は、出鱈目極まりないものであった。なぜ、出鱈目となるのか。それは、裁判所が勝たせた被告側が用意した証拠が出鱈目だったからである。次章では、被告側の出鱈目証拠について検討していきたい。

第三章　被告側の出鱈目証拠

被告側は、なぜ勝利したのか。裁判官も被告側と近い考え方をしていたからかも知れないし、被告側の方が原告側よりも有力な政治勢力を背景にしていたからかもしれない。あるいは被告側に比べて圧倒的に財力の点で優れていたためかもしれない。被告側が六人もの弁護士を雇える余裕があったのに対し、原告側では一人の弁護士が孤軍奮闘しなければならなかったからである。

これらの事情がどのように裁判の結果に影響を与えたかは、一定程度想像はついても、確かなことは分からない。ただ、筆者にとって明白なことは、被告側を勝利に導いた証拠が三種類存在したことである。被告側に勝利を呼び込んだ最大の証拠は、裁判が始まってから一年以上経過して出された乙45号証である。乙45号証は、各社中学校歴史教科書の四七項目に関する記述を比較対照した膨大な証拠であり、四七項目の個別判断を裁判所が行うときに必ず証拠として使われた。

二つは、乙3号から20号までと乙34号、乙46号から56号までと乙61号及び62号の証拠である。これらは、高校用教科書と一般歴史文献の写しである。乙45号によって他社の中学校歴史教科書の記述を示すだけでは扶桑社版の個性を否定できないと考えた被告側は、高校歴史教科書と一般歴史書の記述を提示し、〈ほら、この文献にも扶桑社と同じようなことが書かれていますよ。扶桑社が行った事項の選択は個性的なものではないですよ〉と言うために、これらの証拠を揃えたのである。

三つは、現実に教科書を執筆したとされる中学校教員の陳述書である乙42号である。乙42号が提出されたことによって、通常の裁判では論議の対象とされる依拠性の問題について、論議が深められることはなかった。そして、後で見るように、乙42号に見られる考え方がそのまま判決に言葉として現れている。裁判所に最も大きな思想的影響を与えたのが乙42号証であった。第三章では、この三種類の証拠について、乙45号、乙3号他、乙42号の順に、検討を加えていくこととしよう。

第一節　乙45号証の出鱈目さ

乙45号証の立証趣旨

乙45号証とは、四七項目について平成八年版、十三年版、十七年版、二十三年版の四年度の中学校歴史教科書がどのように記述しているか、原文のまま抜きだして比較対照できるようにした証拠である。一部の項目を除けば、項目1「縄文時代」を初めとしてほとんどの項目に関して、扶桑社の十三年版と十七年版と育鵬社版以外に、平成八年版と十三年版の東京書籍、帝国書院、教育出版、大阪書籍、日本書籍、日本文教出版、清水書院の7社ずつ、十七年版と二十三年版の東京書籍、帝国書院、教育出版、大阪書籍（二十三年版は大阪書籍が倒産したため、日本文教出版が出版）の4社ずつ、計二五の記述を抜き出して作成したものである。この証拠を作成するに当たっては、どうも一から打ち込んでいったようである。膨大な作業量であったと推測される。

前述のように最初にこの証拠を見せられた時には、この証拠にどういう意味があるのか全く分からなかった。被告側は、この証拠を基にして、扶桑社と育鵬社が類似している記述は、他社の教科書にも普通にありますよ、さして個性・創作性のある記述ではありませんよと言いたいことは分かったが、到底そのように主張する根拠になるとは思えなかった。扶桑社及び育鵬社と他社との類似性よりは差異の方がはるかに目立っていたからである。
さて、被告側は、次のように、乙45号証の立証趣旨を三点挙げていた。

第一の立証趣旨……「各教科書とも、本文部分については、概ね同様の歴史的事実を選択し、配列しており、本件部分特有の個性など特に見受けられないこと。」

第二の立証趣旨……「原告が同一性を有すると主張する部分については、その大半は、他社も同様の事実を同様の配列によって取り上げており、このような記述について創作性が認められれば、扶桑社版教科書を含め各社の歴史教科書がいずれもどの部分か—しかもかなりの割合—で他社の教科書の記述を翻案していることになってしまうこと。」

第三の立証趣旨……「各社の教科書を比較しても、教科書の性質上当然に、類似の記載が多々見られること等。」

以上、3点である。しかし、いずれの立証趣旨も、乙45号証が満たしているとは到底言えない。乙45号証を読んでも、第一の立証趣旨にある「各教科書とも、本文部分については、概ね同様の歴史的事実を選択し」とは捉えられない。【事項の選択】において、各社の類似性よりも相違性の方が目立っていたからである。それゆえ、第二の立証趣旨にある「原告が同一性を有すると主張する部分については、その大半は、他社も同様の事実を同様の配列によって取り上げており」という被告側の認識も、出鱈目なものであると言うしかない。乙45号証を見ると、むしろ、東京書籍等の各社の【事項の選択と配列】は思った以上に個性的であった。

そして、文章表現のレベルでも、第三の立証趣旨にある「各社の教科書を比較しても、教科書の性質上当然に、類似の記載が多々見られること」とは到底言えない。各社は、同じ事項を選択し、同じような配列を行ったような場合でも、異なる文章表現を行っていたからである。

乙45号証に対する批判の必要性を認めなかった原告

このように乙45号証を読んだだけでも、東京書籍等の各社でさえも個性的なわけだから、扶桑社の個性は、【事項の選択と配列】レベルでも具体的文章レベルでも際立っていた。したがって、乙45号証は、扶桑社の個性・創作性を否定する証拠にはなり得ないと考えていた。

分かりやすい例を一つ挙げれば、項目47「湾岸戦争」の箇所がある。扶桑社版は、「この戦争では、日本は憲法を理由にして軍事行動には参加せず、……国際社会はそれを評価しなかった。国内では日本の国際貢献のあり方について深刻な議論がおきた。」と記述していた。これは前の版である平成十三年版からの記述を基本的にひきついだものだが、要するに、扶桑社は、日本が憲法を理由に軍事行動に参加しなかったこと、国際社会が評価せず国際貢献のあり方が問われたこと、という2点を教科書史上初めて取り上げたのである。

この点は、乙45号証でも明確に確認できた。延べ25社から扶桑社と育鵬社を除く22社の記述を乙45号証で確認してみると、記載がないことを示す斜線が引かれている教科書が14社もあり、記載のあるとされているのが8社だけである。すなわち、湾岸戦争を取り上げただけでも、扶桑社版には一定の個性があることになるのである。しかも、乙45号証を眺めてみると、上記2点を取り上げた教科書は皆無である。したがって、乙45号証によってみても、扶桑社版の【事項の選択】は、中学校教科書として極めて個性的・創作的なものだということが判明するのである。にもかかわらず、一審判決は、後述のように、一般歴史書、それも平成二十年版の歴史書の存在を根拠に十七年版扶桑社の創作性を否定していくのである。

ともあれ、原告側には、乙45号証によって扶桑社版の創作性を否定することは不可能にしか見えなかったのである。それゆえ、乙45号証が果たして証拠たり得るか、という問題設定を全くしなかったし、乙45号証批判の論陣を張ることも全くしなかったのである。しかし、振り返れば、このことは大失敗であった。育鵬社サイドを勝たせるための最大の証拠として乙45号証が使われたからである。

原告や被告の文章を勝手に削除または付加する

ところが、実は、乙45号証は、とんでもない代物だった。一審判決後に教科書本体に当たって調査してみると、当然入れるべき記述を省いたり、あるいは入れてはいけないものを入れたりして作られたものだった。では、何が乙45号証の問題か、総論的なことを先ず述べておこう。

何よりも、第一に指摘すべきは、乙45号証は、原告側が四七項目にわたる著作権侵害を指摘する際に作成した比較対照表に掲載されている文章から、勝手に言葉を付け足したり、消去したりしていることである。付加と削除の代表例を一つずつ紹介しよう。

まず付加の例としては、項目19「秀吉の全国統一」のケースがある。被告側書籍である育鵬社版の「秀吉の全国統一」のところを見ると、次の文章が付加されていた。これにはびっくりした。《秀吉は、征服地など約200万石の領地をもつとともに、大阪、京都、堺、長崎などの重要都市を直接支配しました。さらに、佐渡金山（新潟県）や生野銀山（兵庫県）などの開発を行って、これを直接支配し、天正大判などの貨幣をつくりました。》

この文章は、原告が指摘していない余計な部分である。恐らくは、育鵬社版と扶桑社版との違いを少しでも大きく見せるために付加したのであろう。ちなみに、この文章は、平成十七年版東京書籍の「全国統一を完成しました。」の後に続く「秀吉は、征服地など約200万石の領地をもったほか、大阪、京都、堺などの重要な都市は直接支配しました。さらに、大名の領地にある金山や銀山から税を取り、佐渡金山（新潟県）や生野銀山（兵庫県）などの開発を行い、統一的な金貨や銀貨を発行しました。」（85頁）を盗作して作られたものである。他社の教科書を参照しながら執筆していったわけだから、扶桑社版以外からも盗作してしまうのは当たり前のことなのである。

次に削除の例としては、項目20「秀吉の朝鮮出兵」のケースがある。原告側書籍の扶桑社版の出だしは、前章でみたように「約100年ぶりに全国統一を果たし、秀吉の意気はさかんだった。」というものだった。ところが、育鵬社は、この出だし部分を削除して乙45号証に掲載した。この個性的な一文は、育鵬社によって「全国統一をなしとげ、意気さかんだった秀吉は」という形で模倣されており、〈教科書の記述はみなごくありふれた表現に過ぎない〉とする被告側の主張に反するから、削除したのであろう。極めて悪質な行為である。

出鱈目な単元名、小見出しの勝手な削除

このように比較対照表の文章を勝手に改竄した被告側は、もっと悪質なことを行った。原告は著作権侵害を指摘する際、扶桑社版と育鵬社版の文章自体とともに、単元名と小見出しを掲載した。ところが、乙45号証には、単元名は入っているが、小見出し名は省略されている。他社の教科書についても、同様である。

しかも、単元名が出鱈目過ぎる。多くの場合、表題と副題のうち副題を入れているが、何れかにするとすれば表題を入れるべきであり、できれば両者とも記載すべきであろう。さらには、その単元名の間違いが多々存在するのである。例えば、単元名を節タイトルと取り違えて記載したりしているし、項目1「縄文時代」の例では、平成十七年版の帝国書院について【稲作による生活の変化】という単元名を【縄文時代のくらし】とし、十三年版の清水書院については、【日本列島の成立と狩猟・採集の生活】という単元名を【日本列島でくらす人びと】としている。

単元名の間違いはいいとしても、小見出し名の省略は大問題である。小見出しには、その教科書の特徴が端的に表されていることが多い。例えば、項目17「南蛮貿易とキリシタン大名」のケースで言えば、「南蛮貿易とキリシタン大名」という小見出しは、扶桑社だけにみられ、育鵬社に模倣されたものである。この小見出しは、南蛮貿易とキリシタン大名との結びつきを重視する【表現の視点】（すなわち「思想・感情」）を端的に表現したものである。実際、扶桑社版の文章を読んでみても、他社よりもはるかに両者の結びつきが読み取れるものに仕上がっている。

また、項目20「秀吉の朝鮮出兵」の例でも、被告側は、他社の「朝鮮侵略」という小見出しを隠

した。これに対して扶桑社の小見出しは「朝鮮への出兵」というものである。原告は、項目20の部分を書くに際して、〈秀吉の朝鮮出兵について「侵略」との語が適切でない〉という「表現の視点」から文章を記し、「朝鮮への出兵」という小見出しを採用していた。これに対して他社は、〈秀吉の朝鮮出兵は「侵略」である〉という「表現の視点」から、「朝鮮侵略」又は「秀吉の朝鮮侵略」等の小見出しを採用していた。この小見出しの違いこそが、扶桑社版及び育鵬社版とその他の教科書との表現の違いを端的に示すものである。この違いが明確になれば、扶桑社版の創作性、個性を否定できなくなる。だからこそ、全ての項目における小見出しを隠してしまったのであろう。何とも卑怯な振る舞いというべきである。

文章の中抜き等による削除

次に問題となるのは、比較のためには当然に必要な文章を故意に削除していることである。当の扶桑社版と育鵬社版さえも勝手に文章を付加したり削除したりした被告側は、他社の教科書については、平気で、削除してはならない文章を多数削除している。そもそも全体的に《中略》と表記された部分が多すぎるが、それ以外にも多数の部分を中抜きしている。当然に入れるべき出だし部分が省略されている例が数多いが、中には最後のまとめ部分が削除されている例もある。

ここでは、項目28「第一次世界大戦」のケースを見よう。乙45号を見ると、平成八年版の大阪書籍や日本書籍、平成八年版と十三年版の日本文教出版など、多くの教科書の出だしが唐突である。一体どうなっているのかと思い、各教科書本体と照合してみると、当然に入れるべき文章が削除されていたことが判明した。例えば、平成八年版の大阪書籍を見ると、出だしの「19世紀の末からヨーロッパの強国は、競って帝国主義の政策をとりはじめました。」という部分が削除されていた。更に驚いたことに、ここでは扶桑社版の出だしである「日露戦争後、ロシアは東アジアでの南下政策をあきらめ、ふたたびヨーロッパへの進出をはかった。そのため、」の部分が勝手に削除されていた。被告側は、大阪書籍の「帝国主義の政策」という言い方と扶桑社の「南下政策」という言い方の差異があからさまになることを恐れて、削除したのであろう。

だが、最も悪質な削除は、平成十三年版の日本文教出版の例である。乙45号証によれば、平成十三年版の日本文教出版の出だしは、「夫妻はセルビアの青年によって暗殺され、1か月後に、第一次世界大戦がはじまった。」というものである。これを読んだ時、夫妻とは誰なのかと疑問に思ってしまった。そこで、教科書本体にあたり調査してみると、その書き出しは、「上の写真は、1914年に、バルカン半島のサラエボを訪問したオーストリア皇太子夫妻である。夫妻はセルビアの青年によって暗殺され」というものだった。この書き出しは、極めて個性的な表現方法を採用しており、〈教科書の記述はみなごくありふれた表現に過ぎない〉とする被告側の主張に反するから、削除したのであろう。

平成十七年版の日本書籍新社等3社の削除

最後に問題にすべきは、本来当然に入れるべき他社の教科書記述が省略されているのに対し、逆に入れてはいけない教科書記述が入れられていることである。乙45号には、前述のように、扶桑社と育鵬社以外に、平成八年版と十三年版の東京書籍、帝国書院、教育出版、大阪書籍、日本文教出版、清水書院の7社、平成十七年版と二十三年版の東京書籍、帝国書院、教育出版、大阪書籍（二十三年版では日本文教出版）の4社の記述が掲載されている。

ここでおかしなことが2点ある。一は、なぜ、平成十七年版について、一部の教科書だけを掲載するのかということである。平成八年版や十三年版と同じく、十七年版についても、東京書籍等の4社に加えて、日本書籍新社（日本書籍の後継）、日本文教出版、清水書院の3社も掲載すべきであろう。特に、平成十七年版教科書の採択戦が行われた当時、扶桑社版と最も激しく対立した日本書籍新社を省略したことは問題である。どの教科書も【事項の選択・配列】は似ており、文章も似ていると主張するためには、日本書籍新社の記述は邪魔だったのであろう。

二は、育鵬社以外の平成二十三年版は、一審で被告側が焦点とした十七年版の扶桑社の創作性を判断する上ではむしろ有害であり、入れるべきではなかったということである。一審判決は、例えば項目34「リットン調査団」における扶桑社版の創作性を否定するに際して、扶桑社と育鵬社が共に選択した「②調査団が満州の日本人の権益がおびやかされていたことを認めたこと」という事項は、平成二十三年版の教育出版にも取り上げられているのだから、扶桑社の【事項の選択】は創作性のないものだと判示した。しかし、平成十七年版の原告書籍の著作物性を判定する場合に、後の二十三年版の記述を持ち出すことは不公正である。こういう不公正を招き入れることになるから、他社の平成二十三年版は入れるべきではなかったと言わねばならない。

百歩譲って、にもかかわらず入れる必要性があったと見なせるとしても、そうであるならば、平成二十三年版として出された清水書院と自由社の記述も載せるべきであったと言えよう。

項目47「湾岸戦争」のケース……無理にでも湾岸戦争記述教科書を増やせ

ここまで、総論的に乙45号証の作り方の問題点を指摘してきたが、もう少し具体的に、各項目に即して見ていこう。まず、項目47「湾岸戦争」のケースを見よう。このケースでは、前述のように被告側は、扶桑社と育鵬社を除く延べ22社分のうち8社に湾岸戦争の記述があるという形で、乙45号証を作成していた。その8社を挙げれば、平成八年版の帝国書院と日本書籍及び清水書院、平成十三年版の教育出版と日本書籍、平成十七年版の教育出版、平成二十三年版の東京書籍と教育出版である。

しかし、ここには盛っていけないものが何点か盛られている。まず、「47　湾岸戦争」のケースだけではないが、何度も言ってきたように、平成二十三年版の2社は入れてはいけないものである。なぜなら、焦点である扶桑社平成十七年版の創作性を判断するのに平成二十三年版の教科書記述を云々するのは不公正だからである。

次いで、平成八年版の帝国書院は入れるべきではない。帝国書院は、第9章2節単元3【現代の世界】の「あらたな世界秩序への模索」の下、「1990年のイラクによるクウェートへの武力侵攻のようなできごとや各地の民族紛争はあとを絶ちません。」（291頁）とのみ記していた。湾岸戦争の前段のことは記していても、湾岸戦争自体については全く触れていない。それゆえ、本来は湾岸戦争をテーマにしていないという意味で、斜線を引くべき教科書である。ところが、ともかく湾岸戦争に触れている教科書の数を増やそうと、無理やり入れ込んでいるのである。

さらにひどいのが、平成八年の清水書院の例である。清水書院は、第10章3節単元【世界と日本の課題】で「多発する民族紛争」の小見出しの下、単元本文では「1991年、イラクと多国籍軍とのあいだに湾岸戦争がおこったが、その原因は、イラクが石油資源にからむ領土の拡張をめざしてクウェートに侵攻したことにあった」（290頁）と記すだけであった。これは余りにも簡単な記述なので、被告側は、本来入れてはならない「イラクのクウェート侵略に対し、1991年、国連決議に従った多国籍軍（アメリカ軍中心）がイラクを敗北させた。高度な科学兵器が使われた現代戦争であった。」（291頁）というキャプションを入れることにしたのである。

項目17「南蛮貿易とキリシタン大名」のケース……別々の単元から寄せ集める

これまで、乙45号証という出鱈目証拠を作成する方法について紹介してきた。原告書籍・被告書籍に関する勝手な文章の削除又は付加、平成十七年版の日本書籍新社等3社の削除、全教科書記述における小見出しの削除、削除してはいけない文章の削除、都合の良い時だけのキャプションの付加といったものを紹介してきた。だが、他にもとんでもないパターンがある。複数単元からバラバラの文章をかき集めて、扶桑社版や育鵬社版の一まとまりの文章の比較対象として乙45号証に掲げるものだ。

複数単元から集める方法は、いろいろな項目で採用されている。例えば、項目17「南蛮貿易とキリシタン大名」のケースでは、平成十三年版東京書籍と十三年版及び十七年版の大阪書籍の例がそうであるが、十七年版の大阪書籍の場合は、同一単元内の文章であるかのように偽装までしている。しかも、平成十三年版東京書籍の場合は、第4章1節単元1【鉄砲とキリスト教の伝来】と単元5【桃山文化】という四単元も離れた別々の単元の文章を集めて乙45号証に掲載していたのである。こんなものが比較対象になるわけがないと言っておこう。

項目29「日本の参戦と二十一か条要求」でも複数単元から寄せ集めている

また、例えば、項目29「日本の参戦と二十一か条要求」の箇所でも、複数単元から文章を寄せ集めた例が多くある。平成八年版、十三年版、十七年版の東京書籍と八年版の日本書籍、十三年版の清水書院の延べ5社は、別々の二つの単元から寄せ集めた記述である。何と、東京書籍の平成十三年版と十七年版では、第6章1節の単元1【第一次世界大戦と日本】（十七年版は【第一次世界大戦とロシア革命】）と単元3【アジアの民族運動】という二単元離れた別々の単元から寄せ集めているのである。

更に、項目29のケースで目に付くのは、100字近くも文章が中抜きされていることである。平成八年版の帝国書院は、第8章第1節の単元2【日本の参戦と21か条の要求】で、「なぜ日本は参戦したか」の小見出しの下、次のように、日本の第一次世界大戦への参戦理由について個性的な記述を行っていた。

《第1次世界大戦がヨーロッパではじまると、日本は日英同盟を理由として、1914年8月、ドイツに宣戦しました。イギリスやアメリカは日本の参戦に必ずしも賛成ではありませんでした。

しかし、日本は国内の政治や経済の行きづまりを戦争で利用して解決し、中国に日本の勢力をのばす手がかりを得ようと考えて参戦しました。日本軍は、中国にあったドイツの軍事基地である青島をせめおとして山東半島を占領し、さらにドイツ領の南洋諸島も占領しました。》（232頁）

ところが、乙45号証では、小見出しとともに、傍線部分が削除されている。何とも酷い削除である。扶桑社も他社もそんなに違ったことを書いていないと主張するには、個性的な記述、左翼的な記述は邪魔だったのであろう。何とも悪質な証拠の改竄である。

項目43「冷戦開始」のケース……半分ほどが複数単元からの寄せ集め

最後に、項目43「冷戦開始」と項目44「朝鮮戦争・独立回復」のケースについてみておこう。この二つは、扶桑社版では単元79【占領政策の転換と独立の回復】の全体に当たる部分であり、育鵬社版では単元78【朝鮮戦争と日本の独立回復】の全体に当たる部分である。要するに、育鵬社版の一単元全体を盗作したのである。単元全てを盗作しても著作権侵害とはされなかったのだから、真面目な執筆者には、何とも恐ろしい判決が出たものである。逆に言えば、手抜き執筆者には涎の出そうな判決が出たものである。

さて、項目43のケースから見ていこう。平成八年版から見ると、大阪書籍の場合は、節さえも異なる三つの単元からバラバラに抜き書きした文章をかき集めている。ここまでひどくなくても、東京書籍、帝国書院、日本書籍、日本文教出版の4社の場合は、別々の二単元から文章をかき集めている。

平成十三年版に目を移すと、大阪書籍と日本書籍の場合は、節さえも異なる二つの単元から抜き書きしたものである。平成十七年版でも、大阪書籍の場合は別々の二単元から文章が寄せ集められている。このような教科書を見るとき、国際連合の成立から冷戦開始に至るまでの過程を一つの単元の中にまとめた扶桑社版の一定の個性が浮かび上がってくる。

項目43「冷戦開始」のケースでは、文章の大幅な削除はほとんど存在しないが、それでも、平成十三年版の日本文教出版の「上の写真は、何の会議のようすだろう。」という個性的な出だしが削除されている。この削除は、教科書の表現はありふれたものであるという被告側の主張に合わないから行われたものであろう。

項目44「朝鮮戦争・独立回復」のケース――18社中15社が複数単元からの寄せ集め

次いで項目44「朝鮮戦争・独立回復」のケースを見ることにする。このケースでは、複数単元にわたる文章を（時には節さえも異なる）、多くの中略部分を交えて引用しているケースが目立つ。甚だしいのは平成八年版の教育出版の場合であるが、節も違う三単元にわたる文章を寄せ集めて掲載している。

南北朝鮮の成立から朝鮮戦争、独立と国連加盟までの過程を一単元の中にまとめたのは、扶桑社以外に平成八年版の日本文教出版、清水書院、平成十三年版の帝国書院の3社だけである。それ以外の、平成八年版、十三年版、十七年版の延べ15社は、全て複数の単元から文章を集めている。扶桑社は、単元構成だけをとっても個性的なのである。

なお、項目44のケースでは、文章の省略部分が多いのが気になる。《中略》とされた部分が随分出てくるが、平成十三年版の日本書籍では、「占領政策の転換」の小見出しの下に書かれている「このため、それまでのきびしい賠償計画はとりやめとなり、独占禁止法の改正によって、大企業の活動に対する制限もゆるやかになった。」という、左翼的で個性的な記述が削除されている。ともかく、被告は、個性的な記述を出来るだけ隠す形で乙45号証を作っているのである。

ここまで項目43と44を別々に見てきたが、もう一度言うと、項目43と44は、扶桑社版も育鵬社版も共に一単元の中にまとめられている。平成八年版、十三年版、十七年版の他社で一単元にまとめているものを調べてみると、平成十三年版の帝国書院だけである。つまり、項目43と44をまとめて考えれば、両者を一単元にまとめただけでも、扶桑社版にはかなりの個性及び創作性があると言えよう。しかも、育鵬社の項目43と44の文章表現には、扶桑社と酷似したものが多々存在する。こういう項目43と44の部分さえも、東京地裁は、出鱈目証拠乙45号を根拠にして、扶桑社の創作性を認めず、育鵬社による著作権侵害を認めなかったのである。

第二節　乙3～20号証その他の出鱈目さ

育鵬社側の出鱈目証拠、乙3号から20号

前述のように、一審判決は、二一項目については中学校教科書の記述を集めた乙45号だけを根拠

にして扶桑社版の創作性を否定した。これに対して、前述のように、項目1等二六項目の多くについては、高校教科書や一般歴史文献の写しである乙3号他の証拠も併用して、創作性を否定した。

裁判が始まり最初に被告側が提出したのは、平成二十五年八月六日のことであり、乙1～20号の証拠であった。まず、被告側の証拠説明書に基づき、列挙しておこう。

乙1号　教科書制度の概要　文科省
乙2号　義務教育諸学校教科用図書検定基準　高等学校教科用図書検定基準
乙3号の1～9　佐藤信他『詳説日本史研究　改訂版』平成二十年（山川出版）
　＊高校教科書の『詳説日本史』の内容をふまえて書かれた一般歴史書
乙4号　武光誠『真説　日本古代史』平成二十五年
乙5号　川勝平太『鉄砲が動かした世界秩序』平成十年
乙6号　池上裕子『日本の歴史　15』平成十四年
乙7号　大石学『近世民衆の租税意識』平成九年
乙8号　佐藤昌介『国史大辞典11（蛮社の獄）』平成二年
乙9号　日野竜夫『国史大辞典13（本居宣長）』平成四年
乙10号　藤田覚『天皇の歴史6　江戸時代の天皇』平成二十三年
乙11号　井上勲『王政復古』平成三年
乙12号　伊藤之雄『日本の歴史2　政党政治と天皇』平成十四年

乙13号　塩崎弘明『日本の時代史24　大正社会と改造の潮流』平成十六年
乙14号　塚瀬進『満州の日本人』平成十六年
乙15号　最新日本史教授資料編集委員会『最新日本史教授資料』平成二十五年
乙16号　臼井勝美『国史大辞典14（リットン調査団）』平成五年
乙17号　鈴木隆史『国史大辞典13（満州国）』平成四年
乙18号　森松俊夫『日本陸海軍事典（盧溝橋事件）』平成九年
乙19号　北村稔『「南京事件」の探求』平成十三年
乙20号　木下靖彦他『詳説世界史研究』平成七年（山川出版）
　＊高校教科書の『詳説世界史』の内容をふまえて書かれた一般歴史書

乙1号証と2号証を被告側が提示するのは理解できる。しかし、乙3号証から20号証を提示するのは理解できなかった。被告側は、原告が著作権侵害だと指摘した四七項目が取り上げた事項はすべて一般歴史書や国史大辞典で既に取り上げられている事項だから、その【事項の選択】に創作性はないと主張した。その際、証拠として最初に掲げたのが、乙3号証から20号証であった。

『国史大辞典』等は証拠になり得ない

例えば、項目35「支那事変（日中戦争）・『南京事件』」の例では、乙18号と19号の証拠を基に、森松俊夫氏も北村稔氏も既に取り上げている事項だから、それを扶桑社が取り上げても創作性があることにはならないと主張した（平成二十五年七月三十一日育鵬社等準備書面1）。当時、筆者は何をバカなことを言っているのだと思った。こんなものが証拠になるわけがないと思った。歴史教科書が一般歴史書で取り上げられていない事項を選択して書いたとしたら、一発で検定不合格になるからだ。

ところが、一審判決は、この証拠にはなりようがない乙3～20号証を証拠として取り上げ、被告側を勝たせたのである。例えば、項目47「湾岸戦争」の例では、乙3号の9を根拠にして、扶桑社版の創作性を否定し、以て育鵬社版による著作権侵害を否定した。前述のように扶桑社版では、「この戦争では、日本は憲法を理由にして軍事行動には参加せず、……国際社会はそれを評価しなかった。国内では日本の国際貢献のあり方について深刻な議論がおきた。」と記述していた。すなわち、日本が憲法を理由に軍事行動に参加しなかったこと、国際社会が評価せず国際貢献のあり方が問われたこと、という2点を教科書史上初めて取り上げた。ところが、一審判決は、次のように、乙3号の9を根拠にして、扶桑社版の創作性を否定したのである。

《原告は、上記表現の視点から、日本が湾岸戦争に人員を派遣しなかったために国際評価が低かったという、従来の歴史教科書が避けてきたテーマを大胆に取り入れた点に、教科書としての創作性があると主張するが、その内容自体は、歴史文献（乙3の9）でも取り上げられている、一般的な歴史認識であるというべきであるから、歴史教科書において、湾岸戦争に関する記述をするに当たり、そのような一般的な歴史認識について付加して説明したとしても、それによって歴史教科書としての創作性があるということはできない。》

とんでもない判断である。裁判所の判断とは思えなかった。もう一度言うが、歴史教科書に限らず、教科書というものは、一般的な書物に書かれている一般的な事項を取り上げて記すものである。こんなふうに言ったら、全ての歴史教科書の著作権は否定されてしまうことになろう。扶桑社版の【事項の選択】に創作性があるかどうか判断する場合に比較対象になり得るのは、中学校歴史教科書のみである。問題は中学校歴史教科書としての創作性があるかどうかだからである。とんでもないことに、被告側は、北村稔『「南京事件」の探求』等を扶桑社版の創作性を否定するための証拠として取り上げ、それを東京地裁が認めたのである。何とも、おかしなことがおこるものである。

平成二十五年版の歴史書は扶桑社十七年版の創作性否定の証拠にはならない

更におかしなことがある。前述の項目47「湾岸戦争」の例で言えば、一審判決が扶桑社版の創作性を否定するために用いた乙3号証の文献は、平成二十年の出版である。二十年版を根拠に、扶桑社平成十七年版の創作性を否定することは出来ないはずである。

したがって、一般歴史書であることを不問に付しても、乙3～20号証のうち乙3号証以外にも、乙4、10、13、14、15号の五つは証拠になり得ない。このうち、乙3号証など四つは、扶桑社版が出版された平成十七年よりも後の出版であり、扶桑社版を著すに当たって原告らが参照しようもなかったものである。また、13号は十六年五月、14号は十六年九月に出版されており、扶桑社版よりも先に出版されているが、扶桑社版は平成十六年四月までに原稿が書かれており、やはり、参照しようもなかったものである。

したがって、一般歴史書であることを問題にしないとしても、年度の問題から、乙3～20号証の18件のうち、6件は証拠になり得ないものだったのである。こういうものを証拠として出した被告側、これを採用した地裁は、共に、本当におかしな感覚の持ち主であるといえる。

乙34、46～56、61、62号証の提示

しかし、被告側は、高校教科書や一般歴史書にも書かれていますよと主張するために、更に平成二十五年十二月十九日には乙34号証を、二十六年五月二日には乙46～56号証を、同年八月二十五日には乙61、62号証を提出した。被告側の証拠説明書に基づき、列挙しよう。

乙34号　全国歴史教育研究協議会『日本史用語集（新課程用）』平成十六年
乙46号　高校用教科書用語集『世界史B用語集』68頁、山川出版社、平成十六年
乙47号　山川出版社『詳説日本史』22頁、平成五年
乙48号　山川出版社『詳説日本史』67頁、平成五年
乙49号　朝日新聞出版『週刊朝日百科　新発見日本の歴史　平安時代⑤』5頁、平成二十五年
乙50号　網野善彦『日本中世の百姓と職能民』68乃至71頁、平成十五年
乙51号　山川出版社『詳説日本史』２０４頁、平成五年
乙52号　山川出版社『詳説日本史Ｂ』３２４頁、平成十八年
乙53号　山川出版社『詳説日本史』３３０頁乃至３３１頁、平成五年

乙54号　山川出版社『詳説日本史B』３４０頁、平成十八年
乙55号　山川出版社『詳説日本史研究』４６1頁、平成二十年
乙56号　山川出版社『詳説日本史』３３４頁、平成五年
乙61号　武蔵国分寺跡資料館「国分寺建立の詔」平成二十六年
乙62号　歴史街道推進協議会「歴史街道の旅」平成十三年

これら14件の証拠のうち7件が高校教科書、5件が一般歴史書、2件がパンフレットということになるが、いずれも中学校歴史教科書ではないから本来証拠たり得ないものである。その点を不問にしても、乙49号証と52、54、55、61号証の5件は、扶桑社版よりも後に出されたものであり、扶桑社版の創作性を否定する証拠としては使えないものである。

第三節　矛盾だらけの大津寄氏陳述書

ここまで乙45、乙3号他の二種類の証拠をみてきたが、乙45号証に匹敵するほどの力を発揮したのが、基本的に一人で教科書を現実に執筆したと称する大津寄氏の陳述書である乙42号証であった。先ずは、この陳述書を掲載したい。部見出し及び小見出しや傍線は、掲載に当たって筆者が付したものである。まずは、一読されたい。

大津寄氏陳述書

一、原稿執筆に至るまで

(1) 扶桑社との関わり

私は現在、上記の中学校で社会科を教えています。

私が扶桑社とかかわりを持つようになったのは、平成11年11月、同社に歴史教科書(初版)のゲラ校正を依頼されてからのことです。前年12月に「新しい歴史教科書をつくる会(以後「つくる会」と表記)」に入会し、愛媛県支部立ち上げに奔走したり、産経新聞の依頼で「教科書の通信簿」を執筆していたりしたため、社会科担当の現場教員として指名されたものと思われます。また、執筆については公民教科書(初版)に2ページの課題学習を掲載していただいたのが嚆矢と記憶します。

翌12年7月に初めて扶桑社を訪問し、公民の指導書編集会議に出席、以後約1年半にわたり同書の執筆にあたりました。14年からは新たに公民教科書(改訂版)の作成に携わることとなり、政治分野を中心として16年2月まで執筆を続けました。また、17年度は同書指導書の執筆も行いました。

(2)「つくる会」との関わり

この間、私は「つくる会」の愛媛県支部役員、また全国評議員として活動を続け、東京での総会や評議員会にも何度か出席しました。原告である藤岡信勝氏の著書や講演からは多くを学び、また県支部も教科書採択活動において同氏にはひとかたならぬ尽力をいただいた経緯もあります。それだけに今回の訴訟は痛恨の極みと言わざるをえません。

(3)「つくる会」の「狭量さ」に失望した

「つくる会」のあいつぐ内紛とその激化のため、18年7月に愛媛県支部は事実上の解散を迎えました。私は保守系メーリングリストを通して「つくる会」と日本教育再生機構(理事長・八木秀次氏)が歩み寄る必要性をくり返し訴えましたが、「つくる会」の一部会員から猛烈な非難と中傷を浴びる結果となりました。そのあまりに硬直した原理主義的体質、また訴状にもある「内容、形式及び理念のいずれの面から見ても、模倣とは認められないものとするよう」という教科書の偏向被害に直面している肝心の生徒を一顧だにしない「つくる会」の狭量さに深い失望を覚えました。藤岡氏から「つくる会」サイドの編集委員会へのお誘いもありましたが、以上のような理由でお断りし、新たに設立された育鵬社の教科書事業に全面協力させていただくことになりました。

(4)育鵬社へ現場教員が執筆することを提案

19年11月に育鵬社の「夢の教科書プロジェクト」(編集会議の別称)に初めて参加し、歴史分野について実験的な原稿（本文以外）を何本か執筆しました。

今までの扶桑社版教科書を現場教員の眼で見た場合、歴史観や信条は画期的であるものの、中学生が使うにはあまりに高度で難解な内容が多いこと、また、その筆致も様々な著者による〝パッチワーク状態〟になっていることに問題があると思われました。そのため20年4月の編集会議で、ベースの執筆を従来のように学者サイドではなく現場教員、しかもなるべく少ない人数で行うこと、さらに本文の記述は自分たちの主張を控えめにし、訴えるべき点はコラムや側注、課題学習等に色濃く反映させること等を提案しました。提案は認められましたが、その執筆自体を私が行うという想定外の事態となり、以後手探り状態で執筆に没頭することとなりました。

二、原稿執筆の仕方

（5）執筆→編集会議→手直し

翌21年12月までの2年近くは、一定量の執筆をしてはメールで送るとともに、編集会議で出た意見をもとに手直しした原稿を再送付するという作業のくり返しとなりました。その間17回上京し、育鵬社にこもって3日間執筆に追われるという強行日程も2度経験しました。

（6）単元本文70時間分を執筆した

執筆分は文化の領域の一部や江戸時代の大半、どうしても思いつかない部分を除き、本文約

70時間分及び扉、コラム（ミニコラム含む）、課題学習約50本でした。また、本文は育鵬社から台割りが示されていたため、それに基づいて執筆しました。

（7）各社本文を参考に文章を紡いだ

執筆方法としては、まず各社教科書の本文記述に目を通し、大まかな内容と重要語句、分量を把握した後、一から文章を「一太郎」のソフトを用いて入力するという方法をとりました。執筆にあたっては、これまで長年自分が授業でおこなってきた展開方法や自作の予習プリント、板書図などをベースとして、その上で他社の教科書記述を参考にしながら、教科書にふさわしいものとなるよう文章を紡いでいきました。

（8）データはもらわなかった

その間、育鵬社側からは扶桑社版のデータ等、執筆の補助となる材料の提供は一切ありませんでした（そのようなものがあったとすれば私の労苦は大幅に軽減され、予定よりはるかに短時間で執筆が完了したでしょう。また、現在に至るまで私のパソコンにはワードもエクセルもインストールされておらず、常に一太郎で送付していたことを附記します）。

（9）それゆえ、データは流用していない

従って、訴状にあるような「被告扶桑社が被侵害書籍の本文データを保有していたものであることを奇貨として被侵害書籍の本文記述を流用することを企てた」という指弾はまったくの事実無根と言わざるをえません。

三、育鵬社版の記述内容に創作性はない

(10) 大部分は歴史的事実又はそれに対する一般的解釈に過ぎぬ

実際に台割りに従って執筆した場合、一授業時間（原則として見開き2ページ）に収まる文章量はほぼ一定に限られますし、そこに盛り込む記述も学習指導要領をはじめ、重要語句の挿入や受験対策のために多くの内容的制約を受けます。大部分は歴史的事実そのものか歴史的事実に対する常識的な解釈・認識を記載した内容とならざるをえず、それはまた前述した「本文記述は抑えめ」という育鵬社の編集方針にも合致するものでした。

(11) 検定・採択があるから教科書に大きな違いはない

実際、執筆の過程で心がけていたことは、歴史と伝統を尊重する立場に立ちながらも、教科書としてスタンダードな内容であること、偏りのない記述をすることでした。各社の本文の記述内容に結果的に大きな違いが見られないのは、そもそもそれが一般書籍ではなく、検定・採択を前提とした教科書であることに由来していると思われます。

(12) 歴史認識が似ているから記述が類似したに過ぎぬ

また、当然のことながら扶桑社版と育鵬社版はその歴史認識においてきわめて似通った思想性を帯びており、ともに「保守」でくくられる陣営に属しています。それゆえ私もかつては扶桑社版の執筆や啓発活動に肩入れしたわけですし、先に述べたように私の歴史認識を形成するにあたっては「つくる会」に属している（いた）諸先生の影響を長期間にわたり強く受けています。執筆にあたり、そのような方々の著書の内容が念頭にあったことは当然ですし、記述に類似点があるというならそのような思想の近さが内容にも反映している点があるものと思われます。無論、一度私の中で咀嚼し血肉化された歴史認識に基づく文章は、その素材がだれのものであれ私自身の作品であることは論を待ちません。

⒀ 編集会議や検定の結果、私の原稿と違うところもある

なお、原稿はその後、編集会議メンバーの意見を取り入れたり、文科省の検定に対応するための加筆・修正を受けたため、結果的に私が執筆したものとは異なる文章となったものも少なくありません。

⒁ 原告が指摘した箇所は全て、ありふれた歴史記述の表現

最後にもう一度申し上げますが、育鵬社の歴史教科書は他社本と同様、一般的な史実や解釈を一般的な表現を用いて記述したものです。原告が著作権の侵害を主張する個所についても、すべてありふれた歴史記述の表現にすぎません。もしも原告の主張する著作権侵害の認定を一

部分でも受けるようなことになれば、以後、どのような歴史教科書も執筆できなくなるのではないかと危惧しております。私は現場教員として、教育界にそのような大きな混乱を招く事態は避けねばならないと考えます。

第一部について——「つくる会」批判の真意は文章を流用させよということか

上記のように、大津寄氏は、第一部では自分が執筆するに至った経緯を説明し、第二部では原稿執筆の仕方を説明し、データを流用していないと弁明する。そして、第三部では、自分が執筆した育鵬社版の記述には創作性はないから著作権侵害はないと結論づけている。

第一部から特に気になった部分について論評していこう。(3)のところで氏は、「つくる会」ではなく育鵬社の教科書事業に協力した理由について、「つくる会」一部会員の「原理主義的体質」なるものとともに、「訴状にもある『内容、形式及び理念のいずれの面から見ても、模倣とは認められないものとするよう』という……『つくる会』の狭量さ」という2点を挙げている。

「原理主義的体質」とは何か、「つくる会」の狭量さとは何か、是非、大津寄氏に直接訊いてみたかったものである。しかし、訴状にある上記の言葉は、平成十九(二〇〇七)年二月に扶桑社から一方的に関係を切られた「つくる会」が、同年六月、原告ら「つくる会」側著者の文章を使わないように警告する文書の中で使ったものである。狭量さを発揮して「つくる会」を切ったのは扶桑社である。そのことを棚上げにして、「つくる会」を狭量と非難するとは、何ともおかしな話である。

というよりも、氏の真意は、「つくる会」側著者の文章を流用したいのに、「つくる会」が使わせないというのはけしからんということであろうか。実際に、「つくる会」側著者の文章を流用した氏の行動と併せ考えれば、そういうことになろう。

しかし、裁判の上で重要なのは、氏が、平成十九年六月の「つくる会」からの警告内容をその時点で承知していたということが確認できることである。こういう警告があることを知っていたにもかかわらず、氏は「つくる会」側著者の原稿を一部は参考にし、一部は模倣して育鵬社版原稿を作成していったのである。これは、盗作行為の自白に等しいと言えよう。

（4）に目を移せば、氏は、「ベースの執筆を従来のように学者サイドではなく現場教員、しかもなるべく少ない人数で行うこと」を平成二十年四月の編集会議で提案したという。このことが本当ならば、育鵬社盗作問題における氏の責任は極めて重いというべきだろう。

第二部について――手抜きで作った育鵬社版

次いで第二部でまず確認しておかなければならないのは、既に第一章で述べたように、育鵬社版が手抜き作業で作られたということである。育鵬社教科書は、(4)(5)を併せ読めば分かるように、平成二十年四月からわずか二年で作成された。しかも、大津寄氏という現場の中学校教員が、基本的に一人で平成二十年四月から二十一年十二月までの一年九箇月で執筆したということである。これは、極めて手抜きの作業というしかないであろう。

もちろん、扶桑社版を新学習指導要領に合わせて手直しするという程度の作業ならば、十分できるだろう。だが、育鵬社側は、単元本文（側注を含む）に関しては、八二単元存在する扶桑社版のうち七単元分にしか著作権を持っていない。したがって、七五単元分の本文を一から構想し起稿する必要があったのだ。ほとんど全単元の本文を、忙しい教員が一人で新しく起稿することは極めて困難であると思われる。しかも、氏は、（6）で述べているように、七〇単元分の本文と50本のコラムなどの原稿、併せて120本もの原稿を仕上げたというのだ。

ちなみに、自由社は、平成二十六年度検定に申請するために、これまでの『新しい歴史教科書』の文章を基本的に維持しつつ、教科書作成を行った。10名以上が現実に執筆作業に携わったが、延べ八〇〇〇時間を要した。一日八時間の作業時間で考えたとしても、一人が行えば一〇〇〇日すなわち約三年かかる勘定となる。

基本的に部分修正であった自由社版でさえも、このように大量の時間をかける必要があったことに留意すべきである。これに対して、氏や育鵬社等の被告によれば、育鵬社版は、単元本文のほとんどを、中学校教員としての本業を抱える氏が一から起稿したものである。よほど手抜きで行わなければ、120本もの教科書原稿を一年九箇月で一人が執筆することはできないであろう。いや、手抜きをしても、大津寄氏一人で行うことはできないであろう。大津寄氏と同程度の作業を行った人間が他に二人程度は存在するのではないだろうか。

大津寄氏に訊きたかったこと4点――「江戸時代の大半」を書いたのは誰か、等々

さて、大津寄氏は、（6）で「執筆分は文化の領域の一部や江戸時代の大半、どうしても思いつ

かない部分を除き、本文約70時間分及び扉、コラム（ミニコラム含む）、課題学習約50本でした。また、本文は育鵬社から台割りが示されていたため、それに基づいて執筆しました。」と述べている。

氏は、問題の焦点である単元本文のうち、「文化の領域の一部」、「江戸時代の大半」、「どうしても思いつかない部分」の三つは、自身は書いていないという。では、①「文化の領域の一部」は誰がどのような方法で書いたのであろうか、②「江戸時代の大半」は誰がどのような方法で書いたのであろうか、③「どうしても思いつかない部分」はどの単元を指し、誰がどのような方法で書いたのであろうか。大津寄氏には、是非とも答えてほしかったところである。

三つの疑問のうち最も重要なのは②の疑問である。江戸時代部分にも、項目21「五人組と年貢」や24「フェートン号事件・モリソン号事件」など6件乃至7件の盗作箇所がある。氏の言うことを信ずれば、氏以外に盗作を行った人物がいることになるからである。

また、氏の陳述によれば、第4章はほとんど氏が執筆したことになる。だが、第4章の中の江戸時代部分はともかくとして、明治時代に入った単元47「新しい国づくりへの道」以降については、ほとんど盗作は存在しない。扶桑社版と一番内容が似ているところであるにもかかわらず、第4章は全体として類似性がほとんど感じられないし、一番優れた記述がみられる部分である。つまり、一から自分の頭で文章を紡いでいったと思われる部分である。絶対に、氏が乙42号証で述べたような方法では作れない部分である。

単元47以降の第4章は、氏以外の人物が書いたとしか思えないのである。恐らくは、育鵬社側の歴史認識をしっかり持った有能な書き手、たぶん著名な言論人が書いたものと思われる。それとも、氏自身が書いたのであろうか。とすれば、なぜ、氏は古代や現代についても、第4章と同じように自分の頭で一から文章を紡がなかったのであろうか。

何れであれ、④単元47以降の第4章は誰がどのような方法で書いたのであろうか、という疑問が生まれてくる。是非とも、大津寄氏には、この疑問にも答えてもらいたかったところである。

大津寄氏及び育鵬社に訊きたかったこと——台割りはどういうものだったのか

更に、氏は「本文は育鵬社から台割りが示されていた」というが、それはどのようなものだったのであろうか。原告が提訴にまで踏み切ったのは、育鵬社版の四七項目の部分が、原告が執筆した扶桑社版原稿と個々の具体的文章が類似しているだけではなく、事項の選択・配列まで類似しているからである。台割りを示していたとすれば、大津寄氏よりもむしろ育鵬社の方が盗作の主導的な実行犯である可能性が浮上する。

示された台割りとは、小見出しレベルのものだったのか、それとも更に細かいレベルまで書く事項を指定したものだったのだろうか。小見出しの下に書くべき事項を何点か細かく指定していたとすれば、育鵬社こそが真の実行犯だったことになる。それゆえ、是非とも、大津寄氏及び育鵬社に対して、⑤育鵬社が示した本文の台割りとはどういうものだったのか、説明してもらいたかったところである。

データはもらわなかったから流用していない？

（6）に次いで（7）（8）（9）の部分を検討しよう。（7）では、第一章で述べたように、氏は、書く前と書く時の二度にわたって他社の記述を参考にしながら、文章を紡いでいったことを告白している。氏は、極めて盗作行為の起きやすい方法で執筆していたのである。

（8）（9）では、併せて、氏はデータを育鵬社からもらわなかったから、「被侵害書籍の本文記述を流用することを企てた」という指弾は事実無根であると言う。データをもらわなかったという主張をそのまま信ずるわけにはいかないが、信ずるとしても、氏の論理は破綻している。この場合のデータとは電子データを指しているが、仮に電子データをもらわなくても、氏は、紙のデータを見たことは、この陳述書の中で告白しているのである。紙のデータ（教科書本体か教科書の本文を書き写してカード化したもの）を見ながら、氏はデッドコピーさえも行ったのである。これをデータの流用と言わずして何と言うのか。

それゆえ、例えば第一章で紹介した項目10「国分寺建立」の箇所を、どのように他社教科書（特に扶桑社）を参考にし、どのように執筆していったのか、説明してもらいたいとつくづく思うものである。

第三部は地裁判決に取り入れられた

最後に第三部であるが、（10）（11）（12）（14）は、（6）（7）とともに、大津寄氏陳述書の核心である。筆者は、一審判決が出た後に氏の陳述書を読んだから、判決文を先に読んだことになる。

陳述書を読んだとき、前に読んだような内容がちりばめられていた。まとめれば、(10)(11)(12)(14)はそれぞれ、(10)記述内容の大部分は、学習指導要領などの制約のため、歴史的事実又はそれに対する一般的解釈にすぎない、(11)検定・採択があるから教科書に大きな違いはない、(12)歴史認識が似ているから記述が類似するのは当然である、(14)原告が指摘した箇所は全てありふれた歴史記述の表現である、といったことになろう。

これらのことは、全て判決でも記されている。実際に書かれたのは陳述書が先だから、陳述書が判決に大きな影響を与えたことになるのである。

「私の中で咀嚼し血肉化された歴史認識に基づく文章」とデッドコピー

しかし、第一章でもふれたように、(12)には次のような聞き捨てならない言葉がある。

《私の歴史認識を形成するにあたっては「つくる会」に属している(いた)諸先生の影響を長期間にわたり強く受けています。執筆にあたり、そのような方々の著書の内容が念頭にあったことは当然ですし、記述に類似点があるというならそのような思想の近さが内容にも反映している点があるものと思われます。無論、一度私の中で咀嚼し血肉化された歴史認識に基づく文章は、その素材がだれのものであれ私自身の作品であることは論を待ちません。》

しかし、これまで述べてきたように、思想や歴史認識が同じだとしても、自分の頭で考え、一から文章を紡げばいくらでも違う文章が出来上がるものである。従って、「私の中で咀嚼し血肉化された歴史認識に基づく文章」は、絶対に他人の文章のデッドコピーにならないものである。それなのに、何故に、項目15「鎌倉幕府の成立」や項目10「国分寺建立」の例のように、デッドコピーが出来上がってしまうのか。デッドコピーも「私自身の作品」と言えるのか。これらの点についても、是非直接伺いたいものである。

更に訊きたいことがある。氏は(11)で「各社の本文の記述内容に結果的に大きな違いが見られない」と言う。各社の記述が同じようなものであるならば、なぜ、歴史教科書問題が国際的な問題にまでなるのか。なぜ、氏や伊藤隆氏や八木秀次氏は、「新しい歴史教科書をつくる会」の運動に参加したのであろうか。伊藤氏も大津寄氏と同じようなことを陳述書で述べているが、自らの教科書改善運動を貶めるようなことを言わないでもらいたいものである。

デッドコピーできなくなることを恐れた大津寄氏

(14)の最後に、つまり陳述書の最後に、「もしも原告の主張する著作権侵害の認定を一部分でも受けるようなことになれば、以後、どのような歴史教科書も執筆できなくなるのではないかと危惧しております。私は現場教員として、教育界にそのような大きな混乱を招く事態は避けねばならないと考えます。」と氏は述べている。これは、何を指しているのか。氏は、他社のフレーズを切り貼りして教科書を作成することが許されなくなること、コピペ教科書を作れなくなること、いや端的にはデッドコピーができなくなることを恐れて、このように述べたのであろう。

結局、大津寄氏の要望通り、東京地裁平成二十六年十二月十九日判決は、デッドコピーの箇所も含めて、合法と判定した。その際、判決は、大津寄氏陳述書が言う通りの理論を展開した。すなわち、①歴史教科書執筆には学習指導要領などの制約がある、②扶桑社が選択した事項はいずれも歴史上の事実又は歴史認識に過ぎず、他の歴史教科書にも取り上げられている一般的な事項である、③これらの事項を表現しようとすれば、原告書籍のような表現にならざるを得ないのであるから、著作権侵害ではないとする。この論理は、大津寄氏陳述書の(10)(11)(12)(14)の部分から取り入れられた論理である。大津寄氏陳述書は、被告側勝利に大きく貢献したのである。

それだけではない。著作権裁判では、依拠性の問題、責任の問題と関連して、どのように当該著作物が作成されたかという問題が大きな意味を持つ。この裁判においても、一応、被告側も八木氏、伊藤氏、屋山氏に加えて大津寄氏の陳述書を提出した。この四人の陳述書のうち、最も詳しい内容で、且つ被告側主張の柱になったのが大津寄氏陳述書であった。ところが、原告側は、侵害論と責任論を分けて侵害論だけについて先に判決を出そうという裁判所の提案に乗ってしまった。その結果、四つの陳述書への批判追及がおろそかになり、大津寄氏が扶桑社版を参考にして執筆したことだけは明らかになったが、東京書籍や教育出版等と同じような参考の仕方だったのか、それ以上に特別に参考にしたのかという重要な問題の掘り下げができなくなった。そして、大津寄氏や育鵬社編集部の悪質な教科書作成方法を明らかにすることができなくなったのである。その意味では、乙42号証は、乙45号証よりも、被告側勝利に貢献したものだったのかもしれない。

第四章　控訴審の概要

第一節　控訴理由書等の提出

控訴理由書の提出

第二章、第三章で見てきたように、一審裁判所は、被告側の出鱈目証拠に基づき、杜撰かつ法の精神の欠如した証拠の取り扱い方によって、被告側勝訴の判決を下した。原告側としては、このままでは歴史教科書の著作権は否定され、教科書検定制度が崩壊していくことになると考え、公益の観点から、平成二十六年十二月二十六日に控訴し、翌年二月二十五日に控訴理由書を提出した。

控訴理由書では、第二章で見てきたような一審の判断に対する総合的な批判を行うとともに、一審でも主張していた翻案権侵害に加えて、新たに複製権侵害と不法行為の主張を行った。それとともに、著作権侵害を主張する項目を四七から二一に絞り込み、被控訴人書籍と控訴人書籍の記述を対比し、一審の判断と控訴人の主張を対比した別表1を添付した。

その際、項目28「第一次世界大戦」と29「日本の参戦と二十一か条要求」、項目43「冷戦開始」と44「朝鮮戦争・独立回復」は合体して示すことにした。項目28と29の記述は併せると扶桑社版の単元62「第一次世界大戦」の全文となる。また、項目43と44の記述は併せると扶桑社版の単元79「占領政策の転換と独立の回復」の全文となる。すなわち、この二つの例は、単元本文全体を育鵬社版に盗作されたケースなのである。単元本文の一部が著作物として認められないということはあり得るが、一単元本文全体が著作物性を否定されることはあり得ないはずである。もしもそんなことをすれば、歴史教科書の著作権は原理的に否定されることになるからである。事実、平成二十一年八月二十五日東京地裁判決は、一つの単元本文全体の著作物性、著作権を肯定している。

そこで、項目28・29と項目43・44のところでは、特別に、「歴史教科書の各単元本文全体は、歴史認識・編集方針に基づく単元分けの考察、表現の視点から当該単元内に記述する事項の選択と配列及び具体的表現という創作の総合体であり、著作物として認められるべきである」と書きこんだ。

また、別表1とともに別表2を添付し、項目15「鎌倉幕府の成立」の例のように被控訴人記述が控訴人記述からデッドコピーした八箇所を抜きだして示した。別表2は、複製権侵害の主張を新たに行ったこととも関連している。

「今後、他社教科書を公然と盗作することが正当化される」——控訴理由書

さて、控訴理由書で特に注意を促しておきたいのは、「第4　事情補足」の部分である。

《本件は、義務教育に用いられる歴史教科書の制作に当たって、大々的な盗作が行われたという前代未聞の事件である。歴史教科書の制作は編集方針の策定に始まり、執筆陣の選定、原案執筆、編集会議による検討修正・校正、検定申請、検定合格に至るまで多大な労力と時間を要する作業である。原判決の如く、本文の記載事項が歴史的事実であることや中学生にとって読みやすい表現が用いられることの故に著作物性を否定されるならば、今後、他社教科書を公然と盗作することが正当化されるという忌まわしい事態となりかねない。義務教育に用いられる教科書が盗作によって制作されること自体の倫理上の問題はもとより、盗作教科書を学ぶ中学生が当該事実を知るに至った

時の教育上の悪影響たるや計り知れない。
上記公益的見地から見ても、原判決は見直しをされなければならない。

右傍線部にあるように、一審判決の論理が通れば、「今後、他社教科書を公然と盗作することが正当化される」事態を恐れて、原告は「つくる会」の意向に基づき控訴を行ったのである。だが、先取りして言えば、控訴審判決は、一審判決よりも、公然たる盗作を合理化する理論を提示していくのである。

第一回期日、四月十四日までに提出した証拠など

こうして控訴理由書を提出したが、四月十四日の第一回期日に間に合わせるべく、控訴人側は、以下の書類を提出した。

平成二十七年四月十四日　証拠申出書　……大津寄氏の尋問を要求したもの
平成二十七年四月十四日　準備書面1……大津寄氏の尋問が必要である理由を述べた書面
平成二十七年二月十三日　甲40号証　報告書……日露戦争等5件の例について、控訴人書籍と被控訴人書籍の記述を比較対照したもの
平成二十七年三月十六日　甲41号証　報告書……乙45号証の作為性に関する報告
平成二十七年三月二十日　甲42号証　報告書……乙45号証に見る表現の多様性の報告
平成二十七年三月十九日　甲43号証　報告書……歴史教科書は多様であること、控訴人書籍の

記述は特に個性的であると捉えられていることの報告
平成二十七年三月十九日　甲44号証　報告書……控訴人書籍が個性的であるが故に、「歴史教科書問題」というものが生じていることの報告
平成二十七年三月二十三日　甲45号証　小山常実陳述書
平成二十七年三月二十五日　甲46号証　藤岡信勝陳述書

順に見ていくならば、四月十四日付の証拠申出書と準備書面1は、教科書を現実に執筆した大津寄氏に対する証人尋問を要求したものである。控訴人側は、準備書面1で乙42号証の大津寄氏陳述書に対する批判を行ったうえで、証拠申出書で大津寄氏に対する尋問を要求した。大津寄氏尋問は、一審で十分に明らかにされなかった育鵬社歴史教科書の作成過程について掘り下げるために是非とも必要なものである。依拠性の問題、不法行為の問題を追及するためには、最低限、大津寄氏尋問が必要であった。

次に甲40号証は、控訴人書籍と被控訴人書籍が選択した事項が同一で、配列もほぼ同様でありながら具体的文章が全く異なる例を5点抜き出したものである。既にそういう例として日露戦争の例を第二章で紹介したが、報告書には、この「日露戦争」と「英米仏革命」「徴兵令」「自由民権運動の始まり」「日本の産業革命」の5件の例を掲載した。一審判決は、四七項目全てにおいて、控訴人書籍と被控訴人書籍が共に選択した事項について、「上記の点を表現しようとすれば、原告書籍のような表現にならざるを得ない」と勝手に決めつけ、原告書籍（控訴人書籍）の創作性を否定し

ていた。この報告書は、このような決め付けに対する具体的な反証を試みたものである。

乙45号証への批判——甲41号証と42号証

甲41号証は、第三章で見たように、被告側勝利の最大の根拠となった乙45号証の作成方法が、形式的にも内容的にも不当なものだということを、二一項目全ての記述について報告したものである。作為性を証明するために、乙45号証を正当に作ればどうなるかという観点から、平成八年版の全7社、十三年版の扶桑社を除く全7社、十七年版の全8社の教科書の記述を、二一項目全てについて掲載し比較対照する表を作成した。その際、乙45号証によって不当に削除された記述を赤字で表記する等の工夫を行った。すると、乙45号証は、二一項目全てにおいて問題だらけであることが判明した。

また甲42号証は、乙45号証をそのまま信じたとしても、各社の記述は同じようなものではなく、むしろ多様であり、それぞれ個性のある記述となっていることを報告したものである。各社の多様性を示すために、一審で焦点の当たらなかった東京書籍等7社の記述について乙45号証の通りに掲載する表を作成し、各社記述の個性のある表現を赤字で表わしてみた。すると、赤字部分はほとんどの項目において目立っており、扶桑社版と育鵬社版以外の教科書も個性的な記述を行っていることが判明した。すなわち、教科書の記述はどの社も同じようなものであるとの一審判決の決め付けが間違いであることを確認することができた。

控訴人書籍は特に個性的な教科書と見なされている——甲43号証と44号証

甲43号は、三浦朱門編著『全「歴史教科書」を徹底検証する』（小学館、二〇〇五年）と日本教職員組合編著『教科書白書2005（中学校　歴史・公民編）』（アドバンテージサーバー、二〇〇五年）のコピーを資料として使い、歴史教科書の記述は教科書会社によって多様であること、扶桑社版の記述は多くの教科書の中でも特に個性的であると捉えられていることを説明した報告書である。三浦本も日教組本も、共に平成十七年版の全8社の中学校歴史教科書について比較した本であるが、この二つの本の中から項目20「秀吉の朝鮮出兵」と項目35「日中戦争（支那事変）・『南京事件』」をめぐって比較分析した箇所を資料として用いた。

二つの本から知られることは、例えば項目20については、一方に「侵略」と記述し秀吉軍が残虐であったと印象づける多数派教科書と、「侵略」とは記さない原告書籍とが対立していることである。その中でも最も秀吉軍を残虐だと記すのが日本書籍新社であり、残る東京書籍等6社が中間的な立場を示していることとである。要するに、項目20については、扶桑社、東京書籍等6社、日本書籍新社という三すくみ状態が存在すると、三浦本と日教組本は位置づけているのである。

結局、教科書の記述はどれも類似したものだというのは全くの思い込みに過ぎないことが分かる。また、特に原告書籍は、個性的だと見られていることが分かるのである。ちなみに、被告側は、乙45号証をつくるとき、扶桑社版の個性が目立たないように、扶桑社版と最も鋭く対立する日本書籍新社の記述を排除したことは第三章で見たとおりである。

甲44号証は、佐々木毅他編『戦後史大事典　増補新版』（三省堂、二〇〇五年）から「▼あたらしいれきしきょうかしょもんだい　『新しい歴史教科書』問題▲」の部分をコピーしたものなど3点の資料を添付し、控訴人書籍の【事項の選択と配列】が個性的であると見なされているからこそ、いわゆる歴史教科書問題が発生していることを説明したものである。歴史教科書には創作性はないという一審判決の判断、とりわけ扶桑社版教科書には創作性はないという判断は、極めて世の中の常識と反するものと言わねばならない。

最後に巻末に掲げた甲45号証と46号証であるが、45号は筆者の陳述書である。筆者は『新しい公民教科書』3版（自由社、平成二十三年）と『新しい歴史教科書』5版（自由社、平成二十七年）の原稿を執筆したが、その経験から教科書の執筆とはどういうものか記したものである。46号証は、控訴人である藤岡氏が、控訴人書籍を執筆するに至った経緯、裁判に至る経緯を説明した上で、一審判決の批判を行い、教科書検定制度とはどういうものか、どのように氏が教科書を執筆したか、記した陳述書である。

二つの陳述書、特に甲46号証の目的は、教科書執筆の具体像を中心に教科書論を展開することによって、事項の選択配列や文章表現の選択の幅が狭いという思い込みを打破することであった。次節では、二つの陳述書や控訴理由書などで展開した控訴人側の教科書論を紹介していくこととする。

第二節　控訴人側の歴史教科書論

一審判決が被告を勝たせた背景には、歴史教科書の記述は各社皆同じようなものだ、同じようなものに決まっているという裁判所の思い込みがある。その思い込みを理論化するために、判決は、歴史教科書については、教科書検定制度があり学習指導要領や検定基準の制約があるために、事項の選択と配列及び文章表現の幅が狭く、著者の個性や創作性が表れる可能性は低いという。

指導要領や検定基準による制約は小さい

この大上段の決め付けに対して、控訴人側は、控訴理由書で以て反論した。何よりも、検定基準や指導要領による制約はそれほど大きなものではないと反論する。検定基準は大まかな指針が抽象的に示されているだけであることを指摘し、中学校学習指導要領の社会科編歴史的分野の箇所を見ると、教科書が取り上げる事項を制約すると思われる「2　内容」と「3　内容の取扱い」の部分がわずか5頁半しかないことを指摘する。それゆえ、検定基準や指導要領故に教科書の単元構成、各単元における事項の選択・配列や文章表現の幅が狭くなって各社同じような記述になるということはあり得ないという。

更に『中学校学習指導要領解説　社会編』を見ても、指導要領の「2　内容」と「3　内容の取扱い」に関する解説は22頁に過ぎないし、そもそも解説書は教科書制作者に対する拘束力が存在しないから、解説書故に事項の選択・配列等の幅が狭くなって各社同じような記述になるということもあり得ないと言う。

単元構成、事項の選択配列、文章表現は様々である

このように検定基準等に関する反論を行ったうえで、控訴理由書は、単元構成自体所与のものではなく、教科書の著者は、独自の視点で単元構成を決め、その単元に盛り込むべき事項を選択し、配列を決めていると指摘する。控訴理由書には次のようにある。

《上記指摘した学習指導要領の簡略さからも明らかなとおり、歴史教科書の単元構成は所与のものではなく、各教科書の著者が独自の視点で無数の歴史的事実の連鎖の中から時代を切り取って単元構成を決めるのであって、各教科書により単元構成自体が様々に異なっているのである。したがって、各教科書の単元の取り方によりそこに書き込む事項の選択も配列も異なってくるのは当然であり、「歴史教科書の性質上、一つの単元で取り上げることが可能な事項の数は限られており、しかも、それらの事項は、系統的に配列されて、生徒が理解しやすいように記述されることが求められているといえるから、特に歴史教科書においては、ある単元において取り上げられた複数の歴史的事実をどのような順序で配列するかについての選択の幅は限られており、そこに著者の個性が表れていると認められる場合は少ないものといわざるを得ない。」（原判決16頁）などとは、歴史教科書制作の実態を知らぬ者が机上で考えた絵空事に過ぎない。》

このように独自の視点で著者が事項の選択と配列を決めるわけであるから、各社の事項の選択・

配列も様々にならざるを得ない。したがって、各社の文章表現も各社様々であると主張する。続けて控訴理由書は、次のように述べている。

《まして、独立した人格と個性を有する各教科書の著者らが各々選択した事項をどのような論理構成と文章表現で記述するかは言うまでもなく十人十色であって、「共通の歴史認識に立脚して歴史教科書を表現しようとすれば、その表現の選択の幅は極めて狭いため、同じような表現にならざるを得ない」（同19頁）などとは教科書執筆者を愚弄するが如き暴論である。》

以上のように控訴人側は教科書検定制度下における制約性を判決や被告側よりも小さく捉え、単元構成、事項の選択配列、文章表現も各社様々であると主張する。これが、控訴人側が第一に主張したことである。

検定制度は競争により優れた教科書を生みだそうとするもの

だからと言って、控訴人側は、教科書が一般書籍よりも制約された作品であることを否定するわけではない。しかし、教科書は制約されているからこそ、検定制度下においては、各社がしのぎを削って競争しているのである。続けて控訴理由書は次のように述べている。

《確かに検定制度の枠組みの下にある教科書が一般書籍に比べて自由の制限された作品であることは事実であるが、しかし、それ故にこそ他社と差別化し他社を凌ぐ教科書を作ろうとして、各社の心ある執筆者は知恵を絞ってしのぎを削っているのである。そもそも、教科書検定制度は、戦前の国定教科書制度とは異なり、民間の活力と競争によって優れた教科書が制作されることを期待す

る制度である。原判決はこのような制度趣旨を全く理解していないのである（むしろ、真逆に考えている）。》

傍線部にあるように、検定教科書制度は、国定教科書制度とは異なり、「民間の活力と競争によって優れた教科書が制作されることを期待する制度」である。この検定教科書制度の趣旨説明が、控訴人側の第二の主張である。敷衍すれば、競争が十分に行われ、優れた教科書が生み出されるには、きちんと教科書の著作権が認められる必要がある。特に教科書の中心に位置する単元本文には、その必要性が最も高いと言わねばならない。著作権を認めなければ、盗作はし放題となり、公正な競争は行われなくなり、優れた教科書は生み出されなくなるであろう。

歴史教科書は「思想・感情」を表現するもの

更に控訴理由書を見ていくならば、第三に控訴人側は、歴史教科書というものは歴史に対する愛情や国民としての自覚という「思想・感情」を表現するものであると主張する。続けて、次のように控訴理由書は述べている。

《学習指導要領は、中学校の歴史教育の目標として「我が国の歴史に対する愛情を深め、国民としての自覚を育てる」と記している（乙21：22頁）。「愛情」も「自覚」も「思想・感情」の部類に入るものであり、学習指導要領はそういうものを歴史教科書に求めているのである。「愛情」も「自覚」も極めて主観的なものであって、どこかに客観的なひな形があるわけではなく、歴史教科書執筆者はこれを自身の我が国の歴史に対する「愛情」や国民としての「自覚」として引き受けた上で教科書に表現するのである。つまり、歴史教科書は単なる歴史的事実を組み合わせる羅列的な記載ではなく、上記「愛情」・「自覚」を育てるという表現の視点から、独自に事実を選別した上、論理的に配列・構成しながら記述・表現することを求めているのであり、そこに執筆者の個性と創作性が現れるのである。その個性・創作性の故に激しい歴史教科書論争が巻き起こるのである。文部科学省の学習指導要領・教科書検定制度は、決して個性のない無味乾燥な事実を並べた歴史教科書を要求しているわけでない。学習指導要領の制約の故に、歴史教科書は同じような事実を同じように記述・表現したものにならざるを得ないという原判決の認識は重大な誤りである。》

この主張は、扶桑社版と育鵬社版が共通する記述は「いずれも歴史上の事実にすぎず」、単なる事実は「思想・感情」を表現した著作物ではないとする被告側及び判決の考え方に対する反論である。同じことは、藤岡陳述書にも述べられている。藤岡氏は、控訴理由書と同じく、学習指導要領に掲げられた中学校歴史教育の目標に注意を促したうえで、次のように述べている。

《歴史教科書は単なる事実の記載にとどまらず、その事実を「愛情」や「自覚」を育てるように構成して表現・記述することが求められているのです。その記述の在り方は著者により多種多様ですから、そこに教科書執筆者の個性が現れるのは当然です。そして、もう一度言いますが、以上のことから、学習指導要領の制約のために教科書は全く個性のない、同じような事実を同じように記述したものにならざるを得ない、という類の話は成り立たず、それは事実にも合致しないのです。逆に、学習指導要領の規定があるからこそ、歴史教科書には著作物としての性格が本来求められている、というのが正しい理解です。》

最後の傍線部の部分が興味深い。藤岡氏は、むしろ学習指導要領があるからこそ歴史教科書には「著作物としての性格が本来求められている」というのである。

執筆者は教科書としての個性を出すため大変な苦労をしている

ここまで控訴理由書に基づき整理してきたが、控訴人の主張は以上にとどまらない。控訴人側は第四に、藤岡陳述書と小山陳述書の中で、指導要領などの制約性があるからこそ、教科書執筆者は、自由競争の下で個性を出すべく多くの労力と時間を費やし、大変な工夫を行っていることを強調した。執筆者は、「額に汗して」教科書をつくるのである。「額の汗」に報い教科書執筆のインセンティブを与えるためにも、教科書の著作権や編集著作権を認めて競い合わせることが検定制度の趣旨であると言えよう。ところが、育鵬社側の大津寄氏は、労力と時間を省き節約するために、「鎌倉幕府の成立」といった藤岡氏らと異なる歴史認識を持っている箇所を執筆する場合でさえも、扶桑社版の記述を丸写ししたうえで微修正を加えていた。まさしく、彼らはフリーライド（ただ乗り）したのである。

また第五に、二つの陳述書では共に、自己の教科書執筆方法と大津寄氏の教科書執筆方法を比較したうえで、大津寄氏の方法をとれば盗作が起きやすいことを指摘している。

なお、巻末に掲げた藤岡陳述書には、5点のことが全て述べられている。この陳述書の目次を示せば、以下のようになる。

1　経歴
2　扶桑社版『改訂版　新しい歴史教科書』執筆に至る経過
3　本件提訴に至る経過
4　一審判決の批判
5　教科書検定制度への無理解
6　歴史教科書は「我が国の歴史に対する愛情を育て、深める」ためにつくられる
7　『改訂版　新しい歴史教科書』に表現されている「思想・感情」
8　「稲作の始まり」の著作物性を否定した一審判決の誤り
9　判決に見る著作権否定の執念
10　おわりに

全体を熟読玩味していただきたい。藤岡陳述書は、一審判決批判とともに、検定制度下における教科書執筆というものの現実について、裁判官に学んでもらうために書かれたものである。一読されれば、『新しい歴史教科書』の作り方と育鵬社『新しい日本の歴史』の作り方の違いがよく分かると思う。また、歴史教科書単元本文の著作権を実質上否定する判決がいかに不当なものか、知ることができる。8の終わり頃から10までの箇所からは、教科書執筆者としての悲痛な叫びが聞こえてくる。それとともに、裁判官の教科書についての無知に対するあきれと怒りが伝わってこよう。

第三節　控訴審でのやり取り

大津寄氏尋問請求の却下

第一節と第二節で見てきたように、控訴人側は、控訴理由書等を提出した。これに対して、被控訴人側は、平成二十七年四月七日付で「控訴答弁書」を、四月十日付で準備書面1を提出した。その上で、四月十四日には第一回期日が行われた。

第一回期日は一〇分程度で終了した。裁判官は、大津寄氏尋問は必要ないと述べた。理由は、依拠性に関わる扶桑社版参照の点は大津寄氏が既に認めているということであった。しかし、大津寄氏陳述書によれば「江戸時代の大半」や「どうしても思いつかない部分」等は氏が書いていないという。ところが、少なくとも「江戸時代の大半」には盗作部分が存在しており、江戸時代の盗作部分は誰がどのように書いたのか全く明らかになっていなかった。また大津寄氏が執筆した部分についても、その依拠性の度合いが全く明らかになっていなかった。そして、控訴審では不法行為の成立が争点になっていたわけだから、大津寄氏が単なる依拠性を超えて不法行為と言えるほど扶桑社版を参照・利用していたかどうかという問題を探るには、是非とも大津寄氏尋問が必要であった。

しかし、大津寄氏尋問請求はあっさりと却下された。この四月十四日、次回期日は六月十六日に行い、ここで結審するということになった。そして、原告側による被告側答弁書と準備書面に対する批判は五月十五日までに提出すること、これに対する被告側反論は六月十二日までに行うことが決定された。

そこで、五月中旬には控訴人側準備書面2（平成二十七年六月十六日付）が出され、これに対して六月十一日には被控訴人側準備書面2が提出され、六月十六日に結審した。以下、簡単に控訴人側と被控訴人側とのやり取りを振り返っておこう。

被控訴人側は乙65号証＝平成二十五年版高校教科書を提示する

被控訴人側の答弁書と準備書面1からみよう。ここで被控訴人側は、まず、「本件の争点は、控訴人が特定した各記述部分について、育鵬社記述が扶桑社記述を翻案したものであるか否かである」（答弁書）と勝手に決めつけている。控訴人側が新たに争点として設定した複製権侵害と不法行為の2点について無視する態度を採ったのである。そして、これまでと同じ論理から、控訴人側が著作権侵害を主張した二一項目について何れも著作物性がないと否定し、併せて甲41号から46号の証拠には意味がないと批判した。当然に控訴人側は準備書面2で反論したが、二審判決はこれらの証拠をほとんど無視することとなった。

その際、四月七日付で乙65号証として、山川出版『詳説日本史改訂版』（平成二十五年）46〜47頁の写しを提出した。これは、項目9「記紀・風土記」に関する証拠であり、扶桑社版の古事記・日本書紀に関する記述はこの高校教科書に書かれているから、扶桑社版記述には創作性はないとするものだった。

しかし、平成二十五年版の教科書、しかも高校教科書にあることを以て、平成十七年版の扶桑社教科書の創作性を否定することはできないはずである。控訴人の準備書面2ではこの年度の問題を取り上げ批判したが、その後、六月十一日に出された被控訴人側準備書面2では、『詳説日本史改訂版』は「検定通過は平成18年であり、控訴人の批判はあてはまらない」と頓珍漢な回答を行った。一審裁判所も被控訴人側も、いわば事後法を認める考え方をしており、法の精神を欠如させているのである。

被控訴人側の答弁書と準備書面1

このように相変わらず出鱈目な証拠を提示することによって控訴人書籍の創作性を否定した上で、被控訴人側は、第一に、複製権侵害の主張についても簡単に触れ、複製権侵害も翻案権侵害も同質の問題であり、江差追分事件最高裁判決の示した法理で処理できるとした。関連して第二に、デッドコピー問題に触れ、デッドコピーという用語はさけながらも3行程度のデッドコピーは教科書では普通にあることだと主張した。

第三に不法行為については、「本件は、不法行為が成立するための要件である権利・法益侵害や違法性の要件を満たさない（勿論、被控訴人らに故意・過失もない）事案であることが明らかである。本件において不法行為が成立する余地などない」（答弁書）とだけ答えている。

第一、第三の点は判例・学説の検討を行う第五章で見ていくこととして、第二のデッドコピー問題について少し詳しく触れておきたい。

デッドコピー問題

被控訴人側は、答弁書と準備書面1の中で、デッドコピーという用語は法的に意味がないとし、控訴人が主張するデッドコピーは「長くて3行程度である」（準備書面1）と歪曲したうえで、「歴史教科書としての特性上、他社の教科書と2行から3行程度具体的表現が等しくなることも良くあることであり、扶桑社版書籍と他社の歴史教科書との間、及び他社の歴史教科書間でも多数箇所を指摘することができる（乙66）。控訴人が指摘する箇所はデッドコピーと呼ぶべきような部分ではない」（同）と述べ、デッドコピーの存在を否定してはいる。

しかし、デッドコピーという用語は著作権法の本でも記されており（島並良他『著作権法入門』有斐閣、二〇〇九年）、法的意味のあるものである。また傍線部の「他社の教科書と2行から3行程度具体的表現が等しくなること」に注意すれば、被控訴人側も実質的にデッドコピーの存在を認めているといえる。

では、「他社の教科書と2行から3行程度具体的表現が等しくなること」又は2行から3行程度デッドコピーとなることはよくあることなのであろうか。被控訴人側が証拠として挙げた乙66号「扶桑社・平成17年版と他社教科書の類似箇所」と題する証拠を検討してみよう。乙66号証を見ると、項目7「古墳文化」、項目11「平安京」、項目12「摂関政治」、項目15「鎌倉幕府の成立」、項目16「鉄砲伝来」、項目43「冷戦開始」の6件の例しか挙げられていない。

その6件を検討してみると、いずれもデッドコピーには程遠い事例ばかりであった。最も類似している例でも、せいぜい1行程度「具体的表現が等しくなる」例でしかなかった。

しかも、そもそも、控訴人が挙げたデッドコピーの八箇所と同じ項目の具体例を挙げなければ意味がないということを指摘しておこう。控訴人側は、項目1「縄文時代」、項目2「稲作開始」、項目10「国分寺建立」、項目15「鎌倉幕府の成立」、項目17「南蛮貿易とキリシタン大名」、項目18「信長」、項目24「フェートン号事件・モリソン号事件」、項目35「支那事変（日中戦争）・『南京事件』」の中の一部分をそれぞれデッドコピーの例として挙げておいた。

ところが、被控訴人側が挙げた六例のうち、項目7、11、12、16の四例は、デッドコピーのある八箇所はおろか、二一項目にさえ当てはまらない例である。残る二例のうちでも、項目43について、控訴人はデッドコピーがあるとは指摘していない。結局、六例のうち五例を検証することには、何の実益もないのである。問題は鎌倉幕府の例だけであるが、前述のように、到底、2～3行以上のデッドコピーがあると認定することは不可能なのである。

更に言えば、被控訴人はデッドコピーといっても「長くて3行程度である」と嘘を述べているが、そもそも長いものは教科書本体の5行も存在する。別人が独自に文章を作成すれば3行とはいわず1行または2行とて同一の文章にはならないであろう。したがって、控訴人側は、六月十六日付準備書面2の中で、以上見てきたような反論を行った。だが、結局、控訴審判決ではデッドコピーの問題は取り上げられることさえなかったのである。

甲47号証の提示——同じ事項を選択しても文章は多様である

控訴人側準備書面2では、まず控訴人側は、被控訴人が争点を翻案権侵害の1点に絞り込んだことに対する批判を行った。そして、検定教科書制度論を再論し、特に事項の選択等のレベルにおける歴史教科書の創作性を実質的に否定した一審判決批判を繰り返し、単元本文全体の著作物性を認めるべきだと再度主張する。その上で、被控訴人が答弁書や準備書面1で行った二一項目に関する議論に対する具体的な反論を行い、それらの著作物性を再度主張している。これらの主張を行う中で、デッドコピー論を展開し、乙65号証と66号証の批判を行い、甲41号証から46号証の証拠の意味について再度説いたことは、前述のとおりである。

ところで、著作物性主張を個別項目ごとに行う際に、控訴人側は、育鵬社の平成二十三年版と二十七年版の文章の違いに注意を促した。前述のように、育鵬社は、平成二十七年版を作成するに際して、多くの盗作を指摘された箇所の記述について、同じ内容を全く異なる文章で著した。

同じ事項を選択すれば同じような文章になるのは当然だから、四七項目に関する扶桑社版記述には創作性はないと被控訴人側は言い続けてきた。ところが、既に掲げた項目2「稲作開始」と項目9「記紀・風土記」の例から知られるように、全く同じ事項を選択し同じ配列を行っても、違う文章はいかようにも作れるのである。そこで控訴人側は、準備書面2とともに甲47号証として報告書を作成して提出した。この報告書には、「育鵬社新旧教科書比較から見えてくる表現の多様性」という表が添付された。

この表は、二一項目のうち大幅に文章が変更されたものを一〇項目選び、平成二十三年版と二十七年版の記述をそのまま掲載し、文章表現が著しく変化した二十七年版の文章を赤字で示したものである。一〇項目とは、項目2と9に加えて、10「国分寺建立」、17「南蛮貿易とキリシタン大名」、19「秀吉の全国統一」、20「秀吉の朝鮮出兵」、27「戊辰戦争」、43「冷戦開始」、44「朝鮮戦争・独立回復」、45「ベトナム戦争」の10件である。ここでは、比較的短い文章の項目10「国分寺建立」に関する平成二十三年版と二十七年版の記述を掲げよう。

●平成二十三年版育鵬社

単元12「天平文化」下、「奈良の都に咲く仏教文化」の小見出し下、

聖武天皇は、国ごとに国分寺と国分尼寺を建て、日本のすみずみに仏教をゆきわたらせることで、政治や社会の不安をしずめ、国家に平安をもたらそうとしました。また、都には全国の国分寺の中心として東大寺を建立し、金銅の巨大な仏像（大仏）をつくりました。（45頁）

●平成二十七年版育鵬社

単元12「天平文化」下、「奈良の都に咲く仏教文化」の小見出し下

聖武天皇は、仏教をあつく信仰し、仏の力を広めることで社会の不安をなくし、国を平安に導こうとしました。そこで聖武天皇は、国ごとに国分寺と国分尼寺を建て、都には東大寺を建てました。東大寺には、唐やインドにもない巨大な金銅の仏像（大仏）がつくられました。（48～49頁）

二つの教科書は、共に、「①聖武天皇が国ごとに国分寺と国分尼寺を置いたこと、②仏教で国家

に平安をもたらそうとしたこと、③全国の国分寺の中心として東大寺を建立し、大仏を作ったこと」（一審判決）という三つの事項を選択しており、全体として書いている内容は全く同一である。しかし、平成二十三年版は①②③という配列を行い、平成二十七年版は②①③という配列を行っている。そして文章は基本的に類似していない別の文章になっている。項目2や9の例を読み直していただきたい。これらの例や項目10「国分寺建立」の例を見れば、同じ事項を選択しても別の文章はいかようにも作れるものであることがわかる。このことを、育鵬社自身が自ら実証したのである。その点を、控訴人準備書面2は、次のように述べている。

《被控訴人書籍である『新しい日本の歴史』は、その改訂版が平成26年度検定に合格し、最近、出版（平成27年版）された。平成27年版の記述中、控訴人が著作権侵害箇所として指摘している21箇所について調べると、ほとんどの項目で一定又は全面的に文章が修正されていることが判明した。ここには控訴人から指摘された盗作の跡を希薄化しようとの被控訴人らの意図が顕著に窺えるといえよう。ところが、控訴人書籍を真似た【事項の選択と配列】は基本的に変えていないことも判明した。そこで、これらのうち修正の程度が大きい項目の一部を抜粋して平成23年版と同27年版を比較対照する表を作ったので、甲47号証として提出する。この比較対照表を見ると、「同じ事項を取り上げるとすれば文章表現も類似したものになるのは当然である」という被控訴人らの主張を、自ら否定したことが窺える。》

控訴人準備書面が言うように、こうして実際上、同じ事項を取り上げるとすれば文章表現も類似したものになるのは当然であるという被控訴人の主張は、自らが作り出した事実を以て否定されたことを確認しておきたい。

創作性が認められる【事項の選択】に関する一般理論を示せ

以上のようなことを述べた上で、最後に控訴人は、「5　原判決が与える社会的影響」と題して、次のように準備書面2を締め括っている。傍線と記号a、bは筆者が付したものである。

《歴史教科書の著作権を一律に全否定し、教科書の盗作を結果的に容認する原判決が与える社会的影響は、極めて重大かつ深刻である。なぜならば、歴史教科書の著作権が否定されて、a他社教科書から極端には「コピー&ペースト」の盗作行為が行われても、何ら問題にならないということになれば、教科書制作現場のモラルは完全に失われ、戦後永年に亘って培われてきた我が国の教科書出版文化は廃れ、ひいては教科書検定制度をも崩壊させかねないからである。b仮に本件で控訴人の著作権を否定するのであれば、少なくとも原判決が一般論で認めている歴史的事実に係る事項の選択・配列及び表現による創作性につき、如何なる基準により認められるのか、一般的基準を具体的に明らかにすべきであり、その基準も示さないままに原判決のように一律に否定するというのであれば、歴史教科書出版業界は暗黒の淵に突き落とされることになるであろう。》

傍線部bは悲痛な叫びである。第二章で検討したように、一審判決は、形式的には歴史教科書の単元本文の著作権を肯定しながらも、実質的に否定するものだった。どのような執筆の仕方をしても、単元本文の著作物性が認められる余地は存在しない理論を一審判決は展開していたからである。だからこそ、控訴人としては、創作性が認められる【事項の選択・配列】と文章表現に関する一般的基準を示してほしいと最後に記して締め括っているのである。しかし、この願いは二審裁判官には全く届かなかった。創作性が認められる一般的基準を示さないまま、二審判決は、二一項目全ての創作性・著作物性を全否定したのである。その結果、傍線部aにあるように、コピペ教科書が合法化され、検定教科書制度が崩壊しかねないという危機的な状況になってしまったのである。

ここまで見てきた控訴人準備書面2に対して、被控訴人は六月十一日付準備書面2で反論している。不法行為は成立しないという理屈が少し深められているが、他には目新しい主張は存在しない。

こうして、六月十六日に結審を迎え、判決を迎えるだけとなったのである。

第四節　控訴審判決が述べていること

控訴審判決は、前述のように、平成二十七年九月十日に出された。裁判官は、知的財産高等裁判所第2部の清水節、中村恭、中武由紀の三氏であり、裁判長は清水氏であった。最初に二審判決が述べていることを把握していこう。

判決の構成

型通り、判決は控訴棄却の主文の後に「事実及び理由」を述べている。「事実及び理由」も、型通り、以下のような目次構成となっている。

第1　控訴の趣旨

第2　事案の概要

1　事案の要旨

2　前提となる事実

3　争点

第3　当事者の主張

第4　当裁判所の判断

1　争点（1）（被控訴人各記述が控訴人各記述を「翻案」したものか否か）

（1）翻案について

（2）教科書及びその検定について

（3）歴史教科書の個々の記述について

（4）項目1（縄文時代）について

……

(24) 項目47（湾岸戦争）について

(25) まとめ

2　争点（2）（被控訴人各記述が控訴人各記述を「複製」したものか否か）について

3　争点（3）（被控訴人書籍の単元構成が控訴人書籍の単元構成を「翻案」又は「複製」

したものか）について

4　争点（4）（控訴人が有する著作者人格権（同一性保持権・氏名表示権）の侵害の有無）について

5　争点（5）（一般不法行為の成否）について

6　総括

第5　結論

誤った「事実」が「前提となる事実」に付加された

もちろん、重要なのは「第4　当裁判所の判断」の箇所であるが、まず注目されるのは、第2の2「前提となる事実」として、次のように二つの「事実」が追加されたことである。

《（4）控訴人書籍へのアクセス

被控訴人書籍制作に当たり、控訴人書籍も資料として参照されている。〔弁論の全趣旨〕

（5）被控訴人各記述の使用

被控訴人育鵬社は、被控訴人書籍を改訂し、「新編　新しい日本の歴史」を編集、制作し、この書籍は、平成26年度検定に合格し、平成27年に発行された。同書籍には、被控訴人各記述は用いられていない。〔甲47、弁論の全趣旨〕》

右引用のように、判決は、二つの事実なるものを追加した。一つは、育鵬社版が扶桑社版を参照して作られたものだということである。一応、判決は依拠性を肯定したと見なすことができよう。

しかし、「控訴人書籍も資料として参照されている」という言い方は不正確である。正確には、最低限、「控訴人書籍は中心的な資料として参照されている」と記すべきものである。更に正確に言えば、「控訴人書籍は中心的な資料として参照され、ところどころデッドコピーされた」とでも記すべきであろう。

二つは、育鵬社の平成二十七年版では盗作乃至著作権侵害と指摘された四七項目の記述が用いられていないということである。この事実認定は全くの誤りである。ほとんどの項目を書き換えたことは確かであるが、筆者が確認しただけでも項目15「鎌倉幕府の成立」や22「江戸時代における産業と交通の発達」には盗作乃至著作権侵害箇所が残っている。甲47号証が事実認定の根拠として使われているが、甲47号証には一〇項目の書き換え例が載せられているだけである。しかも、甲47号証を添付した控訴人準備書面2には、前に引用したように「平成27年版の記述中、控訴人が著作権侵害箇所として指摘している二一箇所について調べると、ほとんどの項目で一定又は全面的に文章が修正されていることが判明した」と記していた。「ほとんどの項目」と記しており、「全ての項目で一定又は全面的に文章が修正されている」とは書いていないことに注目されたい。裁判官は不正確な読み方をしてしまったのである。

ともあれ、今年度、平成二十八年度から使用されている育鵬社版教科書には盗作箇所がまだ何箇所か残っていることを指摘して置こう。しかし、この事実誤認は、裁判官をして「もう盗作箇所は消えたのだから被控訴人を勝たせてもそれほど実害はない」というふうに、良心の呵責を軽減させるうえで一つの力を発揮したように思われる。

争点を7点設定する

次に第2の「3　争点」を見ると、以下の7点に争点がまとめられている。

（1）被控訴人各記述が控訴人各記述を「翻案」したものか否か
（2）被控訴人各記述が控訴人各記述を「複製」したものか否か
（3）被控訴人書籍の単元構成が控訴人書籍の単元構成を「翻案」又は「複製」したものか
（4）控訴人が有する著作者人格権（同一性保持権・氏名表示権）の侵害の有無
（5）一般不法行為の成否
（6）被控訴人の責任原因
（7）損害発生の有無及びその額

争点（3）について補足説明を行うならば、前述のように、扶桑社版の単元62と79の単元本文は、育鵬社によって全文が盗まれた。項目28「第一次世界大戦」と項目29「日本の参戦と21か条要求」を併せれば単元62全文に相当し、項目43「冷戦開始」と項目44「朝鮮戦争・独立回復」を併せれば単元79全文に相当する。それゆえ、この単元62と79の単元構成に創作性があり著作物性があるか否かが問題となったのである。

この争点（3）と複製権侵害か否かという争点（2）、そして著作権侵害が成立しないとしても一般不法行為が成立するか否かという争点（5）の3点は、控訴人側が控訴に当たって新たに提起したために争点として設定されたものである。しかし、複製権侵害と一般不法行為成立と密接な関連性を有するデッドコピーの問題は完全に無視された。単に争点として設定されなかっただけではなく、項目15「鎌倉幕府の成立」などデッドコピーが存在する項目を個別に論じた箇所でも完全に無視されたのである。

七つの争点のうち、目次からも分かるように、一応言及されたのは争点(1)から(5)までである。5点のうち、それなりに真面目に力を入れて検討しているのは、争点(1)と争点(3)だけである。そのうちでも、翻案権侵害か否かという争点(1)にもっぱら裁判官の思考が割かれている。

翻案論と教科書論は一審通り

さて最も重要な第4の1「争点(1)(被控訴人各記述が控訴人各記述を「翻案」したものか否か)」の箇所に入っていこう。ここで真っ先に、一審判決の第4の1「争点(1)(被告各記述が原告各記述を「翻案」したものか否か)」で記された「(1)翻案について」と「(2)教科書及びその検定について」の判断をそのまま受け継ぐと宣言している。控訴人側が控訴理由書や甲46号証(藤岡陳述書)などで展開した教科書論は、一顧だにされなかったのである。

一審判決と同じ翻案論と教科書論に立ったうえで、判決は、「(3)歴史教科書の個々の記述について」の箇所で、二一項目について翻案権侵害と言えるか否かを判断する場合の総論を展開する。判決の核心部分ともいえる部分である。

この第4の1の(3)では、二一項目に関する扶桑社版教科書の創作性の立証責任は控訴人側にあると先ず述べる。次いで、【表現の視点】は全てアイデアや歴史観等でしかなく表現ではないから著作物性はないとして、問題を【事項の選択】一本に絞っていく。

一般の簡潔な歴史書と対比しての創作性が必要

扶桑社版の【事項の選択】に創作性があるか否かという問題を解くためには、歴史教科書の性格付けが必要となる。判決は、次のように、市販本の存在を理由にして、歴史教科書を「一般の歴史書」又は「一般の簡潔な歴史書」と位置づける。

《歴史教科書として制作された書籍だからといって、教科書としてだけ用いられるわけではなく（被控訴人書籍1は、一般に市販されている。）、歴史教科書に係る著作権の侵害の有無が問題となる書籍が歴史教科書に限られるわけでもない（被控訴人書籍1は、歴史教科書ではない）。そうすると、歴史教科書は、簡潔に歴史全般を説明する歴史書に属するものであって、一般の歴史書と同様に、その記述に前記した観点からみて創作性があるか否かを問題とすべきである。すなわち、他社の歴史教科書とのみ対比して創作性を判断すべきものではなく、一般の簡潔な歴史書と対比しても創作性があることを要するものと解される。》

「一般の歴史書」又は「一般の簡潔な歴史書」である歴史教科書は、当然に普通に存在する「一般の簡潔な歴史書」と比較しても創作性のある記述を行わなければ著作物性が認められないというのである。具体的な文章表現に関する創作性については触れていないが、当然に、「一般の簡潔な歴史書」と比較しても個性のある文章でなければならないということになるのであろう。

この部分には驚かされたが、中学校歴史教科書としての個性こそが問題なのだから比較対象は中学校歴史教科書に限定すべきだと主張した控訴人主張に対する回答なのであろう。

しかしながら、「被控訴人書籍1は、歴史教科書ではない」というのはそもそも誤りである。被控訴人書籍2即ち『中学社会　新しい日本の歴史』は中学生が使用する教科書であるのに対し、被控訴人書籍1即ち市販本『こんな教科書で学びたい　新しい日本の歴史』は、世の中の一般人に対して、中学校教育に用いられている歴史教科書とはどういうものか知ってもらうために市販されたものに過ぎない。被控訴人書籍2はもちろんのこと、被控訴人書籍1といえど、「一般の歴史書」又は「一般の簡潔な歴史書」として出されたものではない。あくまで、両者とも、中学校歴史教科書というジャンルの中に含まれるものである。

それゆえ、歴史教科書の著作物性が肯定されるには「一般の簡潔な歴史書」と対比しての創作性が必要である、と判決が説くのは極めておかしなことだと指摘しておこう。

他書が取り上げた事項に包含される事項を選択しても創作性はない

ともあれ、「一般の簡潔な歴史書」と対比しての創作性を要求する判決は、判決が最も重視する、いや唯一重視する【事項の選択】に関する創作性について次のように解説している。

《そして、簡潔な歴史書における歴史事項の選択の創作性は、主として、いかに記述すべき歴史的事項を限定するかにあるのであり、選択される歴史的事項は一定範囲の歴史的事実としての広がりをもって画されている。したがって、同等の分量の他書に一見すると同一の記述がなかったとしても、ａそれが、他書が選択した歴史的事項の範囲内に含まれる事実として知られている場合や、ｂ当該歴史的事項に一般的な歴史的説明を補充、付加するにすぎないものである場合には、歴史書の著述として創意を要するようなものとはいえない。控訴人の創作性基準に関する主張は、上記説示に反する限り、採用することができない。》

傍線部とａ、ｂの記号は筆者が付したものであるが、判決は、他の書物が取り上げていない事項を選択したとしても、その事項がａ「他書が選択した歴史的事項の範囲内に含まれる事実として知られている場合」やｂ「当該歴史的事項に一般的な歴史的説明を補充、付加するにすぎないものである場合」には、創作性は認められないと言っているのである。

このように比較対象は中学校歴史教科書に限らないとしながらも、最後に判決は、具体的な比較対象は、分量的にも最も適切な比較資料であるという理由から他社の中学校歴史教科書とすると述べて、「(3)歴史教科書の個々の記述について」の部分を締め括っている。

満洲事変を取り上げる以上、日中停戦協定を取り上げても創作性はない

ここまでが総論部分であるが、次いで「(4)項目1（縄文時代）について」以下の部分では項目ごとに個別判断を展開していく。個別判断のところでは、見落としがなければ、全面的に比較対象を中学校歴史教科書に限定している。中学校歴史教科書に限定した場合、扶桑社版だけが選択した事項は多数存在するので、右に記したａ、ｂの理屈を用意して、扶桑社版の創作性承認を封じていく。実際には、ａの理屈を使って封じている。その具体例は、項目29「日本の参戦と21か条要求」、

項目33「満洲事変」、あるいは項目34「リットン調査団」、項目47「湾岸戦争」といったケースで見ることができる。例えば、項目34では、判決は次のように述べている。

《控訴人記述34⑤は、控訴人書籍のみに記載があることであるが、その歴史的背景は、1933年5月に日中軍事停戦協定が結ばれ、これにより満州事変が終息したことと認められる（乙52）。そうすると、控訴人記述34⑤は、満州事変という独立の歴史的事項の定義の一部を述べたにすぎず、満州事変を取り上げることがありふれた選択である以上、同⑤を取り上げることによって新たな選択の創作性が生じるものではない。》

「控訴人記述34⑤」とは日中間に停戦協定が結ばれたことを指しているが、これを選択することは満州事変というありふれた事項選択に包含されてしまっているから、ありふれた事項選択であり、創作性は生じないと言うのである。こんなことを言ってしまったら、満州事変についてどのようなことを書こうと創作性を認められないことになろう。ちなみに、乙52号証とは山川出版社『詳説日本史B』324頁の写しを指している。この高校教科書は停戦協定のことを取り上げているようだが、それにもかかわらず、「控訴人記述34⑤は、控訴人書籍のみに記載がある」と判決が述べるのは、一応、比較対象を中学校教科書として設定しようという態度の表れであろう。

「(24) 項目47（湾岸戦争）について」

しかし、それにしても、二番目の傍線部には驚かされる。とんでもなくおかしな判断基準を判決は作り出したものである。同じようなおかしさは、項目47「湾岸戦争」のケースでも見られる。判決は次のように述べている。

《そうすると、上記④⑥⑦については、控訴人書籍のみが記載があることになる。しかしながら、日本が湾岸戦争に当たって財政援助のみを行った理由とこれに対する国際評価は、控訴人記述47⑤の歴史的事項の説明に包含される周知の事項にすぎないから、事項の選択について独立にその創作性を検討すべきことではない。》

上記引用に出てくる④⑤⑥⑦とは、「④日本が憲法を理由にして人員を派遣しなかったこと、⑤日本が巨額の財政援助をしたこと、⑥財政援助だけでは国際社会の肯定評価を得ることはなかったこと、⑦国際貢献のあり方が国内で問われたこと」の4点を指す。判決は、④⑥⑦が扶桑社版だけにあることを認めながら、④⑥⑦は他社も選択している⑤に包含される事項に過ぎないから、これらの事項を唯一選択したとしても創作性を認められないと言うのである。

しかし、⑤の事項に④⑥⑦が包含されてしまうという理屈は、とんでもないものである。普通に考えれば、④の憲法問題こそが最も重要な事項であろう。次いで重要な事項は⑦であろう。④が⑤⑥⑦を包含するとか、⑦が⑤⑥を包含すると言うのならばまだ少しは理解できるが、⑤が④⑥⑦を包含すると捉えるとは、とんでもない話である。

複数単元から事項を寄せ集めても比較対象となる……甲41号証への回答

項目47のケースまで先に見てしまったが、「（4）項目1（縄文時代）について」の部分に戻ろう。この項目1の箇所では、項目2以下にも適用される一般理論的な事柄が、二つ記されている。

一つは、控訴人側が甲41号証の中で行った乙45号証への批判の一部に対する回答である。被控訴人側は、乙45号証に、扶桑社版の比較対象として他社教科書を載せる際、バラバラな単元からいろいろな項目を寄せ集めていた。例えば項目44「朝鮮戦争・独立回復」のケースでは大多数の他社教科書の記述がバラバラな複数単元、それも甚だしいものは三単元から抜き出してきたものだった。控訴人側はバラバラな複数単元から抜き出したものは比較対象にならないと主張した。これに対する判決の回答は、次のようなものだった。

《なお、他社の歴史教科書に掲載されてある事項であれば、それらが、控訴人書籍とは異なる単元や小単元をまたがるものであっても、その選択は、ありふれた選択にすぎない。なぜなら、他社の歴史教科書に記述された事項は、いずれもありふれたものであって、ありふれたものの中からは、どれを選択してもありふれた事項の選択だからである。以下も同様であるから、この説示を繰り返すことはしない。》

扶桑社版の記述の比較対象としては、バラバラな複数単元から寄せ集めた記述でも構わないというのである。この回答にも筆者は驚愕せざるを得なかった。通常、一まとまりのものが比較対象となるからである。

他の表現が可能であるとしても個性の発揮が認められるわけではない

二つは、甲40号や47号に対する回答である。被控訴人側は、同じ事項を選択したら同じような文章になるのは当然だと主張し続けてきた。そこで、自分の頭で考えれば同じ事項を選択しても異なる文章はいかようにも書けますよというために、扶桑社版と同じ事項の選択を行い同じような配列を行いながら文章が全く似ていない育鵬社版の記述と扶桑社版との比較対照表を添付した甲40号証を提示した。また同じ目的から、二一項目のうち、育鵬社平成二十七年版で大幅に書き換えられた一〇項目についての平成二十三年版と平成二十七年版との比較対照表を添付した甲47号証を提示した。これに対する判決の回答は、次のようなものだった。

《なお、ありふれた表現は、一般に、複数存在するのであるから、歴史的事項を説明する表現に他の表現を選択する余地があるとしても、そのことを理由として、直ちに個性の発揮が根拠付けられるものではない。以下も同様であるから、この説示を繰り返すことはしない。》

確かに、「ありふれた表現は、一般に、複数存在する」。しかし、だからこそ、通常、執筆者は、若しも他者の文章を参照した時には、その他者の文章とは異なる文章を選択するし、そういう義務があると考えて執筆を行う。また、このような配慮をわざわざ行わなくても、自分の頭で一から文章を紡いでいけば、全く別の文章が出来上がるものである。ところが、大津寄氏は、扶桑社版を参照して書きながらも扶桑社版と同じような表現を避けることはせず、それどころか、デッドコピーさえも行った。にもかかわらず、自分の頭で一から文章を紡いでいったと嘘を記していたのである。

このような大津寄氏の方法は、まさしくフリーライドであり、不法行為である。このような不法行為を防ぐためにこそ、著作権法があるのではないだろうか。ところが、判決は、育鵬社版におけるデッドコピー他の不法行為を問題にしようともしなかったのである。

「(11) 項目20(秀吉の朝鮮出兵)について」

更に読み進めると、「(11) 項目20(秀吉の朝鮮出兵)について」の箇所が気になった。この項目の「カ　控訴人の主張について」の箇所で、判決はまず、次のように、「侵略」の語を使わないというだけでは表現ではないから、著作権の保護対象にはならないと言う。

《控訴人は、控訴人記述20は、秀吉の朝鮮出兵に「侵略」の語を使うことを排除した点に創作性がある旨を主張する。しかしながら、ある記述に当たり、その記述に多く用いられる特定の用語を用いないというだけでは、通常、単なる記述に当たってのアイデアであり、表現されたものとはいえないから、著作権による保護の対象とはならない。》

しかし、扶桑社版では、「朝鮮への出兵」という小見出しの下に記している。「『侵略』の語を使うことを排除した」という【表現の視点】又はアイデアは、「朝鮮への出兵」という小見出しに表現されているのである。明確に、この小見出しに一定の創作性が表れていると言える。

創作性というものは他社との比較で明確になるものであるが、平成八年版や十三年版、十七年版の他社はほとんど「秀吉の朝鮮侵略」といった小見出しの下に記している。小見出しを比較すれば、扶桑社版の創作性は一目瞭然なのである。にもかかわらず、被控訴人は、卑怯にも、乙45号証から小見出しを排除してしまった。小見出しを排除すれば、確かに扶桑社版の創作性はよく分からないものになってしまう。この卑怯な振る舞いに乗っかって、判決は「『侵略』の語を使うことを排除した」創作性を認めなかったのである。極めておかしな判断と言わねばならない。

更におかしなことを判決は言う。続けて、扶桑社版の「秀吉の意気はさかんだった」という記載について、次のように述べている。

《また、控訴人は、控訴人記述20②の「秀吉の意気はさかんだった」との記載は、個性的・独創的なものである旨を主張する。しかしながら、朝鮮出兵が秀吉の国内統一の勢いの延長にあったことは、少なくとも、平17東京書籍、平17帝国書院、平13・平17大阪書籍、平8・平13・平17日本書籍、平8日本文教出版に記載があるから(甲41、乙45)、秀吉の内心を推察して「秀吉の意気はさかんだった」と表現しても、新たな歴史的事項を控訴人記述20に付け加えるようなものとはいえず、当初の歴史的事項の説明に包含される程度のことにすぎないといえ、事項の選択についての創作性を生じさせるものではない。》

「秀吉の意気はさかんだった」という記載は、【事項の選択】に関する創作性の問題ではなく、具体的文章表現としての創作性の問題である。控訴人と被控訴人との論争も、この言い回しが個性的なものか、それともありふれたものかという形で行われた。ところが、この言い回しの問題を【事項の選択】の問題と歪曲して捉えてしまうのである。どうも、二審判決にとっては、具体的文章表現の問題はどうでもよく、ひたすら【事項の選択】だけが重要な問題のようである。だからこそ、デッドコピー問題を無視してしまうのであろう。

事項の組み合わせに創作性を認めない

次に、「(12)項目24(フェートン号事件・モリソン号事件)について」の箇所を見ると、【事項の選択】問題の捉え方が偏っていることがよく分かる。この項目の「カ　控訴人の主張について」の箇所を読むと、次のような記述がある。
《控訴人は、控訴人記述24は、フェートン号事件やモリソン号事件をめぐる対外関係を、中学校歴史教科書として初めて包括的に記述した点に創作性がある旨を主張する。しかしながら、控訴人の上記主張は、要するに、フェートン号事件とモリソン号事件の両事件を、その背景、周辺事情も含めて詳しく取り上げて1か所の記述にまとめて説明したというにすぎないところ、控訴人記述24は、……事項の選択として創作性が認められないのであるから、控訴人の主張するところによって控訴人記述24に創作性が生じるとはいえない。》

項目24の例も、実は、扶桑社版における【事項の選択】の独自性が目立つケースである。扶桑社版は、「イギリス・アメリカの接近」という小見出しの下、傍線部にあるように、他社とは異なり、フェートン号事件とモリソン号事件を共に取り上げている。これに対して、他社のほとんどは、「外国船を打ち払う」や「欧米諸国の接近」という小見出しの下、両事件とも取り上げないか、モリソン号事件だけを取り上げている。唯一フェートン号事件を取り上げている平成八年版の帝国書院は、モリソン号事件を取り上げていない。まさしく、単なる欧米諸国一般の接近という【表現の視点】ではなく、英米の接近という【表現の視点】からフェートン号事件とモリソン号事件という二つの事項を選択し、組み合わせたところに扶桑社版の【事項の選択】における創作性があるのである。

ところが、判決は、取り上げた事項の組み合わせというものに全く創作性を認めようとしない。「両事件を、……詳しく取り上げて1か所の記述にまとめて説明したというにすぎない」と切り捨てることは、余りにも偏った判断だと言うべきである。判決は、控訴人記述と被控訴人記述の共通点を六つの事項にまとめたうえで、六つとも他社が取り上げているから、扶桑社版の【事項の選択】には創作性は認められないとする。二一項目全てについて同じ態度を貫いている。そして、前述のように、扶桑社版だけが取り上げた事項が見付かった場合には、この事項は他社も取り上げている別の事項に包含されるとして、【事項の選択】における創作性を否定するのである。

判決が事項の組み合わせというものに目がいかないのは、一つには、乙45号証に影響されたためでもある。乙45号証は、何度も述べたように、しばしば【表現の視点】を端的に表現する小見出しを隠してしまった。項目24の場合も、扶桑社版の「イギリス・アメリカの接近」という小見出しも、他社の「欧米諸国の接近」といった小見出しも隠してしまった。これらの小見出しには、事項の組み合わせの意味合いが端的に表現されているが、小見出しの削除された乙45号証からは、その意味合いが極めて読み取りにくくされているのである。

「乱暴をはたらいた」という表現に創作性はない

なお、上記記述に続けて、判決は、「オランダ人2人をとらえるなどの乱暴をはたらいた（フェートン号事件）」の中にある「乱暴をはたらいた」という扶桑社版の表現について次のように言う。

《また、控訴人は、控訴人記述24①の「乱暴をはたらいた」という表現は、歴史教科書としては個性的なものである旨を主張する。しかしながら、上記「乱暴をはたらいた」というのは、文脈上、その直前の「とらえる」ことを再度言い換えただけの表現であり、表現としての個性を発揮する余地がほとんどなく、「とらえる」ことに対する言い換えとしても、ありきたりのものである。》

判決は「ありきたり」というが、他社には他の項目の箇所でもなかなかお目にかからない表現である。もちろん、「乱暴をはたらいた」という言い回し自体の創作性は低いけれども、「秀吉の意気はさかんだった」という表現と同じく、一定の創作性を認めてもよいのではないかと思われる。

平成二十三年版教科書も取り上げているから扶桑社には創作性はない

最後に、「(18) 項目34（リットン調査団）について」の箇所をもう一度見よう。この箇所の「ウ事項の選択」の中には、裁判官の法の精神のあり方を疑わせるに十分な文言がある。

《なお、平23教育出版は、控訴人書籍発行後に検定を受けた教科書であるが、控訴人書籍発行後から平23教育出版検定のわずかな期間に、社会一般の歴史認識や歴史観に大きな変更があったことをうかがわせる事情も認められないから、平23教育出版を社会一般の歴史認識等を認定する資料として参酌することに差支えはない。》

これは、項目34に関する一審判断に関する控訴人の批判に対する回答である。一審判決は、控訴人記述と被控訴人記述の共通事項を7点にまとめ、そのうちの「②調査団が、満州の日本人の権益が脅かされていたことを認めたこと」という事項は平成二十三年版の教育出版も取り上げているから、扶桑社版の【事項の選択】には創作性はないと判断していた。これに対して、控訴人側は、控訴に当たって、平成十七年版扶桑社より後に出た平成二十三年版教育出版の記述を以て十七年版の教科書の創作性を否定することは出来ないのではないかと批判した。また、控訴審中においても、育鵬社側が『新しい歴史教科書』の創作性を否定するために、例えば平成二十五年出版の著書を証拠として数多く出していたので、控訴人側は出版年の問題をつとに指摘しておいた。

この控訴人の主張に対する回答が、右の記述である。平成二十三年版教育出版に記述があるから、扶桑社版が②を選択したことに創作性はないと言うのである。

しかし、平成十七年から二十三年までの六年間には、安倍政権の誕生やネット言論の作用で「社会一般の歴史認識や歴史観に」相当大きな変化があったと考えるのが一般的な認識ではないだろうか。いや、判決の言う通り、大きな変化がないとしても、判決の論理はおかしなものである。扶桑社版の創作性の判断は、あくまで、平成十七年出版当時に既に出ている教科書、あるいは同時に出された教科書との比較においてなされるものである。平成二十三年の教科書にも書かれているから、平成十七年の扶桑社版には創作性はないとするのは極めて不公正な判断というべきである。

以上のように、争点（1）について、二一項目全てで控訴人記述の創作性を否定し、被控訴人による控訴人の翻案権侵害を否定したうえで、「(25) まとめ」を記し、次のように述べている。

《その外、控訴人がるる主張するところも採用することはできない。

以上のとおりであるから、被控訴人記述1、2、9、10、15、17、19、20、24、26、27～29、33～36、43～45及び47は、創作性がないから、「著作物」（著作権法2条1項1号）には該当せず、その翻案も認められない。

したがって、その余の点について判断するまでもなく、控訴人の翻案権侵害に基づく請求は、理由がない。》

傍線部の「被控訴人記述」は「控訴人記述」の間違いだと思われる。判決はずっと控訴人記述には創作性はないと縷々述べてきておりながら、まとめ部分で被控訴人記述と取り違えてしまっているのである。それはともかく、要するに、判決が言いたいことは、二一項目の控訴人記述は創作性がなく「著作物」ではないから、二一項目の被控訴人記述は控訴人記述を翻案したものとは認められず、翻案権侵害は成立しないということであろう。

複製権侵害も不法行為も認められない

こうして争点（1）を終えると、判決は争点（2）争点（4）争点（5）について簡単に片付けて、ことごとく控訴人の主張を退けた。本当に極めて簡単な片付け方である。

争点（2）の複製権問題についても争点（4）の著作者人格権侵害問題についても、争点（1）のまとめをコピーする形で、ほんの数行で片付けている。複製権問題については、「上記1のとおり、被控訴人記述1、2、9、10、15、17、19、20、24、26、27～29、33～36、43～45及び47は、創作性がないから、『著作物』(著作権法2条1項1号)には該当せず、その複製も認められない。したがって、その余の点について判断するまでもなく、控訴人の複製権侵害に基づく請求は、理由がない」と片付ける。

著作者人格権侵害問題についても、「上記1のとおり、被控訴人記述1、2、9、10、15、17、19、20、24、26、27～29、33～36、43～45及び47は、創作性がないから、『著作物』（著作権法2条1項1号）には該当せず、その著作者人格権の侵害は認められない。したがって、その余の点について判断するまでもなく、控訴人の著作者人格権侵害に基づく請求は、理由がない」と片付ける。

この二箇所でも、傍線部のように、「控訴人記述」とすべきところが、「被控訴人記述」と記されている。ともあれ、争点（1）のところで二一項目の控訴人記述には創作性がないことを確認したから、複製権侵害も著作者人格権侵害も認められないと判断するのである。

同様に、争点（5）についても、「控訴人各記述が表現として法的保護に値するか否かは、まさに著作権法が規定するところである」として、一般不法行為は成立しないとする。

扶桑社版単元62と79の単元本文全体には著作権はない

争点（1）以外で力を入れて論じているのは、争点（3）についてだけである。争点（3）について判決は、「被控訴人書籍の単元構成が控訴人書籍の単元構成を『翻案』又は『複製』したものか」とまとめ、具体的には、扶桑社版の単元62と79の単元構成に創作性があるか否かを検討し、創作性なしという結論を導き、よって「控訴人の単元構成に係る翻案権又は複製権侵害に基づく請求は、理由がない」と切って捨てている。

しかし、この争点（3）のまとめ方は、問題を歪曲するもの、というよりも問題をすり替えるものである。本章第一節で触れたように、控訴人側は、控訴審開始に当たって、項目28と29、項目43と44をそれぞれ合体して示した。そして、項目28と29を併せたものは扶桑社版の単元62「第一次世界大戦」の全文と等しく、項目43と44を併せたものは単元79「占領政策の転換と独立の回復」の全文と等しいので、歴史教科書の各単元本文全体は一つの著作物であると主張した。これは、各単元本文全体を分離可能な著作物として認めた平成二十一年八月二十五日東京地裁判決に基づく主張であった。

この控訴人側の主張に応えて、争点（3）が設定されたのである。したがって、争点（3）は、「扶桑社版の単元本文全体は著作物であるか否か」とまとめるべきものである。あるいは、端的に「扶桑社版の単元62と79の単元本文全体は著作物であるか否か」という形でまとめるべきであったろう。それなのに、判決は、問題を、単元構成に創作性があるか否かという小さな問題にすり替えてしまったのである。

最初、筆者は、例えば項目28と29を併せたものが単元62に等しいことに二審裁判所は気付いていないのかもしれないとも考えた。しかし、第4の3の「(1) 単元62」のところを見ると、「控訴人は、控訴人書籍の単元62(項目28・29と同一部分)の構成が、他社とは異なる極めて個性的・創作的なものであり、創作性がある旨を主張する」とあるし、「(2) 単元79」のところを見ると、「控訴人は、控訴人書籍の単元79（項目43・44と同一部分）の構成が、他社とは異なる極めて個性的・創作的なものであり、創作性がある旨を主張する」とある。明確に裁判所は、項目28・29のケースや項目43・44のケースでは、単元本文全体の創作性、著作物性が問題となっていることを認識しているのである。にもかかわらず、単元構成だけに問題を矮小化して、特別に個性的な単元構成ではなく創作性はないとして、項目28・29や項目43・44の著作物性を肯定しなかったのである。

何度も言うが、項目28と29を併せれば単元62全文となり、項目43と44を併せれば単元79全文となるわけだから、判決は扶桑社版の単元本文全体の著作権を否定したことになるのである。

こうして、争点(1)から(5)までについては一応の結論を出していき、第4の「6　総括」で「以上から、その余の争点について判断するまでもなく、控訴人の請求は、いずれも理由がない」とまとめ、最後の第5「結論」で「よって、本件各請求をいずれも棄却した原判決は相当であり、本件各控訴はいずれも理由がないから棄却することとして、主文のとおり判決する」と述べて締め括るのである。

では、二審判決にはどういう意味があるのか、どういう問題があるのであろうか。次節ではこれらの問題について検討していくこととする。

第五節　歴史教科書の著作権を原理的に否定した控訴審判決

もう一度、一審以来の経過を簡単に振り返るならば、平成二十六（二〇一四）年十二月十九日第一審判決（東海林保裁判長）は、『新しい歴史教科書』（平成十七年版）の四七項目の記述はありふれたものであり、著作権法上保護の対象となる創作性はないから、『新しい日本の歴史』がこれら四七項目と同一の記述を行ったからと言って著作権侵害とはならないとして、原告の訴えを全面的に棄却した。盗作かもしれないが著作権侵害ではないという論理である。

こういう論理を目にすると変な感覚になる。だが、盗作とは言えなくても著作権侵害となる場合もあるし、盗作であっても著作権侵害ではないという場合があり得るから、この論理自体は珍しいものではない。

当然に原告は「つくる会」の意向を受け控訴したが、平成二十七年九月十日、知財高裁（清水節裁判長）は、東京地裁判決の趣旨をそのまま繰り返し、控訴を棄却した。すなわち、二審でも原告（控訴人）側が著作権を侵害されたと主張した『新しい歴史教科書』二一項目の記述は、いずれもありふれたもので創作性の認められるものではなく、したがって著作権法第2条第1項1号に規定する「著作物」ではないとした。そして、著作物ではないものについては、被告（被控訴人）側の育鵬社『新しい日本の歴史』との類似性があろうとも、翻案権侵害も複製権侵害も著作者人格権侵害もすべて成立しないとしたのである。

（一）一般の簡潔な歴史書と同種同様の創作性を要求する不当判決

では、二一項目の記述が著作物であることを否定する論理はどういうものか。判決は、まず一審判決と同じく、【表現の視点】はアイデアでしかなく著作権法が保護対象とする表現ではないとして、論議の対象から外してしまう。次いで、やはり一審と同じく、検定制度の下の歴史教科書は、指導要領や検定基準によって書くべき事項の選択、選択した事項の配列、具体的文章表現の幅が狭く、執筆者の個性が表れにくいと決めつけ、『新しい歴史教科書』が行った【事項の選択】、【事項の配列】、【具体的表現形式】の全てがありふれたものであり、創作性がないと判示した。

これら三つのレベルにおける創作性を否定するために、二審判決はとんでもない原理を掲げるに至った。すなわち、「歴史教科書は、簡潔に歴史全般を説明する歴史書に属するものであって、一般の歴史書と同様に、……創作性があるか否かを問題にすべきである。すなわち他社の歴史教科書とのみ対比して創作性を判断すべきものではなく、一般の簡潔な歴史書としても創作性が要するものと解される。」と述べたのである。

一審判決は、他社の歴史教科書に記述がない場合でも、『国史大辞典』や『日本の歴史』等に既に記述があるから『新しい歴史教科書』の【事項の選択】には創作性がないとした。当然に控訴人側は、歴史教科書、特に中学校歴史教科書だけが対比の対象たるべきであると主張した。上記一般理論の提示は、この主張に対する回答である。

このような原理を立てられたら、歴史教科書が創作性を発揮することは初めから不可能である。歴史教科書は、歴史関係図書においてありふれた事項を選択し、ありふれた表現で表わすものだからである。

三つのレベルのうち裁判で一番の焦点となったのが【事項の選択】のレベルである。このレベルについては多くの言葉を費やして検討している。二審判決は、扶桑社版の【事項の選択】における創作性を何としても否定するために、〈他書が取り上げた事項に包含される事項を選択しても創作性はない〉という原理を明言した。そして、例えば扶桑社版だけが取り上げた事項があれば、その事項は他社も取り上げた別の事項に包含されるから扶桑社版の【事項の選択】には創作性はないと言うのである。項目34「リットン調査団」、項目47「湾岸戦争」といったケースでは、この論理を用いて創作性を否定している。この論理は、判決の中で暴走しており、項目34の箇所では〈満州事変を取り上げる以上、日中停戦協定を取り上げても創作性はない〉とまで口走るに至っている。こういう使い方をすれば、歴史教科書がどんなに新しい事項を選択したとしても、その【事項の選択】

には創作性はないと言い切ることが可能となるのである
しかも、【事項の選択】のレベルとは異なり、【事項の配列】や【具体的表現形式】のレベルについては、極めて簡単に片付ける。【事項の配列】については、「歴史的事項が、時系列・因果列に従って配列されているにすぎないから、ありふれたものである」として、【具体的表現形式】については「いずれも、歴史的事項を単純に説明するにすぎないものであるから、その具体的表現は、ありふれたものである」とわずか2行ずつで片付ける。二一項目全てについて、基本的に同じ文言で片付けている。これでは、歴史教科書の著作権は完全否定されたと理解するしかないであろう。

(2) 一単元本文全体に著作権を認めなかった

更に恐ろしいことに、二審判決は、一つの単元本文全体が盗まれたケースでも、著作権侵害を認めなかった。一審裁判所は一つの単元本文全体が盗まれた場合があることに気付いていなかったかもしれないが、二審判決は、このことに気付いていた。にもかかわらず、このようなケースでも著作権侵害を認めなかった。言い換えれば、一つの単元本文全体に著作権を認めなかったのである。

(3) デッドコピーを容認する不当判決

今回の判決の非常識さは、デッドコピーを複製権一般の問題に解消することによって結果的にデッドコピーを容認したところにも現れている。今回、控訴人は、一審で主張しなかった複製権侵害と不法行為を主張し、デッドコピーの存在を八箇所指摘した。辞書や年表のように創作性の低い表現物であってもデッドコピーは許されないし、著作権侵害に当たるという法常識があるからである。

しかし、判決は、二一箇所には創作性がないから翻案権侵害はないとしたうえで、同じ理由から複製権侵害も否定した。そして、デッドコピーの問題を特に取り上げることはせず、複製権一般の問題に解消した。創作性のない表現物なのだからどんなにデッドコピーしたとしても著作権侵害にになりようがないと言いたいのであろう。

しかし、百歩譲って、育鵬社問題のケースが著作権侵害ではないと仮定しても、大津寄氏を初めとした育鵬社側は、時間と労力の節約のためにデッドコピーさえも行った。彼らは、項目15「鎌倉幕府の成立」や項目2「稲作開始」といった歴史認識が相当程度異なる場合にもデッドコピーを行った。極めて悪質なフリーライドである。このようなフリーライドに対しては、何らかのペナルティーが是非とも必要となろう。ところが、著作権侵害を認めないが不法行為を認めた判例があるにもかかわらず（通勤大学法律書コース事件二審判決）、不法行為の成立さえも認めなかったのである。

（4）実際の執筆者に対する証人尋問申請を却下した不当判決

二審判決は、内容面だけではなく、手続面でも不当なものである。項目10「国分寺建立」や項目2「稲作開始」の例のようなデッドコピーは、なにゆえに発生したのであろうか。当然、誰もが感じる疑問である。この点を解明するためには、実際に文章を執筆した大津寄氏から『新しい日本の歴史』の作成方法について問いただす必要があった。そこで、控訴人側は大津寄氏の証人申請を行った。証人申請は四月十四日にすぐに却下された。依拠性の問題を検討するためにも、二審で新たに主張した不法行為成立の可能性を検討するためにも、当然に現実に執筆した人物がどういう執筆の仕方をしたのか追及しなければならない。だが、高裁は、ほとんど理由らしきことを述べずに証人申請を却下した。この時に、既に我々の敗訴は決まっていたのだと推測される。

大津寄氏の尋問は、デッドコピー及び複製権と不法行為の論点が加えられた以上、どうしても必要な裁判の核心的手続であったと言える。この核心的手続きを省略してなされた今回の判決は、手続き面から見ても著しく不当なものであることを確認しておきたい。

(5) 事後法を認める不当判決

手続面と言えば、『新しい歴史教科書』の二一項目の記述の創作性を個々に否定していく仕方も、極めて不当である。もう一度、筆者なりに整理して項目34「リットン調査団」の例で検証してみよう。項目34の箇所では、『新しい歴史教科書』は、A〈調査団が、満州の日本人の権益がおびやかされていたことを認めたこと〉と、B〈調査団が日本軍の撤兵を勧告したこと〉を記すとともに、C〈日本と中国との間で停戦協定が結ばれたこと〉という事項も選択した。

他社の場合は、日本側に不利なBだけを取り上げ、日本側に有利なAとCの歴史事実は無視してしまう。日本側が一方的に悪いから満州事変以降の戦いが起きたのだという構図を生徒に植え付けるためである。これに対して、『新しい歴史教科書』は、唯一、日本側に有利なAとCをも取り上げた。極めて個性的、創作的な【事項の選択】である。この【事項の選択】の背景には、「我が国の歴史に対する愛情を深め、国民としての自覚を育て」ようという「思想・感情」が存在するのである。

しかし、知財高裁は、そもそも『新しい歴史教科書』の【事項の選択】の創作性を認めなかった。Aの選択については平成二十三年版教育出版にも書かれていることを理由に、その個性をみとめなかった。そして、『新しい歴史教科書』の出版された平成十七年より後の出版物であっても、『新しい歴史教科書』の創作性を否定する「資料」として使えると判示した。後に出版された教科書に書かれているから、その前に出された教科書に創作性がないというのである。とんでもないことを言うものである。いわば、事後法を認める精神の発露である。これは、二審裁判官の法の精神の欠如を示すものであろう。

とりあえず、以上5点の不当性を指摘しておこう。何故に、このように不当極まりない判断が出るのであろうか。ここでは、三つのことを指摘して置こう。

一つは、知財畑の裁判官に抜きがたく染みついていると思われる要素分解主義である。裁判官は、表現を事項の選択、配列、文章表現の三レベルに分けてそれぞれの創作性を判断していく。更に、事項の選択のレベルについても幾つかの事項に分けてしまい、各事項の選択が創作性のあるものかどうかを判断していく。このように細かい範囲に分解されれば、その創作性はゼロに見えないとしても著しく低いものに見えてしまうことになる。多数の要素に分解してそれぞれの創作性を否定していって、だから扶桑社版記述には創作性はないと結論づけていくのである。分解はすれども、決して総合することはない。控訴人側は、三レベルの創作性が一定程度認められれば、全体を総合して創作性を肯定できる場合があるのではないかと主張したが、全く無視されることになった。

二つは、裁判官が教科書作成というものに無知であるためであろうが、教科書なんてみんな同じようなものに決っているという思い込みがあると思われることである。このような思い込みがあるからこそ、どのように控訴人側が教科書の多様性を主張しようとも、あるいは扶桑社版の個性を主張しようとも、扶桑社版の著作物性を認めなかったのであろう。

三つは、被告・被控訴人側が提示した江差追分事件最高裁判決の呪縛力である。おかしなことに、一審判決では、扶桑社版歴史教科書の性格をめぐって争われた平成二十一年八月二十五日東京地裁判決以外には、江差追分事件最高裁判決だけが判例として用いられた。二審判決では、最高裁判決の法理を認めた上で、他の判例に言及することはなかった。控訴人側は、一審二審を通じて、日経新聞要約翻案事件の東京地裁判決や「壁の世紀」事件の東京地裁判決など多くの判例を提示したが、全て無視された。被控訴人側も江差追分事件最高裁判決以外に、「破天荒力」事件や「風にそよぐ墓標」事件の判例を提示したが、全て取り上げられなかった。一審も二審も、ひたすら、江差追分事件最高裁判決だけを問題にし、この最高裁判決が示したとされる法理にのみしたがって判決を下したのである。

次の第五章では、江差追分事件最高裁判決を中心に、関連する判例や学説との絡みで、どのように育鵬社盗作事件に関する二審判決を位置づけたらよいのか、考えていきたい。

第五章

江差追分事件最高裁判決と育鵬社歴史教科書事件判決

第一節　江差追分事件と育鵬社歴史教科書事件

江差追分事件

江差追分事件最高裁判決とはどういうものであろうか。最初に、事件の経過をたどっておこう。平成二（一九九〇）年十月十八日、ＮＨＫはドキュメンタリー『ほっかいどうスペシャル・遥かなるユーラシアの歌声――江差追分のルーツを求めて』（函館局制作）を放送した。このドキュメンタリーは、木内宏氏のノンフィクション『北の波濤に唄う――江差追分物語』（講談社、一九七九年。その後朝日文庫）を一つの参考文献としこれに依拠して作られたにもかかわらず、その点を番組の中で断らなかった（最高裁判決の中での事実認定）。そこで、木内氏は、『北の波濤に唄う』等二冊の著作権を侵害したものだとして提訴した。一番の争点は、ドキュメンタリーで流されたナレーションの一部が『北の波濤に唄う』の翻案権を侵害しているかどうか、ということだった。両者の具体的文章表現を、比較のために先ず以下に掲げておこう。

『北の波濤に唄う』プロローグ

むかし鰊漁で栄えたころの江差は、その漁期にあたる四月から五月にかけてが一年の華であった。鰊の到来とともに冬が明け、鰊を軸に春は深まっていった。

彼岸が近づくころから南西の風が吹いてくると、その風に乗った日本海経由の北前船、つま

り一枚帆の和船がくる日もくる日も港に入った。追分の前歌に、

松前江差の　津花の浜で
すいた同士の　泣き別れ

とうたわれる津花の浜あたりは、人、人、人であふれた。町には出稼ぎのヤン衆たちのお国なまりが飛びかい、海べりの下町にも、山手の新地にも、荒くれ男を相手にする女たちの脂粉の香りが漂った。人々の群れのなかには、ヤン衆たちを追って北上してきた様ざまな旅芸人の姿もあった。

漁がはじまる前には、鰊場の親方とヤン衆たちの網子合わせと呼ぶ顔合わせの宴が夜な夜な張られた。漁が終れば網子わかれだった。絃歌のさざめきに江差の春はいっそうなまめいた。「出船三千、入船三千、江差の五月は江戸にもない」の有名な言葉が今に残っている。

鰊がこの町にもたらした莫大な富については、数々の記録が物語っている。たとえば、明治初期の江差の小学校の運営資金は、鰊漁場に建ち並ぶ遊郭の収益でまかなわれたほどであった。

だが、そのにぎわいも明治の中ごろを境に次第にしぼんだ。不漁になったのである。

鰊の去った江差に、昔日の面影はない。とうにさかりをすぎた町がどこでもそうであるように、この町もふだんはすべてを焼き尽くした冬の太陽に似た、無気力な顔をしている。

五月の栄華はあとかたもないのだ。桜がほころび、海上はるかな水平線にうす紫の霞がかかる美しい風景は相変わらずだが、人の叫ぶ声も船のラッシュもなく、ただ鴎と大柄なカラスが

騒ぐばかり。通りがかりの旅人も、ここが追分の本場だと知らなければ、けだるく陰鬱な北国のただの漁港、とふり返ることがないかもしれない。

強いて栄華の歴史を風景の奥深くたどるとするならば、人々はかつて鰊場だった浜の片隅に、なかば土に埋もれて腐蝕した巨大な鉄鍋を見つけることができるだろう。魚かすや油をとるために鰊を煮た鍋の残骸である。

その江差が、九月の二日間だけ、とつぜん幻のようにはなやかな一年の絶頂を迎える。日本じゅうの追分自慢を一堂に集めて、江差追分全国大会が開かれるのだ。

町は生気をとりもどし、かつての栄華が甦ったような一陣の熱風が吹き抜けていく。


「ほっかいどうスペシャル　遥かなるユーラシアの歌声―江差追分のルーツを求めて―」のナレーション

日本海に面した北海道の小さな港町、江差町。古くはニシン漁で栄え、「江戸にもない」という賑いをみせた豊かな海の町でした。

しかし、ニシンは既に去り、今はその面影を見ることはできません。

九月、その江差が、年に一度、かつての賑いを取り戻します。民謡、江差追分の全国大会が開かれるのです。大会の三日間、町は一気に活気づきます。

最高裁判決を通じて見る原審判決

この二つを読み比べた時、筆者は、両者の具体的文章表現が余りにも似ていないことに驚いた。唯一類似しているのは筆者が傍線を付した「江戸にもない」という部分だけである。ところが、「江戸にもない」というのは、実際に巷で使われていた歴史上の用語であり、原告側が使い出したものではなかった。また、選択と配列の領域に関しても、多少は類似しているが、類似性が著しく低いように思われた。筆者の感覚からすれば、約束を反故にされた原告の怒りはもっともではあるが、このようなケースで著作権侵害を認めるべきではないと感じられた。

しかし、一審と二審では、原告が勝訴し、著作権（翻案権）侵害と著作者人格権（氏名表示権）侵害を認めた。一審二審の論理構成を、最高裁判決を通してみておこう。平成十三年六月二十八日江差追分事件最高裁判決は、原審の論理を次のようにまとめている。

(1)　本件プロローグと本件ナレーションとは、①江差町がかつてニシン漁で栄え、そのにぎわいが「江戸にもない」といわれた豊かな町であったこと、②現在ではニシンが去ってその面影はないこと、③江差町では9月に江差追分全国大会が開かれ、年に1度、かつてのにぎわいを取り戻し、町は一気に活気づくことを表現している点において共通している。このうち、江差町がかつてニシン漁で栄え、そのにぎわいが「江戸にもない」といわれた豊かな町であったこと、現在ではニシンが去ってその面影はないことは、一般的知見に属する。しかし、現在の江差町が最もにぎわうのは、8月の姥神神社の夏祭りであることが江差町においては一般的な考え方であり、これが江差追分全国大会の時であるとするのは、江差町民の一般的な考え方とは異なるもので、江差追分に対する特別の情熱を持つ被上告人に特有の認識である。

(2) 本件ナレーションは、本件プロローグの骨子を同じ順序で記述し、表現内容が共通しているだけでなく、1年で一番にぎわう行事についての表現が一般的な認識とは異なるにもかかわらず本件プロローグと共通するものであり、また、外面的な表現形式においてもほぼ類似の表現となっているところが多いから、本件プロローグにおける表現形式上の本質的な特徴を直接感得することができる。

(3) したがって、本件ナレーションは、本件プロローグを翻案したものといえるから、本件番組の製作及び放送は、被上告人の本件著作物についての翻案権、放送権及び氏名表示権を侵害するものである。

傍線と丸数字は筆者が付したものである。(1)では、両者の内容上の共通点を①②③の3点取りだしている。そして、「①江差町がかつてニシン漁で栄え、そのにぎわいが『江戸にもない』といわれた豊かな町であったこと」と「②現在ではニシンが去ってその面影はないこと」については一般的知見と捉える。これに対して「③江差町では9月に江差追分全国大会が開かれ、年に1度、かつてのにぎわいを取り戻し、町は一気に活気づくこと」については、木内氏特有の認識と捉える。その上で(2)では、番組のナレーションが、『北の波濤に唄う』プロローグにおける「表現形式上の本質的な特徴を直接感得することができる」ものであるかどうか検討し、肯定している。その理由は、以下の2点である。一つは、内面的表現形式で共通しているということである。

内面的表現形式について説明するならば、通説判例とも、あるいは諸外国でも、思想（感情を含む）と表現の二分論をとっており、思想それ自体は保護されないが、表現は保護されるとする。そして、保護される表現には、内面的表現形式と外面的表現形式があるとされる。言語著作物の場合、外面的表現形式とは具体的な文章表現のことである。内面的表現形式とは、著作物の思想感情の体系のことであり、歴史本やノンフィクションなどに即して言えば、具体的には事実の選択と配列のことを指す。小説などでは具体的なストーリー（抽象的なストーリーは思想のレベルとなる）などを指す。そして、内面的表現形式の内部にある内容自身は思想・感情と位置づけられ、直接には保護の対象とならない（中山信弘『著作権法』有斐閣、二〇〇七年、47～48頁）。

このような内面的表現形式の点で比較すると、番組のナレーションとプロローグとは、共に①②③の三つの事実を選択し、①②③の順序で配列している。3者とも一般的知見ならばともかくとして、③は木内氏特有のものであるから、プロローグが行った選択・配列はありふれたものではなく、創作性のある保護すべき内面的表現形式ということになる。

二つは、外面的表現形式が「ほぼ類似の表現」だということである。

おかしな一審二審判断

この2点のうち、簡単な2点目からふれれば、これは全くおかしな判断である。一体、どこが「ほぼ類似」なのであろうか。原告を勝たせるために、歪んだ判断をしたとしか思えない。また、1点目もおかしな判断である。ナレーションは①②③の三点にまとめられるけれども、『北の波濤に唄う』プロローグはナレーションの6倍程度の分量をもち、プロローグの内容を3点にまとめてしまうのは妥当ではない。両者の間で選択・配列の点で同一性があるとは言えないのではないか。

もっとも、内面的表現形式の点でさほど同一性と創作性がないとしても、例えばナレーションの中に①②③のいずれであろうと、プロローグを引き写したような部分があれば、話は別であろう。だが、そのような部分はまったく存在しないのである。

ともあれ、内面的表現形式で共通し、外面的表現形式で類似していると位置づけたうえで、一審と二審は、ナレーションが、プロローグにおける「表現形式上の本質的な特徴を直接感得することができる」と捉えた。そして、原告木内氏の翻案権、放送権及び氏名表示権を侵害すると結論づけたのである。

最高裁の理論構成

しかし、一審と二審の判断は当を失していると言わざるを得ない。それゆえ、最終的には、平成十三年六月二十八日、最高裁は逆転で原告敗訴の判決を下した。次に最高裁の理論構成を検討していくこととしよう。

まず、一審二審の（1）に相当する箇所では、一審二審と同じ判断をしている。すなわち、両者の内容上の共通点を①②③の3点で捉え、③だけを原告特有の認識と捉えている。

そのうえで、一審二審の（2）に相当する箇所では、ナレーションが、プロローグにおける「表現上（原審では「表現形式上」と表記――引用者）の本質的な特徴を直接感得することができる」かどうか検討している。そして、「本質的な特徴を直接感得できない」として、原告の翻案権、放送権及び氏名表示権を侵害したものではないと結論づけている。最高裁では、裁判官の全員一致で、原告が逆転敗訴となったのである。

その理由として挙げられているものを拾っていくと、4点存在する。第一に内面的表現形式に関してであるが、【事項の選択】から見ると、①②については、「一般的知見に属し、江差町の紹介としてありふれた事実」であるから、表現ではない部分の同一性にすぎないとする。③については、ありふれた事実ではないとしても、アイデアないし認識であるから、同じく表現ではない部分の同一性にすぎないとする。【事項の配列】を見ると、プロローグには記述順序に特に独創性が存在しないとし、「表現上の創作性が認められない部分において同一性を有するにすぎない」とする。

第二に外面的な表現形式に関してであるが、「具体的な表現においても両者は異なったものとなっている」と判断している。具体的表現が類似していたとしてもそれがありふれた表現とされる場合には著作権の侵害はないとされるわけであるが、そもそも類似していないとされたのである。2点とも、一審二審とは正反対の判断である。以上2点を挙げた後、最後に、最高裁判決は次のように結論づけている。

《しかも、上記各部分から構成される本件ナレーション全体をみても、その量は本件プロローグに比べて格段に短く、上告人らが創作した影像を背景として放送されたのであるから、これに接する者が本件プロローグの表現上の本質的な特徴を直接感得することはできないというべきである。》

右の記述を見るならば、第三の理由として分量の大幅な違い、第四の理由として映像と書籍というジャンルの違いを挙げていると見ることもできるかも知れない。こうして、最高裁は、以上4点の理由から、被告ナレーションは、原告プロローグにおける「表現上の本質的な特徴を直接感得することはできない」ものと位置づけ、それゆえプロローグを勝手に翻案したものとは言えない、原告の翻案権を侵害したものとは言えないとしたのである。

最高裁判決の判決理由要旨から抽出される論理

判例として見た場合には、第一、第二の点が重要である。もう一度、第二章で引用した判決理由要旨を引用しよう。

【要旨1】言語の著作物の翻案（著作権法27条）とは、既存の著作物に依拠し、かつ、その表現上の本質的な特徴の同一性を維持しつつ、具体的表現に修正、増減、変更等を加えて、新たに思想又は感情を創作的に表現することにより、これに接する者が既存の著作物の表現上の本質的な特徴を直接感得することのできる別の著作物を創作する行為をいう。そして、著作権法は、思想又は感情の創作的な表現を保護するものであるから（同法2条1項1号参照）、【要旨2】既存の著作物に依拠して創作された著作物が、思想、感情若しくはアイデア、事実若しくは事件など表現それ自体でない部分又は表現上の創作性がない部分において、既存の著作物と同一性を有するにすぎない場合には、翻案には当たらないと解するのが相当である。

【要旨1】から言えば、翻案に関する傍線部のような定義は、判例学説に大きな影響を与えていく。「表現上の本質的な特徴を直接感得すること」ができるか否かということが、翻案権を侵害しているかどうか判定する時の大きな基準となっていく。この基準は、最高裁だけではなく、一審二審でも採用された基準である。

そして、一審二審も最高裁もともに、「表現上の本質的な特徴を直接感得」できるかどうかを具体的に判定するに当たっては、外面的表現形式（具体的な文章表現）と内面的表現形式（事項の選択・配列）で同一性のある部分に着目している。

外面的表現形式と内面的表現形式で同一性があっても翻案に当たらないという場合が、【要旨2】で整理されている。第二章と同じく、もう一度、判決理由要旨から、原告書籍と被告書籍で同一性があったとしても、その同一性部分には著作物性がなく翻案権侵害ではない場合を抽出してみよう。

一、思想、感情若しくはアイデアは表現ではないから、著作権（翻案権）の保護を受けない。

二、事実若しくは事件は表現ではないから、著作権（翻案権）の保護を受けない。

三、創作性がない表現は、著作権（翻案権）の保護を受けない。

三つの論理そのものは一般的なものであり、妥当なものである。育鵬社盗作問題の裁判では、被告―被控訴人側も、一審二審判決も、この三つの論理を機械的、教条的に当てはめて、控訴人書籍の当該箇所の著作物性を否定していったのである。

性格が全く違う江差追分事件と育鵬社歴史教科書事件

しかし、江差追分事件と育鵬社盗作事件は、全く性格の異なるものである。最高裁が江差追分事件について著作権侵害を否定した4点の理由は、いずれも育鵬社盗作事件については当てはまらないものである。

分かりやすい点から言えば、まず第四の点は全く当てはまらない。江差追分事件の場合はノンフィクションとドキュメンタリー番組のナレーションというジャンルの違うもの同士の問題だったのに対し、育鵬社歴史教科書事件の場合は同じジャンルの歴史教科書同士の問題である。

次いで第三の点も当てはまらない。江差追分事件の場合は被告ナレーションと原告プロローグの分量が大幅に違っていたのに対し、育鵬社歴史教科書事件の場合は原告教科書と被告教科書の分量が互いに同程度である。

そして第二の具体的な文章表現の点も当てはまらない。江差追分事件の場合は全く類似していないのに対し、育鵬社歴史教科書事件の場合はデッドコピーさえも存在しており、具体的文章が酷似乃至類似しているのである。

最後に第一の【事項の選択・配列】の点であるが、これも当てはまりはしない。江差追分事件の場合は、分量の違いからして比較対象になり得るのかという問題があったが、その点を不問にしても、選択した事項の同一性よりも相違点の方が目立つと言うべきである。これに対して、育鵬社歴史教科書事件の場合は、被告・被控訴人側も認めているように、ほぼ同一の事項を選択し配列している。しかも、その【事項の選択】は他社教科書と比べて極めて個性的なものであった。

つまり、第一から第四まで全ての理由が当てはまらないにもかかわらず、一審二審判決は、江差追分事件を通じて最高裁が出してきた法理をそのまま適用して、著作権侵害を否定したのである。

第二節　高部眞規子理論に反する一審二審判決

「ワン・レイニー・ナイト・イン・トーキョー」事件最高裁判決を無視

前節では江差追分事件と育鵬社歴史教科書事件の性格の違いを4点述べてきた。しかし、歴史教科書事件の二審に即して言えば、更にもう一つ大きな違いが存在する。江差追分事件の場合は翻案権だけが問題になったケースであるのに対して、育鵬社歴史教科書事件の場合は翻案権だけでなく複製権も問題になったケースである。一審の場合は翻案権だけが争われたから、江差追分事件最高裁判決だけを重視する態度は分からないでもなかった。しかし、二審では、翻案権とともに複製権も争われた。したがって、通常は、「ワン・レイニー・ナイト・イン・トーキョー」事件に関する昭和五十三年九月七日最高裁判決を引いて、複製権侵害について論ずるものである（この事件は、昭和三十八年に発表された歌謡曲「ワン・レイニー・ナイト・イン・トーキョー」が、米国のハリー・ウォーレン作曲「夢破れし並木路」を複製したものかどうか争われたものである。最高裁は、依拠性と類似性を複製権侵害の要件として示したうえで、複製の定義を行った）。

事実、江差追分事件最高裁判決の当時最高裁判所調査官を務め、最近の実務世界における知財法の理論的リーダーである髙部眞規子氏も、自らが裁判長を務めた通勤大学法律コース事件一審判決（平成十七年五月十七日）の中で、複製については昭和五十三年九月七日最高裁判決に倣った定義を行い、翻案については平成十三年六月二十八日最高裁判決に倣った定義を行っている。通勤大学法律コース一審判決は、まず複製について次のように述べている。

《著作物の複製（著作権法21条、2条1項15号）とは、既存の著作物に依拠し、その内容及び形式を覚知させるに足りるものを再製することをいう（最高裁昭和50年（オ）第324号同53年9月7日第一小法廷判決・民集32巻6号1145頁参照）。ここで、再製とは、既存の著作物と同一性のあるものを作成することをいうと解すべきであるが、同一性の程度については、完全に同一である場合のみではなく、多少の修正増減があっても著作物の同一性を損なうことのない、すなわち実質的に同一である場合も含むと解すべきである。》

昭和五十三年九月七日最高裁判決の法理に関する通常の理解がそのまま記されている。二つ目の傍線部に注意されたい。育鵬社歴史教科書事件の場合は、「多少の修正増減があっても著作物の同一性を損なうことのない、すなわち実質的に同一である場合」という箇所は、デッドコピーの箇所を含めて多数存在した。昭和五十三年九月七日最高裁判決がそれなりに尊重されていれば、最低限一〇件程度の複製権侵害が認められた可能性があったように思われる。ちなみに、この通勤大学法律コース事件一審判決では、上記定義に当てはまるとして、3件についてのみ複製権侵害を認めている。これに対して、翻案権侵害は1件も認められなかった。複製権侵害の方が翻案権侵害よりも認められにくいという感覚があるが、むしろ逆かもしれない。

「破天荒力」事件一審判決が複製権侵害と判断した記述

事実、例えば「破天荒力」事件に関する一審判決では、1件だけ著作権侵害が認められたが、それも複製権侵害であった。この事件は、当時神奈川県知事であった松沢成文氏が著した『破天荒力——箱根に命を吹き込んだ「奇妙人」たち』(講談社、二〇〇七年)が、ノンフィクションライター山口由美氏の『箱根富士屋ホテル物語【新装版】』(トラベルジャーナル、二〇〇二年)の著作権を侵害したものではないかとして、争われたものである。

原告は、第一に一五箇所の具体的表現(狭義の表現、具体的文章表現)に即して著作権侵害を主張した。第二に、二一箇所の小さなまとまり部分、二一箇所を内部に包含するより広い五箇所のまとまり部分、この五箇所を包含する「I　箱根山に王国を築く—仙之助」の章全体と「II　繁栄と大脱線—正造」の章全体の部分における【事実の選択配列等】に即して著作権侵害を主張した。第二の点は、「ノンフィクション作品においては、エピソード、事実、提示する資料・文献等の取捨選択、あるいは、これら資料などの引用、要約の仕方においても創作性が発揮され得る」という立場から主張されたものである。

一審の東京地裁は、平成二十二年一月二十九日、判決を言い渡した。判決は、【事実の選択配列等】に関する著作権侵害は全て認めなかったが、一五箇所の具体的表現のうち一箇所についてだけ著作権侵害を認め、「別紙対比表1の№71の『破天荒力』欄の前段の下線部分に対応する文章（218頁11行〜12行）を削除しない限り、同書籍を印刷、発行又は頒布してはならない」と判示した。わずか2行の著作権侵害で、『破天荒力』は出版差し止めとなったのである。では、著作権侵害とされた記述はどのようなものだったろうか。『箱根富士屋ホテル物語【新装版】』と『破天荒力』を比較してみよう。

●『**箱根富士屋ホテル物語【新装版】**』

のちに孝子は、スコットランド人実業家メートランドと再婚し、メートランド・孝子となる。（150頁）

孝子と別れた正造は生涯、独身を通した。（略）二度と結婚をしなかったのは、正造が富士屋ホテルを結婚相手だと考えていたからではないかと私は思う。そう、正造が結婚したのは、最初から孝子というより富士屋ホテルだったのかもしれない。（152頁）

●『**破天荒力**』

のちに孝子は、スコットランド人実業家と再婚したが、正造が再婚することはなかった。彼は、富士屋ホテルと結婚したようなものだったのかもしれない。（218頁）

富士屋ホテルと結婚した男（217頁　表題）

削除を命令されたのは、「彼は、富士屋ホテルと結婚したようなものだったのかもしれない。」という2行である。この2行が『箱根富士屋ホテル物語【新装版】』にある「正造が結婚したのは、最初から孝子というより富士屋ホテルだったのかもしれない。」という具体的文章表現の著作権を侵害しているとみなされたのである。

しかし、この別紙対比表1のNo.71の文章表現は、それほど特殊なものではないし、余りにも短い。この2行単独では、著作権法が保護すべき「創作性」を有していないのではないか、という疑問を抱かざるを得ない。それゆえ、二審判決は、No.71の例も、著作権侵害にはならないとしたのである。二審の判断は合理的なものと思われるが、ともかく、複製権侵害の方が反って、翻案権侵害よりも認められやすい場合があることを確認しておきたい。

複製の要件と翻案の要件の違い

では、なぜ、複製権侵害の方が反って認められやすくなるのか。それは、単に「ワン・レイニー・ナイト・イン・トーキョー」事件の最高裁判決が引用されることが多いからだけではない。翻案の方が複製よりも要件が多くあり、要件を満たすことが難しいからである。髙部氏は、前記通勤大学法律コース事件の一審判決で、複製の定義を行った後、次のように、江差追分事件最高裁判決の要旨をそのまま引いて翻案の定義を行っている。番号と傍線は引用に際して筆者が付したものである。

《また、著作物の翻案（著作権法27条）とは、①既存の著作物に依拠し、かつ、②その表現上の本質的な特徴の同一性を維持しつつ、③具体的な表現に修正、増減、変更等を加えて、新たに思想又は感情を創作的に表現することにより、④これに接する者が既存の著作物の表現上の本質的な特徴を直接感得することのできる別の著作物を創作する行為をいう。》

髙部氏は、前掲「著作権法の守備範囲」（『月刊　パテント』二〇一三年十一月号）という論文を記しているが、この論文の中で、翻案の要件と複製の要件を整理している。この論文は、平成二十五（二〇一三）年四月から横浜地方・家庭裁判所川崎支部長となった氏が、同年に東京弁護士会で行った講演を基につくった論考である。この論文の中には、講演の最後に行われた聴講者との間の質疑応答の記録も掲載されている。

この論文の中で、髙部氏は、複製と翻案の要件を整理している。複製については「ワン・レイニー・ナイト・イン・トーキョー」事件の最高裁判決に基づき、①依拠性、②「表現上の本質的特徴の同一性の維持」という二つの要件を設定している。②は、分かりやすい言い方では、「創作的な表現の同一性の保持」ということになる。

次いで、上記江差追分事件最高裁判決に即して翻案の要件を、以下の4要件に整理している。

①依拠性
②表現上の本質的特徴の同一性の維持
③具体的表現に修正、増減、変更等を加えて、新たに思想又は感情を創作的に表現する
④これに接する者が既存の著作物の表現上の本質的な特徴を直接感得できる

つまり、江差追分事件以降の著作権法の世界をリードしてきた髙部氏によれば、複製の場合は①②の2要件で成立するのに対して、翻案の場合は更に③と④の2要件が加わるのである。③は、翻案とは原著作物に創作的な変更を加えて新たに二次的著作物を作ることであるから、当然の要件である。誰もこれに反対する者はいないであろう。

しかし、②と④はどう違うのか。二つを区別する必要はあるのか。といった疑問が当然出てくる。講演当日も、同様の疑問が出ている。これに対して、氏は次のように答えている。

《第2要件と第4要件が表裏といいますか、第2要件は、どちらかといいますと、客観的な面であり、第4要件は、接する者が感得できるかどうかということです。どちらかといいますと、第2要件が作り手、第4要件はみる人、というように、だれの視点でみるのかというところが違っている、ということが一つです。

それから、第2要件で同一性が維持されているときに、第4要件の直接感得することができない場合があるのかということをおっしゃっていると思うのですけれども、私自身は、創作的な部分が仮にそのまま被告作品にも表れているとしても、他の要素が、被告作品において非常に大きくて、その結果埋没する場合があるのではないか、という趣旨のことを述べたのではないかと思います。》

このように、氏によれば、第二要件は客観的な面から、作り手側の視点から捉えた要件である。これに対して、第四要件は、見る人の視点から捉えた要件である。そして、第二要件があてはまるけれども第四要件があてはまらないケースがあるという。

確かに、その部分だけをみれば、「表現上の本質的特徴の同一性の維持」がみられるが、全体として見ると、「表現上の本質的特徴の同一性」が目立たなくなる場合がある。この場合には、複製権侵害は成り立つことがあるかもしれないが、翻案権侵害は成立しないことになるのである。

高部眞規子理論と二審判決の違い

以上見てきたことから分かるように、高部理論は、歴史教科書事件の一審二審判決と異なり、第一に、「ワン・レイニー・ナイト・イン・トーキョー」事件の最高裁判決を複製の定義のために引用するし、第二に、複製権と翻案権のずれを意識している。この点と関連するのか、第三に、高部氏は、やはり、歴史教科書事件の一審二審と異なり、デッドコピーの問題に対する意識を持っている。氏は、自らが担当した通勤大学法律コース事件の一審判決を引用しつつ、創作性が低い表現であっても、一定分量以上のデッドコピーのような場合には著作権侵害が認められる場合があると述べている。社会常識に適った考え方であろう。

猛威を振るい出した江差追分事件最高裁判決

振り返れば、江差追分事件の際に翻案権侵害を認めた一審二審判決は明確におかしな判断をしたといえる。これを覆した最高裁の判断は正しいものである。だが、この時、翻案権否定のために示された法理は、最高裁が示したものだけに、じょじょに猛威を振るうようになっていき、複製権否定のためにも使われるようになっていく。例えば通勤大学法律コース事件一審判決（平成十七年五月十七日）は、前に引用した翻案の定義に続いて、本来は翻案にあたらない場合の基準を提示したにすぎない江差追分事件最高裁判決の判決要旨を、複製にあたらない場合の基準にまで拡大している。

《そして、著作権法は、思想又は感情の創作的な表現を保護するものであるから（著作権法2条1項1号）、既存の著作物に依拠して創作された著作物が思想、感情若しくはアイデア、事実若しくは事件など表現それ自体でない部分又は表現上の創作性がない部分において、既存の著作物と同一性を有するにすぎない場合には、複製にも翻案にも当たらないと解するのが相当である（最高裁平成11年（受）第922号同13年6月28日第一小法廷判決・民集55巻4号837頁参照）。》

右の引用を整理すれば、以下のような三つの基準が導き出される。

一、思想、感情若しくはアイデアは表現ではないから、著作権（翻案権・複製権）の保護を受けない。

二、事実若しくは事件は表現ではないから、著作権（翻案権・複製権）の保護を受けない。

三、創作性がない表現は、著作権（翻案権・複製権）の保護を受けない。

一応、尤もな基準とも言えるが、筆者にはいずれも不正確な基準だと感じられる。まず一、二の基準から言えば、「思想、感情若しくはアイデア、事実若しくは事件など表現それ自体でない部分」という言葉の使い方は、おかしな物言いである。

我々が著作物を読んだ時に接するものは、実は「思想、感情若しくはアイデア、事実若しくは事件など」ではありえない。あくまで、「思想、感情若しくはアイデア、事実若しくは事件など」を表現した文章である。即ち、我々が接するものは全て表現である。表現に選択肢がほとんどないため創作性がゼロであるという場合もあるかもしれないが、実はそういう場合はほとんど存在しない。あくまで、表現の中に、創作性の高い表現と創作性の低い表現の区別があるだけである。高い表現とはいろいろ表現に選択肢があるものであり、低い表現とは表現に選択肢が少ないものである。

次に三の基準について言えば、「表現上の創作性がない部分」という言い方も、おかしな物言いである。創作性がない表現というものは、全くないわけではないだろうが、正確にはほとんど存在しない。実際に我々が出会うのは、選択肢が多い創作性の高い表現と選択肢の少ない創作性の低い表現との区別があるだけである。

このように考えれば、創作性の低い表現であっても、デッドコピーのような酷似部分が一定分量以上あれば著作権侵害を認めるべきだという考え方がすんなり出てくることになる。

ところが、一方で、このような考え方を採る人が多数存在するにもかかわらず、他方で、〈思想、感情若しくはアイデアは表現ではないから、著作権の保護を受けない〉、〈事実若しくは事件は表現ではないから、著作権の保護を受けない〉、〈創作性がない表現は、著作権の保護を受けない〉という不正確な基準が幅を利かせてきた。この三つの基準を文字通り適用すれば、デッドコピーの存在など理論的には無視できることとなる。表現ではないもの、創作性のない表現ならば例えば一頁以上デッドコピーしようとも、著作権侵害になりようがないと結論づけられるからである。

歴史教科書事件の一審も二審も、これら三つの規準を、文字通り教条的に適用したのである。このように不正確な一、二、三の規準は裁判所の判断をおかしくさせることとなった。その究極の判断が歴史教科書事件でなされたと言えよう。

しかし、三つの規準の不正確さよりも問題なのは、最高裁判決が、翻案権の侵害とは言えない場合の三つの規準を示しながら、逆に侵害と言える場合の基準を示さなかったことである。そして三つの基準が、翻案だけではなく、複製に関する基準としても使われるようになっていったことである。物事は、特に紛争を解決する裁判というものは、両面から判断すべきものである。侵害を否定する立場から考察を進めるとともに、同時に侵害を肯定する立場からも考察を進めるのが、裁判官の役割というものであるはずである。しかし、侵害否定の規準しか最高裁判決が示さなかったものだから、下級審の裁判官は、翻案権であれ複製権であれ、著作権侵害を認めない傾向に傾いていった。

歴史教科書盗作事件において、原告・控訴人は、控訴審の準備書面2で、表現の創作性が認められる一般的基準を示してほしいと要求したが、裁判所は答えることができなかったのである。

高部理論にも反する歴史教科書事件判決

ともあれ、最高裁判決が著作権(翻案権)の侵害とは言えない場合の規準だけを整理したことにより、著作権侵害が認められるケースは減少していった。何よりも、特に歴史・ノンフィクション関係において翻案権侵害が認められるケースを減少させた。更には、直接には翻案権について示されたものであるにもかかわらず、その適用範囲を拡大し、じょじょに「ワン・レイニー・ナイト・イン・トーキョー」事件の最高裁判決を押しのけていった。この事件は、昭和三十八(一九六三)

年という旧著作権法時代に起きた事件であり旧著作権法が適用された案件であったから、ある意味当然でもあった。

この著作権侵害を認める範囲を狭くしていく流れを理論的にリードしたのが高部氏であった。ところが、この高部理論から言っても、歴史教科書盗作事件における一審二審判決は、余りにも、著作権侵害を認める範囲を狭くし過ぎるものだと言えるのではないか。つまり、判例史の中に位置づければ、一審判決も、二審判決も高部理論を無視したおかしな判決であると位置づけられよう。

そして、更に言えば、江差追分事件の最高裁判決が示した法理が暴走しまくって行き着いた先が、育鵬社歴史教科書事件の二審判決だったと位置づけられよう。

第三節　著作権法の本義に照らして

著作権法の目的とは何か

以上、判例史の中でというのは大袈裟だが、江差追分事件最高裁判決及び高部理論との絡みで、歴史教科書事件判決を位置づけてきた。最後に、著作権法の目的との絡みで、歴史教科書事件及びその判決を位置づけていきたい。そもそも、著作権法の目的とは何であろうか。著作権法第1条は、次のように法の目的を規定している。

《この法律は、①著作物並びに実演、レコード、放送及び有線放送に関し著作者の権利及びこれに隣接する権利を定め、②これらの文化的所産の公正な利用に留意しつつ、①著作者等の権利の保護を図り、もつて③文化の発展に寄与することを目的とする。》

傍線部と番号は筆者が付したものであるが、要するに、①著作権等の保護、②著作物などの公正な利用、③文化の発展、という三つが著作権法の目的である。「もつて」とあるから、究極の目的は③文化の発展ということになろう。

著作権が正当化される根拠については、二つの思想的流れがある。一つは、ゲオルク・ヘーゲルの自然権論である。もう一つは、ジョン・ロックの所有権理論に基づく、インセンティブ論である。自然権論は、「自分が創作した作品について勝手に真似されたり利用されないのは当然だから著作権があるのだ」(前掲福井、112頁)というものである。インセンティブ論とは、「文化の発展に寄与する」ように著作権が認められているとするものである。著作権が認められていれば、創作へのインセンティブが与えられるというわけである。この考え方は、著作権法第1条に「もつて文化の発展に寄与することを目的とする」という形で、ストレートに持ち込まれている。

著作権設定によるインセンティブ

そのあたりの事情を分かりやすく、福井氏は、前掲『著作権とは何か』の中で展開している。《第一章で触れた『ドン・キ・ホーテ』の例にあるように、よい作品が生まれるとすぐにその海賊版が出まわる、あるいは、誰かが真似をして模倣作を書く。多くの人々は海賊版でもかまわないから、入手しやすい、安い方を買いますね。そうすると、理論的にはその分オリジナル版の売上が

落ちます。また、真似をして書かれた模倣作が売れる分、オリジナルの売上げが落ちることもあるでしょう。》（114頁）

単に分かりやすく書かれているだけではない。福井氏の言葉は、筆者には痛烈に響く。傍線部に注目されたい。「真似をして書かれた模倣作」とは、例えば育鵬社の歴史教科書があてはまる。海賊版とまでは言わないが、トータルで扶桑社版の模倣作であるから、このように述べて間違っていないだろう。「オリジナル」とは扶桑社版の著者（藤岡氏ら）が多少とも翻案して作成した自由社版教科書があてはまる。平成二十三年度採択戦で、「真似をして書かれた模倣作」が「オリジナル」を押しのけて採択即ち売り上げを伸ばしたのである。

更に、福井氏が述べる処を見ていこう。続けて氏は次のように述べている。

《海賊版や模倣作がいくら売れても、オリジナルの作家や出版社の収入にはまったくなりません。ところが、作家や出版社にとっては、書く作品や刊行する作品全部がヒットするわけではありません。失敗作や売れない作品を書きつづけ、あるいは刊行しつづけるなかで、わずかな例外がヒットするのです。本来はそこで、それまでの失敗作や売れなかった作品による損を取り戻す。別な言い方をすれば、ヒット作で稼いで、それを食い繋いでまたヒットするかどうかわからない作品を生み出していくのです。

ところが、そうした労苦の末にたまたまヒット作が出ても、誰かが海賊版や模倣作で売上げを横取りしてしまったら、たいした蓄えはできないですね。そうした状況では、作品を生みだしつづけるのは難しくなります。むしろ、誰かが新しい視点や感覚でヒット作を生みだすのを待っていて、その海賊版や模倣作を作る方がずっと割がいいという話になりかねません。ここで「今でもそうだろう」という声が聞こえてきそうです。あるいはそうかも知れませんが、そういう「ただ乗り」（フリーライド）が、今よりもっと自由に大っぴらにできるようになる、ということです。》（114～115頁）

「ただ乗り」という言い方は、筆者には切実である。育鵬社サイドは、自らの頭で文章を捻り出すことをせず、八三単元中四四単元の文章を、藤岡氏らの文章を下敷きにして、あるいは模倣して育鵬社歴史教科書を作り上げたのである。

ともあれ、引用を続けよう。福井氏は次のように続けている。

《そんな社会では、創作が細るだろう、というのです。それでも作品を生みつづける作家や芸術家は、いるでしょう。しかしそれは、時間もお金もある人々の「特権」か、パトロンに抱えられるか、あるいは命を削って貧困のなかで作品を作りつづけるという意味であり、それだけでは作品を生みだす土壌としては決して理想的とはいえません。》（115頁）

著作権の守られない社会では、お金持ちの道楽か、パトロンに恵まれているか、「命を削って貧困のなかで作品を作りつづける」か、3者のうちのいずれかの形態で創作は行われることになる。実際、著作権が守られていない中学校歴史教科書の世界では、育鵬社による「ただ乗り」（フリーライド）が罰せられずに放置された結果、「つくる会」という創作者は「命を削って貧困のなかで作品を作りつづける」ことになった。しかし、これらは、どう考えても、現代社会の在り方としては健全なものではないだろう。文化の振興は覚束ないことになろう。それどころか文化は衰退していくことにもつながろう。

それゆえ、何とか上記三形態以外の形で創作を行う気を人々に起こさせる必要が出てくる。人々に創作を行うインセンティブを与えるためにこそ（やる気を起こさせるためにこそ）、著作権を設定し、それを保護することが必要になるわけである。その点を、福井氏は次のようにまとめている。《「だから、海賊行為や他人の模倣は違法であるべきだ。そういう目的のために著作権はあるのだ」という考え方があります。人々に作品を生みだすインセンティブを与えようということで、これを「インセンティブ」論といいます。つまり、勝手に海賊版や模倣作を作れないようにして、それでオリジナルな作品を創作するクリエイターたちにインセンティブを与え、彼らを育んでいこう、それが著作権の存在理由だ、という考えです。》（115頁）

以上長々と福井氏の言葉を引用してきたが、著作権ないし著作権法の目的とは、基本的に、著作権設定によって作品を生み出すインセンティブを与え、ひいては文化の振興を図ることだとまとめられよう。

私有財産制の存在意義

加藤雅信『「所有権」の誕生』（三省堂、二〇〇一年）でも、農業社会で重要な土地所有権成立の理由、工業社会になって重要となった知的財産権の成立理由が、共にインセンティブ論の立場から説明されている。この本の第二章「土地所有権発生の社会構造」で引用しているR・ポズナーという米国の法学者の言葉が興味深いので、孫引きしておこう。ポズナーは、財産権が廃止された社会を仮想して、次のように言う。

《財産権というものがすべて廃止されてしまった社会を考えてみよう。そこで、農民はとうもろこしを植え、肥料を施し、かかしを立てるが、とうもろこしが実ったときには隣人がやってきてとうもろこしを刈り取り売ってしまう。農民は種を植え付けた土地を所有しているわけでもなければ、作物を所有しているわけでもないので、隣人の行為に対しなんらの法的救済も受けられない。こんなことが何回か起これば土地の耕作は放棄されることとなり、その社会は、狩猟等の先行投資がより少ない生計方法に移行していくこととなるであろう。／この例が示すように、財産権を法的に保護することは資源を有効利用するためのインセンティブをつくりだすことにつき重要な経済的役割を有するものである。》（84～85頁）

筆者には、この文章はいたく響いた。「農民」は「つくる会」、「隣人」は育鵬社等、「とうもろこし」は扶桑社版歴史教科書に見えてしまうからだ。丸ごと盗まれた「農民」は、全く報いられないままでいる。「隣人」は経済的にも社会的にも相当に潤っている。まるで、この問題に関しては、財産権は存在しないかのような状態である。大げさに言えば、私有財産制の危機である。それゆえ、「隣人」が社会的経済的法的に罰せられなければ、教科書を真面目につくる人はいなくなり、著作権等の知的財産権に関わる創作のためのインセンティブは著しく低下することになろう。

このように考えてくれば、歴史教科書事件に関する一審二審判決は、著作権法第1条に規定する目的を無視した極めておかしな判決であると位置づけられよう。言い換えれば、「文化の発展」を阻害する判決なのである。

コピペ教科書が合法化される

しかし、ともあれ、この「文化の発展」を阻害する判決は確定した。今後、いろいろな害悪を日本社会に流していくことが予想される。

前述のように二審では、項目15「鎌倉幕府の成立」等におけるデッドコピーの存在を指摘した。だが、この問題は検討さえもされなかった。判決は、著作権の成立しないものをいくら丸ごと写しても著作権侵害にはならないと言いたいのであろう。また、前述のように、平成二十一年八月二十五日東京地裁判決では一単元の本文全体の著作権を認めているので、単元本文全体を模倣されたケースに注意を喚起した。扶桑社版単元62「第一次世界大戦」と単元79「占領政策の転換と独立の回復」の二単元の例である。だが、この二つのケースについても著作権は成立しないとした。デッドコピーも著作権侵害にならない、単元本文全部を盗んでも著作権侵害にならない、とすれば、歴史教科書の単元本文の著作権は否定されたも同然である。

更に極めつけは、二審判決が、事項の選択・配列の問題、文章表現の問題で創作性が認められるには、単に歴史教科書と比較するだけではなく、一般歴史書と比較しても創作性が必要だとしたことである。歴史教科書というものは、一般歴史書が取り上げているような事項を分かりやすくありふれた文章で表現するものであるから、要するに、二審判決は歴史教科書の著作権を原理的に否定したものなのである。

したがって、これからは、大津寄氏が実践したように、他社の教科書からコピー&ペーストして教科書を作っても合法であるということになっていくだろう。一度検定合格している教科書の文章を使用するわけだから、検定も極めて通りやすくなることは疑いないところである。まさしく、フリーライドが多数行われるようになるだろう。今後は、教科書執筆のために学説研究に時間をかけたり、文章執筆に頭を悩ませたりする執筆者は減少していくこととなろう。教科書作成のインセンティブが与えられなくなるからである。

教科書検定制度は崩れていく

フリーライドが横行し、コピペ教科書が氾濫するようになれば、少なくとも単元本文は、各社教科書が極めて類似したものになっていき、指導要領の範囲内で多様な教科書が競い合うことを前提につくられた検定制度が崩れていくことになろう。それればかりか、教科書の質も当然に低下していくことになろう。ひいては、日本の文化が崩れていくことにもなりかねない。筆者は非常にそのことを恐れる。

知的財産権の秩序の崩壊が予測される

更に強く主張したいのは、育鵬社歴史教科書盗作事件は、決して単なる教科書問題ではないということである。日本の知的財産権をめぐる法秩序全体に関わる問題である。育鵬社などは、前回判決で、扶桑社版教科書の著作物性と藤岡氏ら「つくる会」側の著者の著作権が認められたにもかかわらず、藤岡氏らの許可を得ずに、『新しい歴史教科書』をリライトする形で『新しい日本の歴史』八三単元のうち四四単元を作った。四四単元のうち三三単元に盗作又は著作権侵害の箇所が存在する。こんなことをすれば著作権侵害になることを十分に承知していたから、一から新しく起稿すると約束していたにもかかわらず、そうしたのである。

実に、単元本文171頁のうち50数頁に盗作が存在する。また、盗作に関与した人間は、少なく見積もっても一〇人は超えるだろう。今回の判決のように、こんな大規模な盗作を許してしまったならば、いかなる盗作もし放題ということになろう。ひいては、日本の知的財産権をめぐる法秩序全体を崩壊させていくことになろう。また、育鵬社等による悪質な盗作を国内で許しているようであれば、中国や韓国による知的財産権の侵害を批判できなくなるであろう。今後、日本の知的財産権をめぐる法秩序全体が崩壊の危機を迎えるかも知れない。

資料編

資料1　一審判決（抄）

平成26年12月19日判決言渡　同日原本領収　裁判所書記官
平成25年（ワ）第９６７３号　書籍出版差止等請求事件
口頭弁論終結日　平成26年10月24日

判　　決

（中略）

主　　文

1　原告の請求をいずれも棄却する。
2　訴訟費用は原告の負担とする。

事実及び理由

第1　請求
1　被告らは、別紙書籍目録記載1の書籍（以下「被告書籍1」という。）を出版、販売、頒布してはならない。
2　被告株式会社育鵬社（以下「被告育鵬社」という。）及び被告株式会社扶桑社（以下「被告扶桑社」という。）は、各々が占有する被告書籍1を廃棄せよ。
3　被告らは、原告に対し、各自６０３１万５７５０円及びこれに対する平成23年3月30日から支払済みまで年５分の割合による金員を支払え。

第2　事案の概要

（中略）

3　争点

（1）被告各記述が原告各記述を翻案したものか否か

（2）原告が有する著作者人格権の侵害の有無

（3）各被告の責任原因

（4）損害発生の有無及びその額

第3　争点に関する当事者の主張

（中略）

第4　当裁判所の判断

1　争点（1）（被告各記述が原告各記述を翻案したものか否か）について

（1）翻案について

言語の著作物の翻案（著作権法27条）とは、既存の著作物に依拠し、かつ、その表現上の本質的な特徴の同一性を維持しつつ、具体的表現に修正、増減、変更等を加えて、新たに思想又は感情を創作的に表現することにより、これに接する者が既存の著作物の表現上の本質的な特徴を直接感得することのできる別の著作物を創作する行為をいう。そして、著作権法は、思想又は感情の創作的な表現を保護するものであるから（同法2条1項1号）、既存の著作物に依拠して創作された著作物が思想、感情若しくはアイデア、事実若しくは事件など表現それ自体でない部分又は表現上の創作性がない部分において、既存の著作物と同一性を有するにすぎない場合には、翻案には当たらないというべきである（最高裁平成11年（受）第922号同13年6月28日第一小法廷判決、民集55巻4号837頁参照）。

したがって、歴史上の事実や歴史上の人物に関する事実は、単なる事実にすぎないから、著作権法の保護の対象とならず、また、歴史上の事実等についての見解や歴史観といったものも、それ自体は思想又はアイデアであるから、同様に著作権法の保護の対象とはならないというべきである。他方、歴史上の事実等に関する記述であっても、その事実の選択や配列、あるいは歴史上の位置付け等において創作性が発揮されているものや、歴史上の事実又はそれについての見解や歴史観をその具体的記述において創作的に表現したものについては、著作権法の保護が及ぶことがあるといえる。

そして、上記のように「創作性」又は「創作的」というためには、厳密な意味で独創性が発揮されたものであることは必要ではなく、筆者の何らかの個性が表現されたもので足りるというべきであるが、他方、文章自体がごく短く又は表現上制約があるため他の表現が想定できない場合や、表現が平凡かつありふれたものである場合には、筆者の個性が表現されたものとはいえないから、創作的な表現であるということはできない。

（2） 教科書及びその検定について

前記第2、1の前提事実並びに証拠（乙2、21、22）及び弁論の全趣旨によれば、次の事実が認められる。

ア　原告書籍及び被告書籍2は、いずれも中学校用歴史教科書であり、被告書籍1は、中学校用歴史教科書である被告書籍2を市販本としたものである。

イ　中学校においては、文部科学大臣の検定を経た教科用図書（教科書）を用いなければならず（学校教育法49条・34条）、その教科書検定の基準は、文部科学大臣が公示する教科用図書検定基準の定めるところによるとされている（教科用図書検定規則3条）。そして、同規則に基づいて定められた「義務教育諸学校教科用図書検定基準」（乙2）において、教科用図書（教科書）は、教育課程の構成に応じて組織排列された教科の主たる教材として教授の用に供せられる図書であるとされており（同基準・第1章（2））、その内容の選択及び扱いについては、学習指導要領に示す目標に従って、学習指導要領に示す内容及びその内容の取扱いに示された事項を不足なく取り上げるものとし、基本的に、不必要なものは取り上げないこと（同基準・第2章1（3）、（4））、図書の内容が、使用される学年の生徒の心身の発達段階に適応していること（同（5））、学習指導要領に示す内容及びその取扱いに示す事項が、定められた授業時数に照らして図書の内容に適切に配分されていること（同章2（3））、その話題や題材の選択及び扱いについては、特定の事項、事象、分野などに偏ることなく、全体として調和がとれていることが必要であり、特定の事項を特別に強調しすぎたり、一面的な見解を十分な配慮なく取り上げたりしないこと（同（5）、（6））、構成や排列については、全体として系統的、発展的に構成することとし、網羅的又は羅列的にならないようにすること（同（11））などと定められており、ここでは、教科書記述を公正・中立でバランスのとれたものとすることが求められているものと解される（乙1）。

ウ　文部科学省が作成した中学校学習指導要領（平成20年3月。乙21）及びその解説（「中学校学習指導要領解説　社会編　平成20年9月」。乙22）では、歴史的分野についての内容及び取扱いに関して、例えば、古代までの日本については、「世界の古代文明や宗教のおこり」、「日本列島における農耕の広まりと生活の変化や当時の人々の信仰」、「大和朝廷による統一と東アジアとのかかわり」などの内容を記載することとされており、さらに、このうち「日本列島における農耕の広まりと生活の変化や当時の人々の信仰」については、狩猟・採取を行っていた人々の生活、日本の豊かな自然環境の中における生活が、農耕の広まりとともに変化していったことや、自然崇拝や農耕儀礼などに基づく信仰が人々の中に生きていたことを気づかせ、その際、新たな遺跡や遺物の発見による考古学などの成果の活用を図るようにするなどというように、その取扱いが具体的に示されている。

（3）原告各記述及び被告各記述について

ア　原告は、別紙対比表の「原告主張」欄記載のとおり、47項目において、表現の視点、事項の選択、表現の順序（論理構成）及び具体的表現内容をそれぞれ挙げて、原告各記述に創作性があるとし、それらの創作的部分が被告各記述と共通しているから、被告各記述が原告各記述の翻案に当たると主張する。

イ　この点、「表現の視点」として主張される内容が、単に記述内容についての著者のアイデアや制作意図ないし編集方針、あるいは歴史観又は歴史認識にすぎない場合は、それ自体は表現ということができないものであるから、それによって、著作権法で保護されるべき著作物の創作性を基礎付けることはできないというべきである。そのような場合は、その表現の視点自体ではなく、その視点に基づいて記された具体的な記述について、表現上の創作性の有無が検討されることが必要となる。

ウ 「事項の選択」に関しては、歴史教科書である原告書籍及び被告書籍に記載されている事項は、いずれも歴史上の事実そのもの又はその事実についての見解ないし認識であって、それ自体を表現ということはできないから、それらの個々の事項について著作権法の保護が及ぶものとはいえない。

他方、書籍においてどのような事項を取り上げ、それらの事項をどのように組み合わせるかについては、著者による独自の創意や工夫の余地があるから、一般論としては、その具体的な選択の結果に、何らかの表現上の創作性が表れることはあり得るということができる。

もっとも、前記（2）のとおり、歴史教科書については、教科書の検定基準並びに学習指導要領及びその解説において、その記述内容及びその具体的な記述の方法が相当詳細に示されており、そこに記載できる事項は限定的であるというべきであるから、その中で著者の創意工夫が発揮される余地は大きいとはいえない。そこでは、仮に著者が主観的には創意工夫を凝らしたというものであっても、これを具体的な記述として表現するについては、検定基準及び学習指導要領に基づく歴史教科書としての上記制限に従った表現にならざるを得ないのであるから、表現の選択の幅は極めて狭いというべきであり、客観的には、そこに著者の独自性や個性が表われないということもあり得るのであって、その場合には、表現上の創作性があるということはできない。

したがって、例えば、ある歴史教科書の一単元において選択された複数の事項の組合せが、他の歴史教科書の同じ単元において選択された事項の組合せと異なる場合であっても、当該歴史教科書で取り上げられた個々の事項が、いずれも他の歴史教科書にも記載されているような一般的な歴史上の事実又は歴史認識にすぎないときは、通常、それらの事項の組合せは、歴史教科書に記載され得る一般的な事項の中から、著者が適宜選択をした結果であるといえ、そこに著者独自の創意工夫が表れているということはできないから、その組合せの相違をもって歴史教科書の個性であるということはできないと解される。

また、ある歴史教科書に、他の歴史教科書には記載のない事項が取り上げられて記載されている場合でも、その事項が歴史文献等に記載されている一般的な歴史上の事実又は歴史認識にすぎないときは、それを当該歴史教科書の中の関連する単元で取り上げ、一般的に歴史教科書に記載される歴史的事項に関連して、その説明のために、又はそれを敷衍するものとして、付加して記述することは、歴史学習のための教科書としては通常のことであるから、当該歴史教科書にそのような他の歴史教科書に記載のない事項があるというだけでは、そこに歴史教科書としての個性が表れていると解することはできないというべきである。

エ　原告は「表現の順序（論理構成）」の創作性を主張するところ、事項の選択において取り上げられた複数の事柄をどのような順序で配列して記載するかという点には、著者の創意や工夫が発揮されることがあるから、一般論としては、そこに何らかの表現上の創作性を認める余地はあるということができる。

もっとも、前記（2）のような歴史教科書の性質上、一つの単元で取り上げることが可能な事項の数は限られており、しかも、それらの事項は、系統的に配列されて、生徒が理解しやすいように記述されることが求められているといえるから、特に歴史教科書においては、ある単元において取り上げられた複数の歴史的事実をどのような順序で配列するかについての選択の幅は限られており、そこに著者の個性が表れていると認められる場合は少ないものといわざるを得ない。

この点、例えば、歴史的事実を単に時系列に沿って配列するような場合は、そこに著者の創意や工夫があるということはできない。また、複数の関連する事項を、通常の歴史教科書において考慮されるような、歴史的な因果関係、相互の関連性、歴史学習における重要性などの観点に従って、生徒の読みやすさや理解のしやすさに配慮しつつ、論理的な文章として、適宜、配列して表現したにすぎないような場合も、それは歴史教科書としてありふれた配列というべきであるから、仮にその配列がたまたま他の歴史教科書の配列と異なっているとしても、そこに著者の個性が表れているということはできない。それゆえ、そのような場合は、その配列の差異をもって、著作権法によって保護される著作物としての創作性を基礎付けることはできないというべきである。

オ　表現の視点に当たるアイデア、制作意図・編集方針又は歴史観などは、前記イのとおり、それ自体は表現ではなく、著作権法によって保護されるものではないのであるから、仮にその表現の視点が独自のものといい得るとしても、その表現の視点に基づいて記述された具体的な表現内容が、単に著者のアイデア、制作意図・編集方針又は歴史観などをそのまま文章にして記述したにすぎない場合や、その表現の視点に基づけば、誰が書いてもそのような文章としてしか表現できず、あるいは、その文章表現が平凡なものにとどまるときは、その文章は、表現の視点という著作権法で保護されない点において独自性があるというにすぎず、その具体的な表現内容において、著作権で保護されるべき表現上の創作性を有するものということはできない。

また、歴史教科書において取り上げられ、その表現の素材とされている歴史上の事実又は歴史認識も、前記ウのとおり、それ自体は著作権法で保護されるべき表現には当たらないのであるから、上記と同様に、仮に取り上げられた歴史上の事実あるいは歴史認識がそれ自体として独自性を有するものであるとしても、そのような事実あるいは認識を、ありふれた構文や一般的な言い回しで、生徒が理解しやすいような文章として記述したというだけでは、その具体的な表現内容において創作性があるということはできない。

したがって、二つの歴史教科書が、その具体的な記述の内容において共通する部分があるとしても、その共通部分が上記のように表現上の創作性が認められないものである場合には、それを翻案の根拠とすることはできないというべきである。

カ　原告が翻案を主張する47項目での被告各記述及び原告各記述は、それぞれ別紙対比表の「被告書籍」欄及び「原告書籍」欄に記載のとおりであるところ、証拠（甲1ないし3、37）及び弁論の全趣旨によれば、被告各記述は、少なくとも同対比表の「裁判所の判断」欄の「事項の選択」に挙げた各事項が記載されているという点で、原告各記述と共通しているものと認めることができる。

もっとも、被告各記述における翻案の成否については、前記イないしオの各点を考慮して検討すべきであるところ、同対比表の「裁判所の判断」欄に記載のとおり、原告が表現の視点と主張する内容は、いずれも原告のアイデア、制作意図・編集方針又は歴史観ないし歴史認識など、それ自体表現ではなく、著作権法による保護の対象とならないものであると認められ、また、原告各記述と被告各記述は、上記認定に係る事項が選択されている点で共通しており、それらの事項の配列や、それらの事項を用いた記述内容において共通する部分があるということができるものの、それらの共通部分はいずれも、歴史的事実や歴史認識それ自体であって表現ということができないものであるか、あるいは、事項の選択・配列及びその具体的表現内容のいずれにおいても創作性を認めることができないものであると認められ、他方で、それ以外の点では、原告各記述及び被告各記述の文章表現は異なるものとなっており、その具体的な表現内容が共通していないものと認められる。

したがって、原告が主張する47項目における被告各記述は、いずれも原告各記述の翻案に当たるものとは認めることができない。

（4）原告の主張について

ア　表現の視点の違いに基づく創作性につき

（ア）原告は、表現の視点（歴史観ないし歴史認識など）の違いは自ずと記載事項の選択や表現の順序、具体的表現内容に反映されるものであって、原告各記述は、原告独自の表現の視点から創作的になされた事項の選択・配列であり、それが具体的な表現内容と相まって創作的な表現となっており、被告各記述は、その事項の選択・配列及び具体的表現内容までそっくりであると主張する。そして、原告は、これを裏付けるものとして、報告書（甲

37）による比較を挙げて、被告各記述が、事項の選択及び配列、歴史観ないし歴史認識並びにその具体的な表現内容において、原告各記述と酷似しており、他方で、原告各記述が他社の教科書の記述とは大きく相違していると主張する。

この点、上記報告書は、原告訴訟代理人が、原告書籍、被告書籍及び他社（東京書籍と帝国書院）の各歴史教科書について、別紙対比表の47項目に対応する箇所で記述された歴史的事項の選択・配列を対照したものであるが、その内容は、47項目のうちの大半で、原告書籍は、その記述された事項が被告書籍と類似しており、その類似の程度は、東京書籍及び帝国書院の各教科書との類似の程度を圧倒的に上回っており、また、歴史観ないし歴史認識が表れているとされる26項目では、そのほとんどの項目で、原告書籍と被告書籍の歴史観ないし歴史認識が共通しており、これと東京書籍及び帝国書院の各教科書が対立しているというものである。

（イ）しかし、歴史教科書に記述された歴史上の事実又は歴史認識そのものは、著作権法の保護の対象となる表現ではないのであって、また、原告の上記主張は、原告書籍と被告書籍が共通の歴史認識に立っており、その意味で歴史認識の異なる他の歴史教科書と相違するといっているにすぎず、上記共通の歴史認識に立脚して歴史教科書を表現しようとすれば、その表現の選択の幅は極めて狭いため、同じような表現にならざるを得ないのであるから、原告各記述で選択された事項と被告各記述で選択された事項がいかに共通するものであるとしても、それだけでは、両者が創作的な表現部分において共通しているということはできない。それゆえ、原告書籍と被告書籍における選択された事項の類似性の程度が、他の歴史教科書と比較して高いものであったとしても、そのことを翻案の根拠とすることはできない。

また、表現の視点（歴史親ないし歴史認識など）の違いが事項の選択に反映され、そこに創作性があるとの原告の主張については、別紙対比表の「裁判所の判断」欄に記載のとおり、原告各記述においては、その事項の選択について著者の個性が発揮されているということができないから、いずれも創作的な事項の選択と認めることはできない。この点、上記報告書では、表現の視点に当たる「歴史観・歴史認識」として種々の内容が挙げられているが、そのほとんどは、例えば、項目1において、原告書籍及び被告書籍は縄文土器を1万数千年前から作られた世界最古の土器の一つと見るのに対して、他の二つの教科書は1万年前から作られたと見るとし、また、項目15において、鎌倉幕府の成立時期について原告書籍及び被告書籍は1192年説に立ち、他の二つの教科書は1185年説に立つというように、単に歴史的事実に関する学問上の見解ないし歴史認識の違いを表現の視点の違いと主張しているにすぎない。その余の項目についても、例えば、項目12において、原告書籍及び被告書籍は「日本が世界一の鉄砲生産国になったこと」を記すが、他の二つの教科書はこれを記さないとし、また、項目25において、原告書籍及び被告書籍は「万世一系」を記すのに対して、他の教科書はこれを記さないとするように、単にある事項を取り上げたか否かという違いを表現の視点の違いと主張するものにすぎない。その結果、原告が独自の表現の視点に基づいて事項を選択したと主張する点は、単に、歴史的事実に関する学問上の見解ないし歴史認識をそのまま記載事項として取り上げたものか、ある事項を記載するという制作意図ないし編集方針に従って当該事項を取り上げたというにすぎないものであって、その事項の選択において創意や工夫を伴うようなものであるとはいえない。

したがって、仮に原告書籍で選択された事項が他の歴史教科書と異なるものであるとしても、それは著作権法で保護されない歴史観ないし歴史認識又は制作意図若しくは編集方針といった表現それ自体ではない部分において違いがあるというにすぎず、事項の選択に著者の個性が表れているということはできないから、そこに表現上の創作性を認めることはできないと認めるのが相当である。

（ウ）表現の視点（歴史観ないし歴史認識など）の違いが表現の順序（事項の配列）に反映されているとの原告の主張については、そもそも原告は、別紙対比表の「原告主張」欄のとおり、47項目のほとんどで、被告各記述の表現の順序が原告各記述のそれと同一、ほぼ同一、又は基本的に同一などと主張するのみであって、原告各記述における表現の順序のどの部分にどのような工夫がなされており、そこに著者の個性が表れているといえるのかを具体的に主張していない。

そして、原告各記述の事項の配列を個別に検討しても、それらは、いずれも時系列に沿ったものであるか、一般的でありふれた配列というべきものであって、そこに格別の工夫があるとか、著者の個性が表れているということができないことは、別紙対比表の「裁判所の判断」欄に記載のとおりである。

（エ）具体的表現内容に関して、原告各記述と被告各記述とは、事項の選択及び配列においては共通する部分があり、その共通する選択事項をその共通する配列に従って記述したという限りでは、記述内容においても共通ないし類似する部分があると認めることができるものの、その点を除くと、原告各記述と被告各記述は、その文章表現の多くが異なっており、具体的な表現内容においては、むしろ相違しているというべきである。

そして、前記（イ）及び（ウ）のとおり、原告各記述については、その事項の選択及び配列に表現上の創作性を認めることはできないのであるから、そのように創作性のない選択事項が創作性のない配列に従って記述されているという点が共通するとしても、それをもって、創作的な表現部分における共通性ということはできない。

（オ）よって、原告各記述が、独自の表現の視点を反映して、その事項の選択、配列及び具体的表現内容に創作的な表現がなされており、その創作的部分において被告各記述と共通しているとの原告の主張は、採用することができない。

イ　別件事件の判決につき

原告は、別件事件の判決が、原告書籍について「表現の視点、表現すべき事項の選択、表現の順序（論理構成）、具体的表現内容などの点において、創作性が認められる」として、その著作物性を肯定していると主張する。

しかし、別件事件の判決(甲5)は、上記判示部分において、抽象的に原告書籍の創作性を肯定しているにすぎず、原告書籍の個々の記述について、その記述のいかなる点に創作性があるかについては何ら触れていない。原告書籍が、その書籍の本文部分又は各単元の記述において何らかの創作性を有し、それが著作物と認められるとしても（なお、本件では、被告らも、原告書籍が著作物であることは争っていない。）、そのことと、本件で、原告各記述における被告各記述との共通部分に表現上の創作性が認められるか否かは別の問題であるから、別件事件判決の上記判示は、本件における翻案の根拠となるべきものとはいえない。

よって、原告の上記主張は採用することができない。

（5）小括

以上のとおり、被告各記述は、表現それ自体でない部分又は表現上の創作性がない部分において、原告各記述と同一性を有するにすぎないから、被告各記述が原告各記述を翻案したものであるということはできない。

また、そうである以上、被告書籍によって、原告書籍に係る原告の著作者人格権（氏名表示権及び同一性保持権）が侵害されたということもできない。

2 結論

以上によれば、その余の点を判断するまでもなく、原告の請求はいずれも理由がないからこれを棄却することとし、主文のとおり判決する。

東京地方裁判所民事第40部

裁判長裁判官　東海林保

裁判官　今井弘晃

裁判官　足立拓人

資料2　控訴審でも著作権侵害を主張した二一項目と「16　鉄砲伝来」「25　国学・蘭学」

＊項目16と25は控訴審では著作権侵害を主張していないが、本文で詳しく扱っているので掲げることにする。

一　縄文時代

●被控訴人書籍（育鵬社版）

単元2「豊かな自然と縄文文化」下、「日本列島の豊かな自然」↓「縄文人の暮らしと文化」の小見出し下、

「このように日本列島は、豊かな自然環境にめぐまれ、食料となる動植物が豊富だったため、植物は栽培されていませんでしたが、大規模な農耕や牧畜は始められていませんでした。

今から1万数千年前、人々は、食物を煮炊きしたり保存したりするための土器をつくり始めました。これらの土器は、その表面に縄目の模様（文様）がつけられることが多かったため、のちに縄文土器とよばれることになります。これは世界で最古の土器の一つで、縄文土器が使用されていた1万数千年前から紀元前4世紀ごろまでを縄文時代とよび、このころの文化を縄文文化といいます。

縄文時代の人々は、数十人程度の集団で暮らしていました。住まいは、地面に掘った穴に柱を立て、草ぶきの屋根をかけた竪穴住居でした。人々が、骨や貝殻など、食べ物の残りを捨てたごみ捨て場は貝塚とよばれ、そこから出土する土器や石器などからは、当時の人々の生活のようすがうかがえます。

青森県の三内丸山遺跡からは、約5千年前の巨大な集落跡が発見され」（20～21頁）。

● 控訴人書籍（扶桑社版）

単元2「縄文文化」下、「豊かな自然のめぐみ」→「縄文土器の時代」の小見出し下、

「日本列島は食料にめぐまれていたので、人々は大規模な農耕や牧畜を始めるにはいたらなかった。

今から1万数千年前も前から、日本列島の人々はすでに土器をつくりはじめていた。これは、世界で最古の土器の一つである。この時代の土器は、表面に縄目の文様がつけられたものが多いことから、縄文土器とよばれている。それらの多くは深い鉢で、煮炊きなどに用いられた。男たちは小動物の狩りと漁労に出かけ、女たちは植物の採集と栽培にいそしみ、年寄りは火のそばで煮炊きの番をするといった生活の場面が想像される。

縄文土器が用いられていた、1万数千年前から紀元前4世紀ごろまでを縄文時代とよび、このころの文化を縄文文化とよぶ。

当時の人々は、数十人程度の集団で、小高い丘を選んで生活していた。住まいは、地面を掘って床をつくり、柱を立てて草ぶきの屋根をかけた、竪穴住居とよばれるものだった。人々が貝殻などの食べ物の残りかすをすてた跡である貝塚からは、土器の破片や石器が発見され、当時の生活のようすをうかがうことができる。青森県の三内丸山遺跡からは、約5千年前の大きな集落の跡が見つかっている」（18〜19頁）。

2　稲作開始

● 被控訴人書籍（育鵬社版）

単元4「稲作・弥生文化と邪馬台国」下、「水田による稲作」の小見出し下、

「わが国には、すでに縄文時代末期に大陸からイネがもたらされ、畑や自然の湿地で栽培が行われていました。その後、紀元前4世紀ごろまでに、灌漑用の水路をともなう水田での稲作が、大陸や朝鮮半島から九

州北部にもたらされると、稲作はしだいに広がり、東北地方にまで達しました。

本格的な稲作が始まると、人々は平野や川のほとりに住み、ムラ（村）をつくるようになりました。人々は協力して作業を行い、木のすきやくわで水田を開き、石包丁で稲の穂をつみ取って収穫しました。稲穂は湿気やねずみを防ぐため高床式倉庫で保存されました。」（24頁）

控訴人書籍（扶桑社版）

単元4「稲作の広まりと弥生文化」下、「水田稲作の始まり」の小見出し下、

「すでに日本列島には、縄文時代に大陸からイネがもたらされ、畑や自然の水たまりを用いて小規模な栽培が行われていたが、紀元前4世紀ごろまでには、灌漑用の水路をともなう水田を用いた稲作の技術が九州北部に伝わった。稲作は西日本一帯にもゆっくりと広がり、海づたいに東北地方にまで達した。

稲作が始まると、これまで小高い丘に住んでいた人々は、稲作に適した平地に移り、ムラ（村）をつくって暮らすようになった。人々は共同で作業し、大規模な水田がつくられるようになった。稲穂のつみ取りには石包丁が用いられ、収穫して乾燥させた稲を納める高床式倉庫が建てられた。ムラでは豊かな実りを祈り、収穫に感謝する祭りが行われた。」（24頁）

9　記紀・風土記

被控訴人書籍（育鵬社版）

単元12「天平文化」下、「神話と歴史書の完成」の小見出し下、

「律令政治のしくみが整い、国際交流もさかんになるなか、わが国にも国家としての自覚が生まれ、国のおこりや歴史をまとめようとする動きがおこりました。まず、『古事記』がつくられ、ついで朝廷の事業と

して『日本書紀』が編さんされました。『古事記』は民族の神話と歴史として伝えられたものを記録した、文学的な価値の高い物語であり、『日本書紀』は国家の正史として、歴代の天皇とその歴史が年代順に記されたものです。

さらに朝廷は、国司に命じて、地方ごとに伝説や地理、産物などを調べさせ、『風土記』を編集させました。」（44頁）

●控訴人書籍（扶桑社版）

単元13「奈良時代の律令国家」下、「歴史書の編纂」の小見出し下、

「律令国家のしくみが整うと、国のおこりや歴史を書物にまとめようとする動きがおこった。まず、『古事記』がつくられ、民族の神話と歴史がすじみち立った物語としてまとめられた。ついで、『日本書紀』が完成し、国家の正史として、歴代の天皇の系譜とその事績が詳細に記述された。

二つの歴史書は、天皇が日本の国を治めるいわれを述べたものであるが、その中で語られる神話・伝承からは、当時の人々の信仰やものの考え方を知ることができる。

さらに朝廷は、国司に命じて、地方ごとに伝説や地理、産物を調べて『風土記』をつくらせ、各地のようすを記録させた。」（44頁）

10　国分寺建立

●被控訴人書籍（育鵬社版）

単元12「天平文化」下、「奈良の都に咲く仏教文化」の小見出し下、

「聖武天皇は、国ごとに国分寺と国分尼寺を建て、日本のすみずみに仏教をゆきわたらせることで、政治

や社会の不安をしずめ、国家に平安をもたらそうとしました。また、都には全国の国分寺の中心として東大寺を建立し、金銅の巨大な仏像（大仏）をつくりました。」（45頁）

●控訴人書籍（扶桑社版）

単元13「奈良時代の律令国家」下、「聖武天皇と大仏建立」の小見出し下、

「聖武天皇は、国ごとに国分寺と国分尼寺を置き、日本のすみずみにまで仏教の心を行き渡らせることによって、国家の平安をもたらそうとした。都には全国の国分寺の中心として東大寺を建て、大仏の建立を命じた。大仏開眼の儀式は、インドの高僧を招いてはなやかに行われた。これらの事業は莫大な資金を必要としたが、人々は協力して完成させた。」（45頁）

15　鎌倉幕府の成立

●被控訴人書籍（育鵬社版）

単元16「武士の世の到来と鎌倉幕府」下、「武士の都・鎌倉」の小見出し下、

「頼朝は、平泉に逃れた義経を奥州藤原氏に討たせ、続いて奥州藤原氏を攻めほろぼすと、1192（建久3）年、朝廷から征夷大将軍に任命されました。頼朝は鎌倉に武家政治の拠点を築いたので、これを鎌倉幕府とよび、幕府が鎌倉に置かれた約150年間を鎌倉時代といいます。」（67頁）

●控訴人書籍（扶桑社版）

単元19「鎌倉幕府」下、「鎌倉幕府の成立」の小見出し下、

「その後、義経が頼朝と対立し、平泉（岩手県）の奥州藤原氏のもとにのがれると、頼朝はその勢力を攻

めほろぼして、東北地方も支配下に入れた。

1192（建久3）年、頼朝は朝廷から征夷大将軍に任命された。頼朝は鎌倉に、簡素で実際的な武家政治の拠点を築いた。これを鎌倉幕府とよび、鎌倉に幕府が置かれた約140年間を、鎌倉時代という。」（68頁）

16　鉄砲伝来

●被控訴人書籍（育鵬社版）

単元25「ヨーロッパ人の来航」下、「鉄砲の伝来とその影響」の小見出し下、

「1543（天文12）年、種子島（鹿児島県）に流れ着いた中国船にポルトガル人が乗っていました。彼らはわが国を最初に訪れたヨーロッパ人であり、彼らがたずさえていた鉄砲（火縄銃）は、その後のわが国の歴史に大きな影響をおよぼしました。

鉄砲は戦国大名の関心を集め、たちまち各地に広がりました。堺（大阪府）や国友（滋賀県）などでは、刀鍛冶職人が生産を開始し、のちに日本は世界一の鉄砲生産国となりました。

鉄砲という新兵器の出現は、それまでの戦術を大きく変え、築城技術の向上をもたらしました。鉄砲の大量生産は、製鉄技術や鉱山開発などの技術革新を生んだほか、戦国大名の軍事力に大きな差をもたらし、のちの全国統一を早める役割も果たしました。」（92頁）

●控訴人書籍（扶桑社版）

単元28「ヨーロッパ人の来航」下、「鉄砲の伝来とキリスト教の布教」の小見出し下、

「1543（天文12）年、シャム（現在のタイ）からポルトガル人を乗せた中国船が、暴風雨にあい、種子島（鹿児島県）に漂着した。彼らが、日本に来た最初のヨーロッパ人となった。

このとき、鉄砲が日本に伝えられた。戦乱の時代だったので、鉄砲は新兵器として注目され、たちまち全国に広がった。まもなく、堺（大阪府）など各地で刀鍛冶が鉄砲の生産を始め、やがて日本は世界一の鉄砲生産国となった。鉄砲の使用は、それまでの戦闘の方法を大きく変えて、全国統一を早めるという効果をもたらした。」（92頁）

17　南蛮貿易とキリシタン大名

●被控訴人書籍（育鵬社版）

単元25「ヨーロッパ人の来航」下、「南蛮貿易とキリシタン大名」の小見出し下、

「16世紀末、ポルトガル人に続き、スペイン人も日本にやって来るようになりました。彼らは南蛮人とよばれ、平戸（長崎県）や長崎などに来航し、貿易が始まりました。南蛮人は、中国産の生糸や絹織物、ヨーロッパの火薬、鉄砲、ガラス製品、毛織物、時計などをもたらしました。一方、鉱山開発により世界有数の銀の産出国になっていた日本は銀を輸出しました。これを南蛮貿易といいます。

九州各地の大名は、貿易による利益のため領内での宣教師の活動を許可しました。しかし、大名の中には、キリスト教を保護するだけでなく、自らキリスト教の信者になる者もあらわれました（キリシタン大名）。

1582（天正10）年、九州の大友宗麟ら3人のキリシタン大名は4人の少年をスペイン国王とローマ教皇のもとへ派遣しました（天正遣欧使節）。少年たちは3年がかりでローマにつき、大歓迎を受けました。」（93頁）

●控訴人書籍（扶桑社版）

単元28「ヨーロッパ人の来航」下、「南蛮貿易とキリシタン大名」の小見出し下、

「16世紀末には、ポルトガル人に続いて、フィリピンを拠点とするスペイン人も日本にやって来た。日本人は、ポルトガル人とスペイン人を南蛮人とよんだ。彼らは、日本に火薬、時計、ガラス製品などヨーロッパの品々や、中国産の生糸・絹織物をもたらした。他方、日本は当時、世界有数の銀の産出国だったので、南蛮人たちは日本で銀を手に入れて、アジア各地との交易に用いた。これを南蛮貿易という。

南蛮貿易の利益に着目した西日本の大名たちの中には、キリスト教を保護し、みずから入信する者もあらわれた。彼らをキリシタン大名という。最初のキリシタン大名となった九州の大村氏は、長崎を開港してイエズス会に寄進した。長崎は、貿易と布教の拠点となり、その後もヨーロッパとの窓口の役割を果たすようになった。

キリシタン大名の保護を受けて、長崎、山口、京都などには教会（南蛮寺）もつくられるようになり、キリスト教は西日本を中心に広がった。

1582（天正10）年には、3人のキリシタン大名が、4人の少年をローマ教皇のもとに使節として送った（天正遣欧使節）。少年たちは3年がかりでローマに着き、大歓迎を受け、ヨーロッパでは日本に対する関心が高まった。この時期から、日本人の東南アジアへの進出も本格化した。」（92～93頁）

19　秀吉の全国統一

●被控訴人書籍（育鵬社版）

単元26「織田信長と豊臣秀吉の全国統一」の下、「豊臣秀吉による全国統一」の小見出し下、

「尾張の貧しい農家に生まれた豊臣秀吉は、信長の家臣として才能を発揮し、織田方有数の武将として、その地位をかためていきました。備中（岡山県）で毛利方の軍勢と対戦していた秀吉は、本能寺の変を知ると、ただちに毛利方と和を結び、京都で明智光秀を討ちました。その後も、織田方の有力な家臣たちとの戦

いを勝ちぬき、信長の後継者の地位を確立しました。

1583（天正11）年、秀吉は壮大な大阪城の築城を開始して、全国統治の意思を示しました。1585（天正13）年には、朝廷から関白に任命され、翌年には太政大臣に任じられました。関白となった秀吉は、天皇から全国の統治をまかされたとして全国の大名に停戦を命じ、これに従わなかった九州の島津氏などを攻めて降伏させ、1590（天正18）年には、関東の北条氏をほろぼし、奥州を平定して、全国統一をなしとげました。」（95頁）

控訴人書籍（扶桑社版）

単元29「織田信長と豊臣秀吉」下、「豊臣秀吉の全国統一」の小見出し下、

「織田信長の全国統一の事業を受けついで完成したのが、信長の家臣であった豊臣秀吉である。備中（岡山県）高松城の毛利方の軍勢と対陣していた秀吉は、本能寺の変の知らせに接すると、ただちに毛利方と和議を結び、いち早く軍を引き返して、明智光秀を討った。さらに、織田家のほかの有力な家臣たちとの争いにも勝利し、信長の後継者としての地位を確立した。

1583（天正11）年に、秀吉は、信長の安土城を手本にした、巨大な大阪城の建造に着手し、全国を統治しようとする意思を示した。このあと、秀吉は朝廷から関白の位を得ることに成功した。これによって秀吉は、天皇から全国の統治をまかされたとして、全国の大名を次々に降伏させた。1590（天正18）年には、秀吉に対抗する大名がいなくなり、全国統一の事業は完成した。」（95頁）。

20　秀吉の朝鮮出兵

被控訴人書籍（育鵬社版）

単元27「豊臣秀吉の政治と外交」下、「秀吉の対外政策と朝鮮出兵」の小見出し下、

「また、秀吉は海外進出をこころざし、フィリピンや台湾などに服属を求める手紙を送りました。さらに明への出兵を計画し、朝鮮に服属と明への出兵の道案内を求めました。

全国統一を成しとげ、意気さかんだった秀吉は、1592（天正20）年、明への出兵の案内を断った朝鮮に、15万あまりの大軍を送りました。秀吉軍は、首都漢城（現在のソウル）を落とすなど優勢でしたが、李舜臣が率いる朝鮮水軍の活躍や民衆の抵抗、明の援軍などで戦いは不利となり、明との講和をはかって兵を引きました（文禄の役）。しかし、明との交渉はまとまらず、1597（慶長2）年、秀吉はふたたび朝鮮に14万人あまりの大軍を送りました。ところが、苦戦を強いられたうえ、翌年には秀吉が病死したため撤兵しました（慶長の役）。朝鮮出兵で、朝鮮の国土や人々の生活はいちじるしく荒廃しました。また、この失敗は、豊臣政権がくずれる原因の一つとなりました」（97頁）。

控訴人書籍（扶桑社版）

単元30「秀吉の政治」下、「朝鮮への出兵」の小見出し下、

「約100年ぶりに全国統一を果たし、秀吉の意気はさかんだった。秀吉は、中国の明を征服し、天皇とともに大陸に移り住んで、東アジアからインドまでも支配しようという巨大な夢をもつにいたった。1592（文禄元）年、秀吉は、15万あまりの大軍を朝鮮に送った。加藤清正や小西行長などの武将に率いられた秀吉の軍勢は、たちまち首都の漢城（現在のソウル）を落とし、朝鮮北部にまで進んだ。しかし、朝鮮側の李舜臣が率いる水軍の活躍、民衆の抵抗、明の朝鮮への援軍などで、不利な戦いとなり、明との和平交渉のために兵を引いた（文禄の役）。

しかし、明との交渉はととのわず、1597（慶長2）年、秀吉はふたたび約14万の大軍を派遣した。と

ところが、今度は朝鮮南部から先に進むことができず、翌年、秀吉が死去し、兵を引きあげた（慶長の役）。2度にわたって行われた出兵により、朝鮮の国土や人々の生活は著しく荒廃した。この出兵に、莫大な費用と兵力をついやした豊臣家の支配はゆらいだ」（97頁）。

24 フェートン号事件・モリソン号事件

●被控訴人書籍（育鵬社版）

単元38「欧米諸国の接近」下、「イギリス・アメリカの接近」の小見出し下、

「18世紀末のヨーロッパでは、フランス革命により共和国となったフランスが勢力を強めオランダを征服しました。イギリスはこの機会にオランダの海外拠点をうばおうとして、東アジアへの動きを活発化させました。

1808（文化5）年には、イギリスのフェートン号が長崎港に侵入し、オランダ商館員を連れ去り、食料をうばうなどの乱暴をはたらくという事件がおこりました（フェートン号事件）。

一方、北太平洋ではアメリカの捕鯨活動がさかんになっていました。これらの船は、わが国に接近して、水や燃料の補給を求めるようになりました。これに対し幕府は、海岸防備をかためるとともに、1825（文政8）年には異国船打払令を出して、鎖国政策を守ろうとしました。

1837（天保8）年、日本人の漂流民を救助して、わが国に送り届けようとしたアメリカ船モリソン号が、異国船打払令によって砲撃される事件がおきました（モリソン号事件）。これに対し、高野長英や渡辺崋山などの蘭学者は、西洋の強大な軍事力を知って、異国船打払令を批判する本を書いたため、幕府は彼らをきびしく処罰しました（蛮社の獄）。」（122～123頁）

控訴人書籍（扶桑社版）

単元40「欧米諸国の接近」下、「イギリス・アメリカの接近」の小見出し下、

「19世紀に入ると、イギリスとアメリカの船も、しばしば日本の近海に出没するようになった。1808（文化5）年、イギリスの軍艦フェートン号が長崎港に侵入し、当時対立していたオランダの長崎商館の引き渡しを求め、オランダ人2人をとらえるなどの乱暴をはたらいた（フェートン号事件）。このように、日本はヨーロッパの国際情勢の変化に影響されるようになった。

いっぽう、北太平洋では、アメリカの捕鯨船の活動がさかんになり、日本の太平洋岸にこれらの船が接近して、水や燃料を求めるようになった。幕府は、海岸防備を固めて鎖国を続ける方針を決め、1825（文政8）年には、異国船打払令を出した。そのため、幕府は、1837（天保8）年、浦賀（神奈川県）に日本の漂流民をとどけにきたアメリカ船モリソン号を砲撃して打ち払った（モリソン号事件）。

蘭学者の高野長英や渡辺崋山は、西洋の強大な軍事力を知って、幕府の措置を批判した。しかし、幕府は彼らをきびしく処罰した（蛮社の獄）。」（121頁）

25　国学・蘭学

被控訴人書籍（育鵬社版）

単元41「新しい学問と思想の動き」下、「新しい学問・国学と蘭学」の小見出し下、

「18世紀半ばになると、儒教や仏教などの外国の思想が渡来する以前の、日本古来の姿を学ぼうとする国学が生まれました。本居宣長は、『古事記』を研究して『古事記伝』をあらわし、国学を大成しました。皇室の系統が絶えることなく続いていること（万世一系）が、日本が世界にすぐれるゆえんだとする国学は、天皇を尊ぶ思想と結びつき、幕末の尊皇攘夷運動にも影響をあたえました。

徳川吉宗の時代には、キリスト教と関係のない漢訳の西洋の書物の輸入が認められ、西洋の学問や文化をオランダ語で学ぶ蘭学がおこりました。」（130頁）

●**控訴人書籍（扶桑社版）**

単元42「新しい学問と思想の動き」下、「新しい学問の発展」の小見出し下、

「伊勢松阪（三重県）の本居宣長は、『古事記』など日本の古典の研究を通して、儒教や仏教の影響を受ける以前の、日本人の素朴な心情を明らかにした。特に皇室の系統が絶えることなく続いていること（万世一系）が、日本が世界にすぐれるゆえんであると説いて、国学とよばれる学問の伝統を切り開いた。国学は、やがて町人や農民の有力者のあいだに広まり、皇室を尊ぶ考え方をつちかった。

いっぽう、8代将軍徳川吉宗は、キリスト教と関係のない西洋の書物の輸入を認めたので、ヨーロッパの学問をオランダ語を通して学ぶ蘭学が発展していった。」（126頁）

26　尊王攘夷運動

●**被控訴人書籍（育鵬社版）**

単元45「尊皇攘夷と江戸幕府の滅亡」下、「尊皇攘夷と安政の大獄」の小見出し下、

「幕府が外国との条約を結んだことに対し、朝廷の意向に逆らって外国に屈服したものであるとの批判がわきおこりました。やがてこうした批判は、天皇を敬い朝廷をもり立てようとする尊王思想と、外国を打ち払おうとする攘夷論とが結びついた尊皇攘夷運動へと発展していきました。

このような幕府への批判に対し、井伊直弼はきびしい態度でのぞみました。公家や大名の中には役職を解かれたり、処罰される者が相つぎ、長州（山口県）の吉田松陰や越前（福井県）の橋本左内など、100人

あまりに激しい弾圧が加えられました。これを安政の大獄といいます。

これに対し、尊王攘夷派は1860(万延元)年、水戸藩(茨城県)などの浪士たちを中心として、江戸城桜田門外で井伊直弼を襲い、暗殺しました(桜田門外の変)。この事件によって、幕府の権威はさらに低下しました。」(146頁)

●控訴人書籍(扶桑社版)

単元46「尊王攘夷運動の展開」下、「尊王攘夷運動」の小見出し下、

「幕府が通商条約に調印したことに対し、朝廷の意向を無視し外国に屈服したことになるとの批判がわき上がった。それは、朝廷を盛り立てる尊王と、外国を打ち払うべしとする攘夷の要求が結びついた、尊王攘夷運動に発展していった。

条約の締結を推進した幕府の大老井伊直弼は、前水戸藩主徳川斉昭や、長州藩(山口県)の吉田松陰など尊王攘夷派100人あまりに、はげしい弾圧を加えた(安政の大獄)。しかし、1860(万延元)年、井伊直弼は江戸城に出勤する途上、桜田門の近くで、安政の大獄に憤った水戸藩などの浪士たちに暗殺された(桜田門外の変)。この事件で幕府の権威はますます失われた。」(138頁)

27 戊辰戦争

●被控訴人書籍(育鵬社版)

単元46「五箇条の御誓文と明治維新」下、「維新の内戦」の小見出し下、

「天皇を中心とした新政府の中枢は、倒幕派の公家と大名・武士でかためられました。新政府はさらに、徳川慶喜の官職と領地の返上を命じました。この処置に憤った旧幕府側は、1868(慶応4)年1月、京

都で新政府軍に戦いを挑み、敗れました（鳥羽・伏見の戦い）。勝利を収めた西郷隆盛らは、新政府軍を率いて旧幕府軍を追撃し、各地で戦いが行われました。大政奉還によって、大名に対する権威を失った旧幕府軍に対して、錦の御旗をなびかせた新政府軍は官軍（天皇側の軍勢）として戦いを有利に進めました。江戸城は無血開城し、人々の安全は守られました。官軍は翌年、北海道・函館の五稜郭に立てこもる榎本武揚を中心とする軍勢を降伏させ、内戦に終止符を打ちました。この一連の戦いを戊辰戦争といいます。」（１５０頁）

控訴人書籍（扶桑社版）

単元48「明治維新の始まり」下、「戊辰戦争と旧幕府軍の滅亡」の小見出し下

「天皇のもとにつくられた新政府の指導者に任命されたのは、倒幕派の公家と武士たちだった。徳川慶喜はこれに加えられず、新政府に領地の返上を命じられた。旧幕府軍は、この命令に怒り、１８６８（慶応4）年1月、京都の鳥羽・伏見で、薩長両藩を主体とする新政府軍に戦いを挑んだが敗れた（鳥羽・伏見の戦い）。西郷隆盛は新政府軍を率いて旧幕府軍を追撃し、両軍の争いは全国的な内戦に発展した。新政府軍は天皇の軍隊を示す錦の御旗を先頭におし立て、官軍（朝廷軍）としての権威を背景に有利に戦いを進め、江戸を占領した。そのさい、新政府軍の西郷隆盛と幕府側の勝海舟が話し合い、江戸城を無血開城した。

内戦はその後、東北にもおよび、会津藩では16～17歳の少年19人が自刃する白虎隊の悲劇を生んだ。翌年5月、幕府側の最後の拠点であった北海道・函館の五稜郭が新政府の手に落ち、旧幕府軍は滅亡した。この1年半におよぶ内戦を戊辰戦争という。」（１４２頁）

28・29　第一次世界大戦・日本の参戦と二十一か条要求

●被控訴人書籍（育鵬社版）

（記述28）

単元60「第一次世界大戦」下、「第一次世界大戦」の小見出し下、

「ヨーロッパでは、オーストリア、イタリアと三国同盟を結んだドイツが急速に国力を増大させ、イギリスの優位をおびやかすようになりました。

一方、日英同盟によって、どこの国とも組まない孤立政策を転換したイギリスは、日露戦争後ふたたびヨーロッパに関心を向け始めたロシア、そしてフランスに接近し、１９０７年、三国協商を成立させ、ドイツの動きに対抗しました。

バルカン半島では、独立をめざす諸民族のあいだで対立と抗争が激しくなっていました。列強は独立運動を利用して勢力拡大をはかったため紛争が絶えず、バルカン半島は『ヨーロッパの火薬庫』とよばれました。特にセルビア人などスラブ系の民族は、ロシアの力を背景にオーストリアに対抗しようとしました。

１９１４年、オーストリアの皇太子夫妻がサラエボでセルビアの青年に暗殺されました（サラエボ事件）。この事件をきっかけに、セルビアとオーストリアの戦争が始まると、三国協商、三国同盟の各国もそれぞれの側に参戦し、第一次世界大戦が始まりました。」（１９０頁）

（記述29）

単元60「第一次世界大戦」下、「日本の参戦と二十一か条の要求」の小見出し下、

「わが国は、日英同盟に基づき三国協商側に立ち、ドイツに宣戦布告して、ドイツの租借地だった山東半島の青島や太平洋上のドイツ領の島々を占領しました。さらに協商側の要請で地中海に艦隊を派遣し、商船な

どの警護に当たりました。

大戦のさなか、わが国は、山東省のドイツ権益を日本が引きつぐことや、関東州・南満州鉄道（満鉄）の租借期限の延長などを中華民国政府に要求しました（二十一か条の要求）。そのうち、中国政府への日本人顧問の受け入れなどは、希望条項という理由で、日本は列強に通知しませんでしたが、中国はこれを列強に知らせて抵抗しました。

イギリスとアメリカは、日本が中国での独占的地位を得ようとしているとして非難しました。わが国は希望条項を撤回しましたが、最後通告を発して中国に強硬な姿勢でのぞみ、要求の多くを受け入れさせました。中国では日本への反発が強まり、反対運動もおこりました。」（191頁）

控訴人書籍（扶桑社版）

（記述28）

単元62「第一次世界大戦」下、「第一次世界大戦の始まり」の小見出し下、

「日露戦争後、ロシアは東アジアでの南下政策をあきらめ、ふたたびヨーロッパへの進出をはかった。そのため、ヨーロッパの情勢は緊迫した。ドイツはすでに、オーストリア、イタリアと三国同盟を結んでいたが、強力に海軍力を拡大して、海外発展に努めた。これをおそれたイギリスは、フランス、ロシアに接近し、1907年、三国協商が成立してドイツを包囲した。ヨーロッパの各国は両陣営のどちらかと同盟関係を結び、緊張が高まっていった。

このころ、バルカン半島では、民族の独立をめざす運動が高まった。この地域に利害関係をもつ列強は、独立運動を利用して勢力をのばそうとした。そのためバルカン半島は『ヨーロッパの火薬庫』とよばれ、一触即発の緊張した状態が続いていた。ロシアはセルビアなどのスラブ民族を支援し、オーストリアと対立し

ていた。

1914年、オーストリアの皇太子夫妻が、ボスニアのサラエボで、親露的なセルビアの一青年に暗殺された事件（サラエボ事件）をきっかけに、三国協商側と三国同盟側があいついで参戦し、第一次世界大戦が始まった。」（180頁）

（記述29）

単元62「第一次世界大戦」下、「日本の参戦と二十一か条要求」の小見出し下、

「日英同盟を結んでいた日本は、三国協商の側について参戦し、ドイツに宣戦布告した。日本は、ドイツの租借地であった中国の山東半島の青島や太平洋上の赤道以北の島々を占領した。また、ドイツの潜水艦が敵国の協商側の商船を警告もなく無制限に攻撃する作戦を開始すると、日本は駆逐艦隊を地中海に派遣した。

いっぽう、中国は青島からの日本軍の撤退を求めてきた。それに対し日本は、1915（大正4）年、ドイツがもっていた山東省の権益の引きつぎ、関東州の租借期限の延長などを中国に要求した。中国側は、日本人顧問の受け入れなど、秘密とされた要求事項（条項事項）の内容を、列強の介入を期待して内外に知らせ、『二十一か条要求』と名づけた。イギリスとアメリカは日本に抗議したが、日本は最後通告を発して、希望条項をのぞいて受け入れさせたので、中国国内の反日世論は高まった。」（181頁）

33　満州事変

●被控訴人書籍（育鵬社版）

単元68「中国の排日運動と満州事変」下、「満州事変のおこり」の小見出し下、

「昭和初期の満州には、すでに20万人以上の日本人が住んでいて、その保護と南満州鉄道（満鉄）などの

警備のため、1万人の陸軍部隊（関東軍）が置かれていました。

済南での日本軍との衝突以降、中国では、国民党が中心となって、日本の中国権益の解消をめざす排日運動が強化されました。排日運動の激化に対し、日本国内では日本軍による満州権益確保への期待が高まりました。

1931（昭和6）年9月、満州を軍事占領して問題を解決しようとした関東軍は、奉天郊外の柳条湖で満鉄線路を爆破し、これを中国のしわざとして、軍事行動をおこしました（満州事変）。

日本政府は不拡大方針を発表し、関東軍の動きをおさえようとしました。しかし、関東軍は満州全土を占領し、翌年には満州国を建国し、清朝最後の皇帝であった溥儀がその元首の座に就きました。」（206～207頁）

●控訴人書籍（扶桑社版）

単元70「満州事変」下、「事変前夜の満州」の小見出し下、

「昭和初期の満州には、すでに20万人以上の日本人が住んでいた。その保護と関東州および満鉄を警備するため、1万人の陸軍部隊（関東軍）が駐屯していた。

関東軍が、満州の軍閥・張作霖を爆殺するなど満州への支配を強めようとすると、中国人による排日運動もはげしくなり、列車妨害や日本人への迫害などが頻発した。さらに日本にとって、北にはソ連の脅威があり、南からは国民党の力もおよんできた。こうした中、関東軍の一部将校は満州を軍事占領して問題を解決する計画を練りはじめた。」（196頁）

続けて、「満州事変から満州国の建国へ」の小見出し下、

「1931（昭和6）年9月、関東軍は、奉天（現在の瀋陽）郊外の柳条湖で、満鉄の線路を爆破し、こ

れを中国側のしわざだとして、満鉄沿線都市を占領した。政府と軍部中央は不拡大方針を取ったが、関東軍は、全満州の主要部を占領し、政府もこれを追認した（満州事変）。

満州で日本人が受けていた不法行為の被害を解決できない政府の外交方針に不満をつのらせていた国民の中には、関東軍の行動を支持する者が多く、陸軍には多額の支援金が寄せられた。1932（昭和7）年3月、関東軍は満州国建国を実現し、のちに清朝最後の皇帝であった溥儀を満州国皇帝の地位につけた。」（196〜197頁）

34　リットン調査団

●**被控訴人書籍（育鵬社版）**

単元69「日中戦争（支那事変）」下、「満州国の発展」の小見出し下、

「国際連盟は満州にリットン調査団を派遣しました。調査団は中国側の排日運動を批判し、日本の権益が侵害されていた事実は認めましたが、満州国を認めず、日本軍の撤兵を要求しました。国際連盟も同様の結論を出しましたが、日本はこれを受け入れず、1933（昭和8）年、連盟の脱退を表明しました。同年、日本と蒋介石の国民政府とのあいだに停戦協定が結ばれ、満州事変は一応の決着をみました。

「王道楽土」「五族協和」「共存共栄」をスローガンに掲げる満州国は、実質的には日本が支配する国でしたが、中国本土や朝鮮などから多くの人々が流入し、産業が急速に発展しました。日本からも企業が進出し、開拓団が入植しました。」（208頁）

●**控訴人書籍（扶桑社版）**

単元70「満州事変」下、「満州事変を世界はどうみたか」の小見出し下、

「アメリカをはじめ各国は、満州事変をおこした日本を非難した。国際連盟は満州にイギリスのリットン卿を団長とする調査団を派遣した。リットン調査団の報告書は、満州に住む日本人の安全と権益がおびやかされていた事実は認めつつも、日本軍の撤兵と満州の国際管理を勧告した。すでに満州国を承認していた日本政府は、1933（昭和8）年、この勧告を拒否して国際連盟を脱退した。その後、日本と中国とのあいだで停戦協定が結ばれ、満州国は、五族協和、王道楽土建設のスローガンのもと、日本の重工業の進出などにより経済成長をとげ、中国人などの著しい人口の流入もあった。しかし実際には、満州国の実権は関東軍がにぎっており、抗日運動もおこった。」（197頁）

35　支那事変（日中戦争）・「南京事件」

● 被控訴人書籍（育鵬社版）

単元69「日中戦争（支那事変）」下、「日中戦争」の小見出し下、

「日本は義和団事件のあと、条約により北京周辺に5000人の軍を駐屯させていました。1937（昭和12）年7月、北京郊外の盧溝橋付近で日本軍は何者かに銃撃を加えられ、中国側と撃ち合いとなりました（盧溝橋事件）。これに対して日本政府は不拡大方針をとる一方で、兵力の増強を決定しました。その後も日本軍と国民政府軍との戦闘は終わらず、8月には日本軍将校殺害をきっかけに上海にも戦闘が拡大しました。ここにいたって日本政府は不拡大方針を撤回し、日本と中国は全面戦争に突入していきました（日中戦争）。日本軍は12月に首都・南京を占領しましたが、蒋介石は奥地の重慶に首都を移し、徹底抗戦を続けたため、長期戦に突入しました。」（209頁）

・側注④「このとき、日本軍によって、中国の軍民に多数の死傷者が出た（南京事件）。この事件の犠牲者数などの実態については、さまざまな見解があり、今日でも論争が続いている。」（209頁）

●控訴人書籍（扶桑社版）

単元71「日中戦争」下、「盧溝橋事件から日中戦争へ」の小見出し下、

「また日本は、義和団事件のあと、他の列強諸国と同様に中国と結んだ条約によって、北京周辺に5千人の軍を駐屯させていた。1937（昭和12）年7月7日夜、北京郊外の盧溝橋で、演習していた日本軍に向けて何者かが発砲する事件がおきた。これをきっかけに、翌日には中国軍と戦闘状態になった（盧溝橋事件）。事件そのものは小規模で、現地解決がはかられたが、日本側も大規模な派兵を決定し、国民党政府もただちに動員令を発した。こうして、以後8年間にわたる日中戦争が始まった。

同年8月、外国の権益が集中する上海で、二人の日本人将兵が射殺される事件がおき、これをきっかけに日中間の衝突が拡大した。日本軍は国民党政府の首都南京を落とせば蔣介石は降伏するだろうと考え、12月、南京を占領した。しかし、蔣介石は奥地の重慶に首都を移し、抗戦を続けた。」（199頁）

・側注②「このとき、日本軍によって、中国の軍民に多数の死傷者が出た（南京事件）。なお、この事件の犠牲者数などの実態については資料の上で疑問点も出され、さまざまな見解があり、今日でも論争が続いている。」（199頁）

36　北進論・南進論

●被控訴人書籍（育鵬社版）

単元70「緊迫する日米関係」下、「悪化する日米関係」の小見出し下、

「日本は石油をはじめとする多くの物資をアメリカにたよっていましたが、アメリカは、1939（昭和14）年には日米通商航海条約の廃棄を通告し、対日輸出制限をしだいに強化しました。

一方、わが国の陸軍には、ソ連の脅威に対抗する北進論の考えがありましたが、東南アジアに進出しようという南進論が強くなりました。

しかし、東南アジアに進出するということは、そこに植民地をもつアメリカ、イギリス、オランダ、フランスとの対立を深めることを意味していました。」（２１１頁）

●控訴人書籍（扶桑社版）

単元72「悪化する日米関係」下、「悪化する日米関係」の小見出し下、

「１９３９年、アメリカは日米通商航海条約を延長しないと通告した。石油をはじめ、多くの物資をアメリカからの輸入に依存していた日本は、しだいに経済的に苦しい立場に追いこまれた。

日本の陸軍には、北方のロシアの脅威に対処する北進論の考え方が伝統的に強かったが、このころから、東南アジアに進出して石油などの資源を獲得しようとする、南進論の考えが強まっていった。しかし、日本が東南アジアに進出すれば、そこに植民地をもつイギリス、アメリカ、オランダ、フランスと衝突するのはさけられなかった。」（２０１頁）

43・44　冷戦開始と朝鮮戦争・独立回復

（記述43）

●被控訴人書籍（育鵬社版）

単元78「朝鮮戦争と日本の独立回復」下、「冷戦の始まり」の小見出し下、

「１９４５年10月、連合国は、戦時中からのアメリカの構想に従って、新たな国際機構として国際連合（国連）を設立しました。

しかし、ソ連は、戦時体制をゆるめず、東ヨーロッパの共産主義支配を強め、世界的な共産主義運動を支援しました。国連もソ連の拒否権のために有効に機能しませんでした。

アメリカは、西ヨーロッパに大規模な経済援助を行うとともに、軍事面では1949年には北大西洋条約機構（NATO）を結成しました。一方、核兵器の開発に成功したソ連も、1955年に東ヨーロッパ諸国とワルシャワ条約機構（WTO）を結んでNATOに対抗し、冷戦（冷たい戦争）とよばれる対立が深まりました。

冷戦はアジアにもおよび、中国では日本軍の撤退後、ソ連の援助を受けた共産党が、アメリカの支援する国民政府を破り、1949年、毛沢東を主席とする中華人民共和国が建国されました。一方、蔣介石が率いる国民党は台湾に逃れました。」（234頁）

（記述44）

単元78「朝鮮戦争と日本の独立回復」下、「朝鮮戦争と日本の独立」の小見出し下、

「戦後、米ソによって分割占領された朝鮮半島では、占領分割線である北緯38度線をはさみ、南に大韓民国（韓国）、北に朝鮮民主主義人民共和国（北朝鮮）が成立しました。

1950年、北朝鮮はソ連の支援のもと、武力統一をめざし韓国に侵攻しました。不意を打たれた韓国軍は南部に後退しましたが、米軍を中心とする国連軍の支援を得て、逆におし返しました。その後、北朝鮮には中国が加勢し、戦いは一進一退をくり返し、1953年に休戦協定が結ばれました（朝鮮戦争）。

冷戦が激化するに従い、アメリカの占領政策は、日本を自由主義陣営の一員として強化する方向に向かいました。朝鮮戦争が勃発し、駐留していた米軍が朝鮮半島に出動すると、GHQは日本政府に、警察予備隊を組織する指令を出しました。警察予備隊はその後、保安隊を経て自衛隊へと発展しました。また、朝鮮戦

争で、米軍がわが国に大量の軍需品を注文したことにより、日本経済は急速に回復し始めました（朝鮮特需）。

1951（昭和26）年9月、サンフランシスコで講和会議が開かれ、わが国は自由主義諸国など48か国とのあいだにサンフランシスコ平和条約を締結し、翌年4月28日に主権を回復しました。同時に、日米安全保障条約（日米安保条約）も結ばれ、アメリカが日本および東アジアの平和と安全を保障するとともに、占領終了後も日本国内に米軍基地が置かれることになりました。

また、1956（昭和31）年、日ソ共同宣言が出され、ソ連との国交が回復しました。この結果、ソ連が賛成に回り、日本の国際連合加盟が実現しました。」（234～235頁）

●控訴人書籍（扶桑社版）

（記述43）

単元79「占領政策の転換と独立の回復」下、「国際連合と冷戦の開始」の小見出し下、

「1945（昭和20）年10月、連合国は、2度の世界大戦への反省に立ち、新たな戦争を防ぐための国際組織として、国際連合（国連）を結成した。しかし、戦争の芽はなくならなかった。東ヨーロッパを占領したソ連は、各国共産党の活動を通し、西ヨーロッパにまで共産主義の影響をおよぼしはじめた。アメリカは、その影響力を封じるため、西ヨーロッパに大規模な経済援助を行い、1949年にはソ連に対抗する軍事同盟として北大西洋条約機構（NATO）を結成した。

いっぽう、ソ連も、1949年には原子爆弾を保有し、NATOに対抗して、1955年に東欧諸国とワルシャワ条約機構（WTO）を結成した。ドイツも東西に分断され、世界はアメリカが率いる自由主義陣営とソ連が率いる共産主義陣営が勢力を争う、冷戦の時代に突入した。

中国では日本の敗戦後、それまで抗日で手を結んでいた国民党と共産党が、国共内戦を再開した。

1949年には毛沢東が率いる共産党が勝利し、中華人民共和国が成立した。いっぽう、蒋介石が率いる国民党政府は台湾にのがれた。」（216頁）

（記述44）

単元79「占領政策の転換と独立の回復」下、「国際連合と冷戦の開始」の小見出し下、

「朝鮮半島では1948年、南部にアメリカが支持する大韓民国、北部にソ連の影響下にある朝鮮民主主義人民共和国（北朝鮮）がつくられ対立した。こうして冷戦は東アジアへと広がった。」（216頁）

「占領政策の転換」の小見出し下、続けて、

「冷戦が始まると、アメリカは、日本の経済発展をおさえる政策を転換し、共産主義に対抗するため、日本を発展した経済力をもつ自由主義陣営の強力な一員として育てる方針に変えた。

1950年6月、北朝鮮は、南北の武力統一をめざし、ソ連の支持のもと突如として韓国へ侵攻した。韓国軍と、マッカーサーが指揮するアメリカ軍主体の国連軍がこれに反撃したが、戦況は一進一退をくり返し、戦争は1953年に休戦協定が結ばれるまで続いた（朝鮮戦争）。日本に駐留するアメリカ軍が朝鮮に出動したあとの治安を守るために、日本はGHQの指令により警察予備隊を設置した。また、日本はアメリカ軍に多くの物資を供給し、日本経済は息を吹き返した（朝鮮特需）。」（217頁）

続けて「独立の回復」の小見出し下、

「朝鮮戦争をきっかけに、アメリカは、基地の存続などを条件に、日本の独立を早めようと考えた。

1951（昭和26）年9月、サンフランシスコで講和会議が開かれ、日本はアメリカを中心に自由主義陣営など48か国と、サンフランシスコ講和条約を結んだ。さらにアメリカと日米安全保障条約（日米安保条約）を結び、米軍の駐留を認めた。

1952(昭和27)年4月28日、サンフランシスコ講和条約が発効し、日本は独立を回復した。ソ連は、国後・択捉島など北方領土を日本領と認めないため、日ソ間で平和条約は締結できず、1956年10月に日ソ共同宣言で戦争状態を終結し、国交を回復した。これでソ連の反対がなくなり、同年12月、日本は国連に加盟して国際社会に復帰した。」(217頁)

45 ベトナム戦争

● 被控訴人書籍(育鵬社版)

単元79「冷戦と日本」下、「冷戦の進行」の小見出し下、

「1965年には、インドシナ半島の共産化をくい止めるため、アメリカは南ベトナム軍を援助する軍を送り、中国、ソ連、北ベトナムが支援する南ベトナムの反政府勢力や北ベトナム軍と戦った(ベトナム戦争)。しかし、長引く戦争に、米国の世論はこの戦争への介入反対へと傾き、1973年にアメリカ軍は撤退しました。1975年、北ベトナムは南部に侵攻し、南ベトナムを併合しました。」(236~237頁)

● 控訴人書籍(扶桑社版)

単元80「米ソ冷戦下の日本と世界」下、「冷戦の進行」の小見出し下、

「1965年、アメリカは、インドシナ半島の共産主義化を警戒し、南ベトナムを支えるため、直接軍隊を派遣し、中国やソ連が支援する北ベトナム軍や南ベトナムの反政府勢力と戦った(ベトナム戦争)。しかし、勝利を収めることができず、1973年、アメリカ軍はベトナムから撤退した。2年後には、北ベトナムが南ベトナムを軍事力で併合し、ベトナム社会主義共和国が成立した。」(218頁)

47　湾岸戦争

被控訴人書籍（育鵬社版）

単元83「冷戦の終結と日本の役割」下、「冷戦後の世界」の小見出し下、

「中東ではイラン・イラク戦争に続き、1991年に湾岸戦争がおこりました。イラクのクウェート侵攻に対し、国連決議に基づくアメリカなどの多国籍軍が編成され、イラク軍を敗退させました。このとき、日本は巨額の戦費を負担しましたが、憲法の規定を理由に人員を派遣しなかったため国際社会の評価は低く、国際貢献のあり方があらためて問われる結果となりました。」（244頁）

控訴人書籍（扶桑社版）

単元82「共産主義崩壊後の世界と日本の役割」下、「国際社会における日本の役割」の小見出し下、

「1990年8月、イラク軍が突然クウェートに侵攻し、翌年1月、アメリカを中心とする多国籍軍がイラク軍と戦って、クウェートから撤退させた（湾岸戦争）。この戦争では、日本は憲法を理由にして軍事行動には参加せず、巨額の財政援助によって大きな貢献をしたが、国際社会はそれを評価しなかった。国内では日本の国際貢献のあり方について深刻な議論がおきた。」（223頁）

資料3　控訴審判決（抄）

平成27年9月10日判決言渡　同日原本領収　裁判所書記官
平成27年（ネ）第10009号　書籍出版差止等請求控訴事件
（原審　東京地方裁判所平成25年（ワ）第9673号）
口頭弁論終結日　平成27年6月16日

判　　決

（中略）

主　　文

1　本件各控訴をいずれも棄却する。
2　控訴費用は控訴人の負担とする。

事実及び理由

用語の略称及び略称の意味は、判決で付するもののほか、原判決に従い、原判決で付された略称に「原告」とあるのを「控訴人」に、「被告」とあるのを「被控訴人」と、適宜読み替える。

第1　控訴の趣旨

1　原判決を取り消す。
2　被控訴人らは、被控訴人書籍1を出版、販売又は頒布してはならない。
3　被控訴人育鵬社及び被控訴人扶桑社は、被控訴人書籍1を廃棄せよ。
4　被控訴人らは、控訴人に対し、各自、6031万5750円及びこれに対する平成23年3月30日から支払済みまで年5分の割合による金員を支払え。
5　訴訟費用は、第1、2審とも、被控訴人らの負担とする。

第2　事案の概要
1　事案の要旨
(1)　本件請求の要旨
本件は、控訴人が、被控訴人らに対し、①被控訴人らにおいて共同して制作して出版した被控訴人書籍中の個別の記述が、控訴人において制作した控訴人書籍中の個別の記述に係る著作権（複製権及び翻案権）及び著作者人格権（同一性保持権及び氏名表示権）を侵害するとして、［1］著作権法112条1項及び2項に基づき、〈1〉被控訴人らに対して被控訴人書籍1（市販本）の出版等の差止めを、〈2〉被控訴人書籍1の発行者である被控訴人育鵬社及び被控訴人扶桑社に対して被控訴人書籍1の廃棄をそれぞれ求めるとともに、［2］著作権及び著作者人格権侵害に係る共同不法行為に基づき、被控訴人らに対し、著作権侵害に係る損害賠償金5131万5750円、著作者人格権侵害に係る慰謝料300万円及び弁護士費用600万円の合計6031万5750円とこれに対する被控訴人書籍2（教科書）の教科書検定の合格日である平成23年3月30日から支払済みまで民法所定の年5分の割合による遅延損害金の支払を求め、さらに、予備的に、②一般不法行為に基づき、慰謝料300万円と上記①［2］と同旨の遅延損害金の支払を求める事案である。

（2）原審の判断等

原審請求は、翻案権侵害と著作者人格権（同一性保持権及び氏名表示権）侵害の不法行為に基づく差止め、廃棄及び損害賠償請求のみであったところ、原判決は、控訴人書籍中の控訴人各記述とこれに対応する被控訴人書籍の被控訴人各記述とで記述内容が共通する部分について、控訴人各記述には創作性が認められないとして、控訴人の請求をいずれも棄却した。

控訴人は、これを不服とし控訴したが、当審において、翻案権並びに同一性保持権及び氏名表示権の侵害と主張する記述を、被控訴人記述1、2、9、10、15、17、19、20、24、26、27～29、33～36、43～45及び47に限定する一方で、上記記述（21か所）に係る複製権侵害と、被控訴人各記述（47か所）すべてに係る一般不法行為に基づく損害賠償請求を、請求原因に追加した。

2　前提となる事実

本件の前提となる事実は、次のとおり補正するほかは、原判決の「事実及び理由」欄の第2（事案の概要）の「2　前提事実」に記載のとおりである。

①原判決5頁5行目の次に次のとおり加える。

「（4）控訴人書籍へのアクセス

被控訴人書籍制作に当たり、控訴人書籍も資料として参照されている。〔弁論の全趣旨〕

（5）被控訴人各記述の使用

被控訴人育鵬社は、被控訴人書籍を改訂し、「新編　新しい日本の歴史」を編集、制作し、この書籍は、平成26年度検定に合格し、平成27年に発行された。同書籍には、被控訴人各記述は用いられていない。〔甲47、弁論の全趣旨〕」

（中略）

3　争点

本件の争点は、下記第3、2の当審における控訴人の新たな主張を加えて、次のとおりとなる。

（1）被控訴人各記述が控訴人各記述を「翻案」したものか否か

（2）被控訴人各記述が控訴人各記述を「複製」したものか否か

（3）被控訴人書籍の単元構成が控訴人書籍の単元構成を「翻案」又は「複製」したものか

（4）控訴人が有する著作者人格権（同一性保持権・氏名表示権）の侵害の有無

（5）一般不法行為の成否

（6）各被控訴人の責任原因

（7）損害発生の有無及びその額

第3　当事者の主張

（中略）

第4　当裁判所の判断

当裁判所も、控訴人の請求は、当審における控訴人の主張を踏まえても、いずれも棄却すべきものと判断する。

その理由は、次のとおりである。

1　争点（1）（被控訴人各記述が控訴人各記述を「翻案」したものか否か）

（1）翻案について

原判決の「事実及び理由」欄の第4、1（1）（翻案について）に記載のとおりである。

（2）教科書及びその検定について

原判決の「事実及び理由」欄の第4、1（2）（教科書及びその検定について）に記載のとおりである。ただし、原判決13頁22行目の「狩猟・採取」を「狩猟・採集」に改める。

（3）歴史教科書の個々の記述について

特定の著作物と他の著作物との間で著作権又は著作者人格権（著作権等）の侵害の有無を判断しようとする場合、表現それ自体ではない部分又は表現上の創作性がない部分において同一性を有するにすぎないときには、複製又は翻案には該当しないのであるから、著作権等を侵害されたと主張する者は、自らの著作権等が侵害されたとする表現部分を特定した上で、まず、その表現部分が創作性を有していることを明らかにしなければならない。この点、原判決別紙対比表項目1、2、9、10、15、17、19、20、24、26、27～29、33～36、43～45及び47の各「原告主張」欄の小項目「■【原告書籍の表現の視点】」に記載された控訴人の主張が、記述内容に関する著者のアイディアや制作意図ないし編集方針、あるいは、歴史観又は歴史認識に創作性があるという趣旨であれば、それ自体は表現ということができないから、いずれも失当である。当裁判所の検討に当たっては、当該視点に基づいて記されたとする具体的な記述について、表現上の創作性の有無を検討する。

まず、控訴人は、被控訴人書籍の特定の単元の記述の一部が控訴人書籍の特定の単元の一部の記述の著作権等を侵害すると主張しているのであるから、上記の手法（いわゆる「ろ過テスト」）に従うならば、控訴人各記述のうち被控訴人各記述に対応する部分（後述のとおり、その多くは、切れ切れとなった文章表現を全体的に観察した場合にうかがうことのできる観念的な共通性にすぎない。）が、それぞれ単独で創作性を有していることを、更に明らかにしなければならない。

前記（1）のとおり、歴史上の事実又は歴史上の人物に関する事実（歴史的事項）の記述であっても、その事実の選択や配列、あるいは歴史上の位置付け等において創作性が発揮されているものや、歴史上の事実等又はそれについての見解や歴史観をその具体的記述において創作的に表現したものについては、著作権法の保護が及ぶことがある。

ところで、前記（2）のとおり、中学校用歴史教科書については、文部科学大臣が公示する教科用図書検定基準並びに文部科学省が作成した中学校学習指導要領及びその解説により、法令上及び事実上、その記述内容及び方法が相当程度に制約されているほか、想定される読者が中学生であることによる教育的配慮から、その記述事項は、通常、一般的に知られている歴史的事項の範囲内から選択される。その一方で、歴史教科書として制作された書籍だからといって、教科書としてだけ用いられるわけではなく（被控訴人書籍1は、一般に市販されている。）、歴史教科書に係る著作権の侵害の有無が問題となる書籍が歴史教科書に限られるわけでもない（被控訴人書籍1は、歴史教科書ではない。）。そうすると、歴史教科書は、簡潔に歴史全般を説明する歴史書に属するものであって、一般の歴史書と同様に、その記述に前記した観点からみて創作性があるか否かを問題とすべきである。すなわち、他社の歴史教科書とのみ対比して創作性を判断すべきものではなく、一般の簡潔な歴史書と対比しても創作性があることを要するものと解される。

そして、簡潔な歴史書における歴史事項の選択の創作性は、主として、いかに記述すべき歴史的事項を限定するかにあるのであり、選択される歴史的事項は一定範囲の歴史的事実としての広がりをもって画されている。したがって、同等の分量の他書に一見すると同一の記述がなかったとしても、それが、他書が選択した歴史的事項の範囲内に含まれる事実として知られている場合や、当該歴史的事項に一般的な歴史的説明を補充、付加するにすぎないものである場合には、歴史書の著述として創意を要するようなものとはいえない。控訴人の創作性基準に関する主張は、上記説示に反する限り、採用することができない。

以下、他社の歴史教科書に同様の表現があるか否かの点を中心に、控訴人各記述の創作性を検討するが、これは、他社の歴史教科書が同等の分量を有する歴史書として、もっとも適切な対比資料であり、他社の歴史教科書に同様の表現があることは、当該表現がありふれたものであることの客観的かつ明白な根拠だからである。

（4）　項目1（縄文時代）について

（中略）

ウ　事項選択

控訴人記述1と被控訴人記述1との共通事項は、①日本列島は食料に恵まれていたため、大規模な農耕や牧畜が始められていなかったこと、②日本列島で1万数千年前から土器が作られ始めていたこと、③この土器は、世界で最古の土器の一つであること、④この土器を縄文土器と呼ぶこと、⑤縄文土器が作られていた1万数千年前から紀元前4世紀ごろまでを縄文時代と呼び、⑤縄文時代の文化を縄文文化と呼ぶこと、⑥縄文時代には、人々は数十人程度の集団で生活していたこと、⑦縄文時代の人々の住まいは、竪穴住居だったこと、⑧貝塚から出土する土器や石器などから当時の生活の様子がうかがえること、⑨三内丸山遺跡から約5千年前の大きな集落跡が見つかったこと、であると認められる。これらは、いずれも、縄文時代について取り上げるべき事項としてごく普通のものであると認められる。実際、少なくとも、上記①と同旨の事項が、東京書籍の平成8年検定の歴史教科書（以下、他社教科書は年号の略号と発行社名で略記する。）、平13・平17東京書籍に、同②と同旨の事項が、平13・平17大阪書籍、平13・平17日本書籍に、同③と同旨の事項が、平8・平13帝国書院に、同⑤と同旨の事項が、平13・平17大阪書籍に、同⑥と同旨の事項が、平8帝国書院に、同⑨と同旨の事項については、平13帝国書院、平13清水書院、平17日本書籍にそれぞれ記載されている（甲41、乙45。なお、同④⑤⑦⑧が縄文時代の説明として取り上げるべき事項であることは、明白であるから、個々に掲載教科書を摘記することはしない。以下の記述でも、明白な場合には、個々の教科書を掲記することはしない。）

したがって、控訴人記述1の事項の選択は、ありふれたものと認められる。

なお、他社の歴史教科書に掲載されてある事項であれば、それらが、控訴人書籍とは異なる単元や小単元をまたがるものであっても、その選択は、ありふれた選択にすぎない。なぜなら、他社の歴史教科書に記述された事項は、いずれもありふれたものであって、ありふれたものの中からは、どれを選択してもありふれた事項の選択だからである。以下も同様であるから、この説示を繰り返すことはしない。

エ　事項の配列

控訴人記述1①〜⑨は、歴史的事項を単純に説明する文が羅列されているだけであるから、その配列は、ありふれたものである。

オ　具体的表現形式

控訴人記述1①〜⑨は、いずれも、歴史的事項を単純に説明するにすぎないものであるから、その具体的表現は、ありふれたものである。

なお、ありふれた表現は、一般に、複数存在するのであるから、歴史的事項を説明する表現に他の表現を選択する余地があるとしても、そのことを理由として、直ちに個性の発揮が根拠付けられるものではない。以下も同様であるから、この説示を繰り返すことはしない。

カ　控訴人の主張について

控訴人は、控訴人記述1は、控訴人記述1①の指摘から書き始めることにより、暗い遅れた時代であるとの縄文時代のイメージから解放されるという独自の創作性がある旨を主張する。しかしながら、控訴人記述1①は、単元2「縄文文化」の小見出し「豊かな自然のめぐみ」の項の末尾に記載されているものであり、控訴人記述1②〜⑨は、「縄文土器の文化」の項に記載されているのであるから、上記主張は、控訴人記述1①〜⑨全体についての創作性の主張としては、前提を誤るものであって失当である。

また、控訴人は、控訴人1①の具体的表現に創作性がある旨を主張するが、ありふれた言い回しにすぎず、そこに創作性を見出すことはできない。

さらに、控訴人は、控訴人記述1②は、三層世界観に囚われていない歴史教科書としての創作性の顕れである旨を主張するが、上記ウのとおり、他社の教科書に同旨の事項の記載があるから、そこに創作性を見出すことはできない。

控訴人の上記主張は、いずれも、採用することができない。

キ　小括

以上から、控訴人記述1は、被控訴人記述1と共通する部分に創作性が認められない。

（中略）

(11)　項目20（秀吉の朝鮮出兵）について

（中略）

ウ　事項の選択

控訴人記述20と被控訴人記述20との共通の事項は、①秀吉が明の征服を計画したこと、②秀吉が全国統一をなし遂げ、意気盛んだったこと、③秀吉が朝鮮に15万人余りの大軍を送ったこと、④秀吉の軍勢が首都漢城を落としたこと、⑤李舜臣が率いる水軍の活躍、民衆の抵抗、明の援軍などで不利な戦いとなり、明との和平のために兵を引いたこと（文禄の役）、⑥秀吉が1597年に再び14万人の大軍を派遣したこと、⑦翌年の秀吉の死去により、兵を引き上げたこと（慶長の役）、⑧朝鮮出兵により朝鮮の国土や人々の生活が著しく荒廃したこと、⑨朝鮮出兵で豊臣家の支配が揺らいだことであると認められる。これらは、秀吉の朝鮮出兵について取り上げるべき事項としてごく普通のものであると認められる（甲41、乙45）。

したがって、控訴人記述20の事項の選択は、ありふれたものである。

エ　事項の配列

控訴人記述20①〜⑨は、歴史的事項が、時系列・因果列に従って配列されているにすぎないから、ありふれたものである。

オ　具体的表現形式

控訴人記述20①～⑨は、いずれも、歴史的事項を単純に説明するにすぎないものであるから、その具体的表現は、ありふれたものである。

カ　控訴人の主張について

控訴人は、控訴人記述20は、秀吉の朝鮮出兵に「侵略」の語を使うことを排除した点に創作性がある旨を主張する。しかしながら、ある記述に当たり、その記述に多く用いられる特定の用語を用いないというだけでは、通常、単なる記述に当たってのアイディアであり、表現されたものとはいえないから、著作権による保護の対象とはならない。

また、控訴人は、控訴人記述20②の「秀吉の意気はさかんだった」との記載は、個性的・独創的なものである旨を主張する。しかしながら、朝鮮出兵が秀吉の国内統一の勢いの延長にあったことは、少なくとも、平17東京書籍、平17帝国書院、平13・平17大阪書籍、平8・平13・平17日本書籍、平8日本文教出版に記載があるから（甲41、乙45）、秀吉の内心を推察して「秀吉の意気はさかんだった」と表現しても、新たな歴史的事項を控訴人記述20に付け加えるようなものとはいえず、当初の歴史的事項の説明に包含される程度のことにすぎないといえ、事項の選択についての創作性を生じさせるものではない。

控訴人の上記主張は、採用することができない。

キ　小括

以上から、控訴人記述20は、被控訴人記述20と共通する部分に創作性が認められない。

⑿　項目24（フェートン号事件・モリソン号事件）について

（中略）

ウ　事項の選択

控訴人記述24と被控訴人記述24との共通の事項は、①1808年に、イギリスのフェートン号が長崎港に侵入し、オランダ人を捕えるなどの乱暴を働いたこと（フェートン号事件）、②北太平洋では米国の捕鯨船の活動が盛んになったこと、③これらの船が日本に接近して、水や燃料を求めるようになったこと、④幕府は海岸防衛を固め、1825年には異国船打払令を出したこと、⑤幕府が、1837年に日本の漂流民を届けにきた米国船モリソン号を砲撃したこと（モリソン号事件）、⑥蘭学者の高野長英や渡辺崋山が西洋の強大な軍事力を知って、幕府の措置を批判したが、幕府は彼らを厳しく処罰したこと（蛮社の獄）であると認められる。上記④⑥が江戸幕府の鎖国政策について取り上げるべき事項としてごく普通のものであることは明らかであり、また、少なくとも、上記①と同旨の事項は、平8帝国書院に、上記②と同旨の事項は、平8帝国書院、平13日本文教出版に、上記③⑤と同旨の事項も、複数の他社の歴史教科書に記載されている（甲41、乙45）。

したがって、控訴人記述24の事項の選択は、ありふれたものである。

エ　事項の配列

控訴人記述24①～⑥は、歴史的事項が、時系列・因果列に従って配列されているにすぎないから、ありふれたものといえる。

オ　具体的表現形式

控訴人記述24①～⑥は、いずれも、歴史的事項を単純に説明するにすぎないものであるから、その具体的表現は、ありふれたものである。

カ　控訴人の主張について

控訴人は、控訴人記述24は、フェートン号事件やモリソン号事件をめぐる対外関係を、中学校歴史教科書として初めて包括的に記述した点に創作性がある旨を主張する。しかしながら、控訴人の上記主張は、要するに、フェートン号事件とモリソン号事件の両事件を、その背景、周辺事情も含めて詳しく取り上げて1か所の記述にまとめて説明したというにすぎないところ、控訴人記述24は、上記ウのとおり、事項の選択として創作性が認められないのであるから、控訴人の主張するところによって控訴人記述24に創作性が生じるとはいえない。

また、控訴人は、控訴人記述24①の「乱暴をはたらいた」という表現は、歴史教科書としては個性的なものである旨を主張する。しかしながら、上記「乱暴をはたらいた」というのは、文脈上、その直前の「とらえる」ことを再度言い換えただけの表現であり、表現としての個性を発揮する余地がほとんどなく、「とらえる」ことに対する言い換えとしても、ありきたりのものである。

控訴人の上記主張は、採用することができない。

キ　小括

以上から、控訴人記述24は、被控訴人記述24と共通する部分に創作性が認められない。

（中略）

(18) 項目34（リットン調査団）について

（中略）

ウ　事項の選択

控訴人記述34と被控訴人記述34の共通の事項は、①国際連盟が満州にリットン調査団を派遣したこと、②調査団が、満州の日本人の権益が脅かされていたことを認めたこと、③日本軍の撤兵を勧告したこと、④日本がこの勧告を拒否して国際連盟を脱退したこと、⑤日本と中国との間で停戦協定が結ばれたこと、⑥満州国が「五族協和」「王道楽土」のスローガンを掲げたこと、⑦満州国の実権を日本又は関東軍が握っていたことであると認められる。上記①③④⑦については、満州国及び日本の国際連盟脱退について取り上げるべき事項としてごく普通のものであることが明らかである（甲41、乙45）。そして、少なくとも、上記②と同旨の事項は、平23教育出版に、同⑥については、「王道楽土」のスローガンを掲げたことが、平8・平13教育出版にそれぞれ掲載されている（甲

41、乙45）。なお、平23教育出版は、控訴人書籍発行後に検定を受けた教科書であるが、控訴人書籍発行後から平23教育出版検定のわずかな期間に、社会一般の歴史認識や歴史観に大きな変更があったことをうかがわせる事情も認められないから、平23教育出版を社会一般の歴史認識等を認定する資料として参酌することに差支えはない。また、平8・平13教育出版と異なり、控訴人書籍は、満州国が「五族協和」のスローガンを掲げたことを記載しているが、満州国において掲げられたスローガンとして具体的に何を取り上げるかによって、新たな選択の創作性が生じるものではない。

控訴人記述34⑤は、控訴人書籍のみに記載があることであるが、その歴史的背景は、1933年5月に日中軍事停戦協定が結ばれ、これにより満州事変が終息したことと認められる（乙52）。そうすると、控訴人記述34⑤は、満州事変という独立の歴史的事項の定義の一部を述べたにすぎず、満州事変を取り上げることがありふれた選択である以上、同⑤を取り上げることによって新たな選択の創作性が生じるものではない。

したがって、控訴人記述34の事項の選択は、ありふれたものである。

エ　事項の配列

控訴人記述34①～⑦は、歴史的事項が、時系列・因果列に従って配列されているにすぎないから、ありふれたものである。

オ　具体的表現形式

控訴人記述34①～⑦は、いずれも、歴史的事項を単純に説明するにすぎないものであるから、その具体的表現は、ありふれたものである。

カ　控訴人の主張について

控訴人は、控訴人記述34は、同⑤の記述を、同⑥の記述の前に配列することで、満州における産業発展を理解することを助けたものであり、個性が顕れたものである旨を主張するが、ありふれた配列にすぎない。

控訴人の上記主張は、採用することができない。

キ　小括

以上から、控訴人記述34は、被控訴人記述34と共通する部分に創作性が認められない。

（中略）

(24) 項目47（湾岸戦争）について

ア　控訴人記述47

「①1990年8月、イラク軍が突然クウェートに侵攻し、②翌年1月、③アメリカを中心とする多国籍軍がイラク軍と戦って、クウェートから撤退させた②（湾岸戦争）。④この戦争では、日本は憲法を理由にして軍事行動には参加せず、⑤巨額の財政援助によって大きな貢献をしたが、⑥国際社会はそれを評価しなかった。⑦国内では日本の国際貢献のあり方について深刻な議論がおきた。」

イ　被控訴人記述47

「⑧中東ではイラン・イラク戦争に続き、②1991年に湾岸戦争がおこりました。①イラクのクウェート侵攻に対し、③国連決議に基づくアメリカなどの多国籍軍が編成され、イラク軍を敗退させました。⑤このとき、日本は巨額の戦費を負担しましたが、④憲法の規定を理由に人員を派遣しなかったため⑨国際社会の評価は低く、⑩国際貢献のあり方があらためて問われる結果となりました。」

ウ　事項の選択

控訴人記述47①～⑦を通覧すれば、同⑥⑦の趣旨は、軍事行動に参加しないで財政援助だけをしても国際社会の評価は得られない点に課題を残したことをいうものであって、他方、被控訴人記述47④⑤⑨⑩を通覧すれば、同⑨⑩の趣旨は、戦費を負担しても人員を派遣しなければ国際社会の評価が得られない点に課題を残したことをいうものである。そうすると、控訴人記述47と被控訴人記述47とは、①イラクがクウェートに侵攻したこと、②

1991年に湾岸戦争が起こったこと、③米国等の多国籍軍がイラク軍を撤退させたこと、④日本が憲法を理由にして人員を派遣しなかったこと、⑤日本が巨額の財政援助をしたこと、⑥財政援助だけでは国際社会の肯定評価を得ることはなかったこと、⑦国際貢献のあり方が国内で問われたことの限度で共通すると認められる。このうち、上記①~③が、歴史教科書が湾岸戦争について取り上げるべき事項としてごく普通のものであることは明らかである（甲41、乙45）。また、上記⑤と同旨の事項は、平8・平成13日本書籍に記載されている（甲41、乙45）。

そうすると、上記④⑥⑦については、控訴人書籍のみが記載があることになる。

しかしながら、日本が湾岸戦争に当たって財政援助のみを行った理由とこれに対する国際評価は、控訴人記述47⑤の歴史的事項の説明に包含される周知の事項にすぎないから、事項の選択について独立にその創作性を検討すべきことではない。

したがって、控訴人記述47の事項の選択は、ありふれたものである。

エ　事項の配列

控訴人記述47①~④は、歴史的事項が、時系列・因果列に従って配列されているにすぎず、同⑤~⑧は、それに対する付加事項の説明であるから、ありふれた構成である。

オ　具体的表現形式

控訴人記述47①~④は、いずれも、歴史的事項を単純に説明するにすぎないものであり、また、同⑤~⑧は、湾岸戦争をめぐる社会的事象を簡単に説明しているだけであり、その具体的的表現は、ありふれたものである。

カ　控訴人の主張について

控訴人は、控訴人記述47⑤~⑧は、従来の歴史教科書が避けてきたテーマを大胆に取り入れた点に、教科書としての創作性があると主張するが、その主張を採用することができないのは、上記ウのとおりである。

キ　小括

以上から、控訴人記述47は、被控訴人記述47と共通する部分に創作性が認められない。

(25) まとめ

その外、控訴人ががるる主張するところも採用することはできない。

以上のとおりであるから、被控訴人記述1、2、9、10、15、17、19、20、24、26、27〜29、33〜36、43〜45及び47は、創作性がないから、「著作物」(著作権法2条1項1号)には該当せず、その翻案も認められない。

したがって、その余の点について判断するまでもなく、控訴人の翻案権侵害に基づく請求は、理由がない。

2 争点(2)(被控訴人各記述が控訴人各記述を「複製」したものか否か)について

上記1のとおり、被控訴人記述1、2、9、10、15、17、19、20、24、26、27〜29、33〜36、43〜45及び47は、創作性がないから、「著作物」(著作権法2条1項1号)には該当せず、その複製も認められない。

したがって、その余の点について判断するまでもなく、控訴人の複製権侵害に基づく請求は、理由がない。

3 争点(3)(被控訴人書籍の単元構成が控訴人書籍の単元構成を「翻案」又は「複製」したものか)について

(1) 単元62

控訴人は、控訴人書籍の単元62(項目28・29と同一部分)の構成が、他社とは異なる極めて個性的・創作的なものであり、創作性がある旨を主張する。

証拠(甲3)によると、単元62付近の控訴人書籍の構成は、次のとおりと認められる。

「第5章 世界大戦の時代と日本

第1節 第一次世界大戦の時代

62　第一次世界大戦
第一次世界大戦の始まり（記載内容は、項目28のとおり）
日本の参戦と二十一か条要求（記載内容は、項目29のとおり）
63　ロシア革命と大戦の集結
ロシア革命（ロシア革命、ソビエト政府成立、革命反対勢力との内戦等の説明）
シベリア出兵（シベリア出兵の説明）
総力戦（総力戦の説明）
大戦の終結（ヨーロッパ、日本、米国に与えた影響等の説明）
64　ベルサイユ条約と大戦後の世界
ベルサイユ条約と国際連盟（ベルサイユ条約と国際連盟の設立の説明）
アジアの独立運動（インド、朝鮮、中国での独立運動の説明）
日本の大戦景気（大戦景気、財閥の伸興等の説明）
65　政党政治の展開
……
……」

上記構成は、第一世界大戦期間中の歴史的事実のうち、直接的に同大戦に関するものを時系列に従って2つに分割し、前半を単元62に、後半を単元63に割り振り、その余の第一世界大戦期間中の歴史的事実を、同大戦終結後の歴史的事実の説明をする単元64に振り替えたにすぎないものであり、ごくありふれた構成にすぎない。
控訴人は、この構成が他社の歴史教科書と異なる点に個性の発揮がある旨を主張するが、ありふれた表現は複数存在する場合もあるから、他社の歴史教科書と異なることをもって直ちに個性の発揮が根拠付けられるわけではなく、控訴人書籍の単元構成がありふれたものであることは、上記のとおりである。
控訴人の上記主張は、採用することができない。
したがって、単元62の構成には、創作性が認められない。

（2）単元79

控訴人は、控訴人書籍の単元79（項目43・44と同一部分）の構成が、他社とは異なる極めて個性的・創作的なものであり、創作性がある旨を主張する。

証拠（甲3）によると、単元79付近の控訴人書籍の構成は、次のとおりと認められる。

「第5章　世界大戦の時代と日本
　第1節　第一次世界大戦の時代
　……
　第2節　第二次世界大戦の時代
　……
　第3節　日本の復興と国際社会
　78　占領下の日本と日本国憲法
　　占領の開始
　　……
　　日本国憲法
　　……
　79　占領政策の転換と独立の回復
　　国際連合と冷戦の開始（記載内容は、項目43と項目44の「東アジアへと広がった。」まで）

占領政策の転換（記載内容は、項目44の「冷戦が始まると、」から「朝鮮戦争）」まで）
独立の回復（記載内容は、項目44の「朝鮮戦争をきっかけに、」から以降）
80　米ソ冷戦下の日本と世界
冷戦の進行
……
経済復興と日米安保条約改定
……」

単元79の構成は、おおむね、①連合国軍による占領開始（1945年8月）及び日本国憲法施行（1947年5月）との単元78に記載されている歴史的事項と、②経済復興達成（1956年）、安保条約改定（1960年1月）、ベルリンの壁建設（1961年）、キューバ危機（1962年）及びベトナム戦争（1965年）との単元80に記載されている歴史的事項との間に生じた、③国際連合成立（1945年10月）、北大西洋条約機構結成（1949年）、ワルシャワ条約機構結成（1955年）、中華人民共和国成立（1949年）、朝鮮戦争（1950年～1953年）、サンフランシスコ講和条約（1951年9月）、日ソ共同宣言（1956年）という歴史的事項が記載されているというものであり、上記①と②との間にほぼ位置する歴史的事項を一単元の中にまとめたからといって、時系列にまとめられるものを1か所に記載したというごくありふれた構成にすぎない。

他社の歴史教科書と構成が異なることをもって直ちに個性の発揮の根拠となるものでないことは、上記のとおりである。

控訴人の上記主張は、採用することができない。

したがって、単元79の構成には、創作性が認められない。

（3）まとめ

以上によれば、その余の点について判断するまでもなく、控訴人の単元構成に係る翻案権又は複製権侵害に基づく請求は、理由がない。

4　争点（4）（控訴人が有する著作者人格権（同一性保持権・氏名表示権）の侵害の有無）について

上記1のとおり、被控訴人記述1、2、9、10、15、17、19、20、24、26、27～29、33～36、43～45及び47は、創作性がないから、「著作物」（著作権法2条1項1号）には該当せず、その著作者人格権の侵害は認められない。

したがって、その余の点について判断するまでもなく、控訴人の著作者人格権侵害に基づく請求は、理由がない。

5　争点（5）（一般不法行為の成否）について

控訴人は、仮に、被控訴人らに著作権侵害・著作者人格権侵害が成立しないとしても、被控訴人らは控訴人各記述に係る控訴人の執筆者利益を害したものであるから、不法行為が成立する旨を主張する。

しかしながら、控訴人の主張する控訴人各記述に係る控訴人の執筆者利益とは、どのような法的性質であるのか必ずしも明確とはいえないところ、控訴人各記述が表現として法的保護に値するか否かは、まさに著作権法が規定するところである。

そして、控訴人各記述が、上記1ないし3のとおり、具体的表現のみならず、その単元構成、事項の選択・配列等も含めて、著作権法によって保護される表現に当たらない以上、これら表現を控訴人が独占的、排他的に使用し得るわけではないから、被控訴人各記述に控訴人各記述に似たところ又は共通するところがあったとしても、被控訴人の権利又は利益が害されたことにはならない。したがって、ただ単に、被控訴人各記述に控訴人各記述に似たところ又は共通するところがあるというだけでは、被控訴人各記述を用いることが公正な競争として社会的に許容する限度を超えるということはできない。

控訴人の一般不法行為に基づく請求は、理由がない。

6　総括

以上から、その余の争点について判断するまでもなく、控訴人の請求は、いずれも理由がない。

第5　結論

よって、本件各請求をいずれも棄却した原判決は相当であり、本件各控訴はいずれも理由がないから棄却することとして、主文のとおり判決する。

知的財産高等裁判所第2部

裁判長裁判官　清水節

裁判官　中村恭

裁判官　中武由紀

資料4　甲45号証（小山常実陳述書）

平成27年3月23日

（1）中学校歴史教科書及び公民教科書をなぜ執筆したか

私は、昨年3月まで大月短期大学に教授として奉職し、研究と教育に携わってきました。主として研究してきたのは、戦前戦後の憲法学説史と、同じく戦前戦後の小中学校の教科書内容史です。特に、平成に入った頃からは、戦後の中学校歴史教科書と公民教科書の内容史について最も力を割いて研究してきました。

その関係から、平成19年6月、「新しい歴史教科書をつくる会」（以下、「つくる会」と略す）の理事になるや、同22年度検定に申請する『新しい公民教科書』3版の代表執筆者に指名され、この教科書の構想を練り、主要な著者の一人として執筆する仕事に携わることになりました。

また、平成25年4月、同26年度検定に申請する『新しい歴史教科書』5版の執筆者となり、一部のコラムを分担執筆することになりました。

以下に、この二回の教科書執筆の経験を紹介し、教科書の執筆とはどういうものか、分かっていただきたいと考え、筆をとった次第です。

（2）『新しい公民教科書』執筆作業について

最初に『新しい公民教科書』3版の執筆作業について説明したいと思います。平成19年6月の「つくる会」理事会で代表執筆者に指名された私は、早速、教科書の構想に取り掛かりました。構想は、全く一から立てなければなりませんでした。通常ならば、三版ともなれば、全体の単元構成だけではなく、単元の中の小見出しや具体的文章に至るまで、前の版を基にして作成することができます。

しかし、前の版である『新しい公民教科書』2版の著者たちは、代表執筆者である被告八木秀次氏を初めとしてほとんどの著者たちが、「つくる会」を離れ、八木氏が理事長を務める「日本教育再生機構」と被告屋山太郎氏が代表世話人を務める「改正教育基本法に基づく教科書改善を進める会」が進める教科書運動に参加していきました。また、初版の著者たちも、代表執筆者である西部邁氏を初めとして多くの著者たちが既に「つくる会」を離れていました。ちなみに、乙42号証として陳述書を提出している大津寄章三氏は、『新しい公民教科書』の初版、2版とも執筆者として名前を連ねています。

したがって、我々には、『新しい公民教科書』の初版と2版に関する著作権は全くありませんでしたから、初版や2版の単元構成、小見出し、具体的文章を基にしてつくることは許されませんでした。一から教科書全体について構想し、一から起稿しなければなりませんでした。

このことは、育鵬社版の『新しい日本の歴史』にも当てはまることです。『新しい公民教科書』の執筆者がほとんど「つくる会」を離れたのとは反対に、『新しい歴史教科書』の執筆者はほとんど「つくる会」を離れませんでしたので、育鵬社側には『新しい歴史教科書』初版及び2版の単元本文に関する著作権は、7単元を除けば、全く存在しませんでした。ですから、『新しい日本の歴史』をつくる場合にも、一から単元構成、小見出しを考え、一から文章を起稿する必要があったことになります。しかし、実際に出来あがった『新しい日本の歴史』を読むと、育鵬社側は単元構成や小見出しどころか、具体的文章さえも『新しい歴史教科書』2版を下敷きにして作成していたのです。まことに残念なことです。

さて、話を進めますと、代表執筆者となった私は、6月末から7月にかけて二度開かれた歴史・公民合同執筆者会議で、『新しい公民教科書』も含めた従来の公民教科書の欠陥を説明し、平成10年版中学校学習指導要領が規定する社会科公民的分野の内容について説明し、仮の目次案・章節及び単元案を示しました。この二度の会議を経て、主要な執筆者を決定し、8月22日に第1回公民教科書執筆者会議を開催し、執筆分担を決定しました。

これ以後、平成21年11月15日まで、15回、ほぼ丸一日をかけた会議を続けました。一からの教科書づくりであったため、そして平成20年3月に新学習指導要領が出されたため、何度も目次及び章節構成からして練り直され、何度も各単元の執筆分量も変更されました。また、構成案の変更に関わりなく、原稿については何度も検討を行い、平均して数回の書きなおしを行いました。私の場合は、多いところでは5回ほど書き直しましたし、私の分担ではありませんでしたが、家族関係の原稿は7、8回の書き直しがされたように記憶しております。原稿は会議前に予め読んでおくのが原則でしたから、代表執筆者であった私は他の執筆者の原稿に目を通し、すべきコメントを考えた上で毎回会議に臨んでいました。

こうして同年12月まで、2年半ほど、私は公民教科書執筆に携わりました。この間に私が行った作業は、憲法制定200年を記念して出されたアメリカの公民教科書や新学習指導要領の分析把握などの調査研究、全体構想の立案とその修正案の作成、自己の分担分（単元）の執筆とそのための研究、会議の主催とまとめ、他の執筆者の原稿へのコメントなどですが、実際に私が執筆した原稿は、単元本文とコラムを合わせて17本、400字原稿に換算しておおよそ40枚強に過ぎません。それでも、2年半のうち1年半ほどの間は、当時勤めていた大月短期大学における仕事と教科書作成作業に完全に忙殺されました。

このような教科書作成の経験に照らし、大津寄氏がわずか1年9か月ほどの間に単元本文とコラムなどを合せて120本もの原稿を執筆したと同氏陳述書で述べていることを知り、そのことが到底信じられませんでした。

それはともかく、私は、大津寄氏とは異なり、執筆に際しては、参考にすれば著作権侵害の行為を誘発しやすい『新しい公民教科書』はもちろん、他社の教科書もほとんど見ませんでした。もちろん、公民教科書史の研究者でもある私は、『新しい公民教科書』や他社の教科書が記している内容についてはおおよそ把握していましたが、特に文章を具体的に記すに際して、それらの教科書を見ることは全くありませんでした。論文を執筆するに当たっても、他者の論文の文章を見ながら或いは参考にしながら執筆することはありません。そういう論文の書き方をすれば、たとえ悪意がなくても著作権侵害を行う可能性が高くなるからです。もちろん、自分が文章を書き出す前には、関連する論文を読み、内容をきちんと把握する作業を行いますし、文章を書いた後にはもう一度その関連論文を読むということはあり得ますが、あくまで文章を紡ぐ際には他者の論文などを見ることはありません。

ですから、大津寄氏の「他社の教科書記述を参考にしながら、教科書にふさわしいものとなるよう文章を紡いでいきました。」という陳述には、本当に驚きました。こういう書き方をしていたのでは、他社教科書の内容だけではなく、文章さえも図らずも盗んでしまう事態が生じやすいのではないかと感じました。

(3)『新しい歴史教科書』の執筆作業について

次に、『新しい歴史教科書』5版の執筆作業について説明したいと思います。『新しい歴史教科書』については、私は1頁大コラム(1000字程度)を2本と小コラム1本(500字程度)を担当しました。私は主要な執筆者ではありませんでしたから、公民教科書作成の場合のように多くの時間を割くことはありませんでした。しかし、それでも、執筆だけでも40数時間を費やしましたから、他に本務を抱える身としては、少なめに見ても2週間程度この作業に没頭したことになります。

歴史教科書の執筆に際しても、他社教科書を見ることはありませんでした。もちろん他社の記載内容の把握は、自分の原稿にとりかかる前や、原稿を書いてしまった後に行うことはありましたが、文章を実際に記すときには全く他社の記述を見ることはありませんでした。

（4）教科書執筆を経験してわかったこと

以上の二回の教科書執筆経験を通じて、教科書執筆という作業について感じたこと、分かったことを述べさせていただきます。

第一に、当たり前のことではありますが、教科書には既成の文献に書かれていない事項は書けないということです。『新しい公民教科書』の平成22年度検定過程においても、『新しい歴史教科書』の26年度検定過程においても、しばしば根拠となる資料の提示を厳しく求められました。仮に正しいことを書いていたとしても、根拠資料を提示できなければ、検定合格できません。教科書は、新しい学説を発表する研究論文とは性格が異なるからです。

にもかかわらず、原判決は、「ある歴史教科書に、他の歴史教科書には記載のない事項が取り上げられて記載されている場合でも、その事項が歴史文献等に記載されている一般的な歴史上の事実又は歴史認識にすぎないときは、それを当該歴史教科書の中の関連する単元で取り上げ、一般的に歴史教科書に記載される歴史的事項に関連して、その説明のために、又はそれを敷衍するものとして、付加して記述することは、歴史学習のための教科書としては通常のことであるから、当該歴史教科書にそのような他の歴史教科書に記載のない事項があるというだけでは、そこに歴史教科書としての個性が表れていると解することはできないというべきである。」と述べています。この文章を読んだ時、教科書執筆者としては、絶望的な気分になりました。原判決のような考え方がまかり通れば、よい教科書をつくるべく、真面目に研究を行い、真面目に【事項の選択】を行う人が報われない世の中がこれからやってくるように思われます。

第二に、教科書執筆は、特に単元本文の執筆は極めて苦労の多い作業だということです。作業時間からいっても、私自身の例で言えば、公民教科書の場合は教科書作成のために検定過程における作業を含めて８００時間以上費やしましたし、私が分担した原稿の執筆だけでも３５０時間以上費やしました。これだけの時間を使えば、１冊乃至2冊の単著を執筆することは十分に可能です。また、私が『新しい歴史教科書』のコラム3本のために費やした40数時間あれば、すなわち2週間程度の時間があれば、論文1本を執筆することは十分出来ます。

このように作業時間が多いこともあり、端的に言って、一つの単元を仕上げることは、数十枚の論文を書くよりも大変だという感じがしております。もちろん、純粋な時間は1本の論文の方が掛かるでしょうが、一つの単元やコラムを仕上げるには、論文の場合とは異なる苦労があります。

通常の教科書執筆者は、少なくとも初版作成の際には、全体の章節構成までは考えないとしても、やはり、教科書執筆のためには1つの単元の中にどういう事項を盛り込み、どういう順序で並べるか、考えなければなりません。教科書単元本文の場合は、通常3個程度の小見出しに相当する3個の大項目を挙げた上で、更に各大項目の中に3～4個の小項目を入れなければなりません。

すると、全体がわずか１０００字程度ですから、1小項目に割く分量は平均１００字程度となります。文としてはせいぜい2文程度です。そのわずかの分量で、簡潔に的確に小項目を記述することが求められるのです。論文の場合には、上手く説明できていないのでもう少し敷衍して説明しようということで更に文字数を重ねることが許されます。論文の場合は、通常、原稿用紙４００字詰め換算で30枚とか50枚という分量の制約があるだけだからです。しかし、教科書の場合にそんなことをしていたら、すぐにその単元に割り当てられている分量を越えてしまいます。ですから、教科書執筆者は、【事項の選択・配列】を考えるだけではなく、各小項目の記述、1文2文単位の細かい表現にまで気を配らなければならないのです。

盛り込むべき事項が定められていたとしても、執筆者は、その単元のテーマと盛り込まれる事項について、一定の研究をしなければなりません。そのために、そのテーマに関する主要な文献や教科書に盛り込もうと思っている事項を記した文献に目を通しておく必要があります。

更に言えば、詳しい分野や自分の専門分野について記す場合であっても、執筆者には苦労がつきまといます。

詳しくよく分かっていると思っているテーマや事項でも、いざ生徒に分かるように簡潔に書こうと思うとなかなかそれができないことに気付くことは何度もありました。論文等では先述のように説明を詳しくして読者に分かってもらうこともできますが、分量の限られた教科書ではそのやり方は通用しません。短い分量という制限の中で、より簡潔で的確な表現を見付けるために頭を絞らなければならないのです。

更に頭を絞らなければならない背景に、歴史教科書及び公民教科書は7社乃至8社が競い合う世界だということがあります。通常の書物よりは【事項の選択】の幅は狭いけれども、6つも7つもライバルのいる世界は、少なくとも文系の研究論文の世界よりははるかに競争の激しい世界です。その競争の中で勝ち抜くべく、個性を発揮することが求められるのが、歴史教科書や公民教科書の世界なのです。ですから、部外者が勝手に想像するのとは違って、教科書の内容とその表現は多様なのです（特に歴史教科書）。そのことは、教科書内容史研究者として実感しているところです。

以上のように、教科書執筆という作業は、時間の上でも、頭の使い方の上でも、苦労の多い、その割に評価されない仕事だと思います。教科書執筆者としては、単元本文やコラム本文の著作権を十分に保護していただきたいと考えています。

資料5　甲46号証（藤岡信勝陳述書）

平成27年3月25日

一　経歴

私は、昭和46年（1971年）、北海道大学大学院教育学研究科博士課程を単位取得退学後、名寄女子短期大学講師、北海道教育大学助教授、東京大学教育学部教授、拓殖大学教授を歴任した後、現在、拓殖大学客員教授という立場にあります。専門は教育学（教育内容・方法）です。

平成3年（1991年）の湾岸戦争の後、同年から1年間、文部省からアメリカで在外研究の機会を与えられました。ちょうどその時期にソ連共産党を中心とした社会主義体制の崩壊という出来事がありました。そうした中で、社会主義思想の強力な影響下につくられた戦後の歴史教科書の内容と記述の枠組みが到底維持できないものであることに気付き、平成7年に教師を中心とした自由主義史観研究会を組織し、新しい歴史教育のための教材と授業の開発に取り組み始めました。平成8年には、根拠のない従軍慰安婦強制連行の記述が中学校の全ての発行会社の教科書に新たに記載されたことがわかり、教科書から慰安婦の記述を削除させる運動を始めました。

この流れのなかで、平成9年（1997年）1月、任意団体として「新しい歴史教科書をつくる会」（以下、「つくる会」。）が創立されました。この会の目的は、従来の教科書を批判するだけでは状況がかわらないことから、会の名称どおり、新たに歴史教科書を執筆し、中学生に届けることによって、日本の歴史教育を立て直すことです。私はこの会の副会長となり、その後、会長を務め、現在は理事として引き続き歴史教科書の改善運動に参加しています。

2　扶桑社版『改訂版　新しい歴史教科書』執筆に至る経過

「つくる会」が推進した『新しい歴史教科書』（扶桑社）の初版は、平成13年（２００１年）に文科省の検定に合格しました。代表執筆者は西尾幹二氏でした。この教科書で、私は西尾氏とともに、教科書全体のコンセプト、章立て、単元などの基本方針を決めました。その上で、私が分担した部分について原稿を書きました。それに加えて、西尾氏とともに、全体の調整、図版の指定など、普通の教科書会社ではおよそ執筆者がやらないと思われる作業まで自分たちで行いました。

それから4年後、改訂版を出すことになり、西尾氏が教科書執筆から手を引いたため、ある別の方がまとめて一から教科書を書き直しました。しかし、「つくる会」の幹部（この時の会長は被控訴人八木秀次氏）の間で検討した結果、教科書としての文章に適さないということになり、扶桑社編集部も同じ意向で、紆余曲折ののち、結局、私が全単元を通して書き直すことになりました。それで、改訂版の代表執筆者は私になったのです。

3　本件提訴に至る経過

『改訂版　新しい歴史教科書』（甲3）が検定に合格したのは、平成17年（２００５年）4月でした。翌年4月、八木秀次会長は「つくる会」を脱会し、日本教育再生機構という新組織をつくりました。そして、教科書の発行元の扶桑社は「つくる会」を脱会した八木氏らのグループを新たに著者に迎え、改訂版とは別の教科書を作りたいと言い出しました。八木氏が出版社側と初めから通じていたことは明らかでした。

「つくる会」は従来の教科書の継続発行を求めて何度も折衝しましたが、扶桑社は平成19年2月、「つくる会」に対し絶縁通告をしてきました。その理由は折衝過程で明らかになったことですが、「教科書の内容が右寄り過ぎて採択が取れないから」というものでした。一般論として言えば、教科書会社としては、道義的問題はともかくとして、自社の営業方針に合わせた執筆者を選ぶ自由はあるといえるでしょう。

そこで、「つくる会」としては、私と西尾氏の連名で弁護士を通じて内容証明（甲18の1）を送り、扶桑社が新たにつくる教科書が、『改訂版　新しい歴史教科書』を模倣することがないようにクギを刺しました。後に扶桑社の100パーセント子会社である育鵬社から教科書を出すことが決まると、育鵬社の支援組織としてつくられた「教科書改善の会」の屋山太郎代表は「全く新たに書き直すので、著作権上の問題が生じることはない」と書きました（甲31）。ですから、よもや絶縁した著者の作品から文章を盗むなどということが起こるとは想像もできませんでした。

平成23年（2011年）4月、育鵬社の初の歴史教科書（甲2）が発行され、市販本（甲1）も発売されました。私はその内容を読んで驚愕しました。私たちの改訂版からの明らかな盗作箇所がたくさん見つかったからです。数えてみると、それは47箇所にものぼりました。

しかし、ちょうど採択戦の始まる時期でしたから、この事実の公表が育鵬社の教科書の採択に壊滅的な影響を与えるのを避けるため、「つくる会」は採択が終了するまでこの事実については一切発言せず、封印しました。路線の違い、編集方針の違い、その他から互いに袂を分けた間柄ですが、保守系の教科書として生き残ってもらいたいという思いがあったからです。

ただ、このような盗作を見過ごすことは、社会正義に反し、許されることではありません。「つくる会」は綿密な調査に基づいて、平成24年10月『歴史教科書盗作事件の真実』（自由社）を公刊しました（甲4）。その上で、同社および関係者に、謝罪と責任の明確化を求めました。しかし、何度も交渉をした結果、育鵬社側がそれを拒否したため、やむなく「つくる会」側は私を原告として訴訟に踏み切ったという次第です。

4　一審判決の批判

平成26年（2014年）12月9日、東京地裁で原告敗訴の判決が出されました。歴史教科書の著作権を否定するという驚くべき判決でした。同判決の論理は、歴史教科書はそもそも著作権法第2条のいう「著作物」ではないので保護の対象にならないというのと実質的に等しい内容でした。では、どういうわけで歴史教科書は著作物ではないことになるのでしょうか。判決の論理を検討してみたいと思います。

判決は次のように言います。(以下、判決文からの引用は、【 】カッコで括り、通し番号を付けます。)

〈1〉【歴史上の事実や歴史上の人物に関する事実は、単なる事実にすぎないから、著作権法の保護の対象とならず、また、歴史上の事実等についての見解や歴史観といったものも、それ自体は思想又はアイデアであるから、同様に著作権法の保護の対象とはならないというべきである。】

裁判所は奇妙な用語を使うようです。「歴史上の事実」が著作権法の保護の対象にならないのは当たり前で、例えば「1603年、徳川家康が征夷大将軍に任命された」という事実が著作権で保護されるかどうかなど、およそ意味をなしません。正確には「歴史上の事実についての記述」が著作権法の保護の対象にならない、というべきでしょう。カテゴリーが間違っています。後半は、「歴史上の事実等についての見解や歴史観」も保護の対象とはならない、と言っていますが、これも、「頭の中に生じた思想」を著作権で保護出来ないのは当たり前です。では、「歴史上の事実等についての見解や歴史観の記述」はどうなのか、これは保護の対象となるのか、ならないのか。このように、カテゴリーの間違いから、誰も否定できない命題を掲げておきながら、いつの間にか、次のように「記述」の話にスリカエていきます。

〈2〉【書籍においてどのような事項を取り上げ、それらの事項をどのように組み合わせるかについては、著者による独自の創意や工夫の余地があるから、一般論としては、その具体的な選択の結果に、何らかの表現上の創作性が表れることはあり得るということができる。】

ここでは、明らかに「記述」の話になっています。「事実」と「思想」は著作権法の保護の対象ではない、という、カテゴリー的に当たり前の命題が、「事実の記述」も「思想の記述」も著作権法の保護の対象でないことにすり替えられています。

そして、ここでは、本来、事実を扱った歴史書は保護すべき著作物ではない、という雰囲気を漂わせながら、歴史の本を書くとき、【どのような事項を取り上げ、それらの事項をどのように組み合わせるかについては、著者による独自の創意や工夫の余地がある】から、そういう場合には著作物として認めてやろう、というわけです。ただし、これは一般論、つまり一般の歴史書についての話であり、歴史教科書は別だ、そんな贅沢は許されない、というのが、次の引用文です。

〈3〉【歴史教科書については、教科書の検定基準並びに学習指導要領及びその解説において、その記述内容及びその具体的な記述の方法が相当詳細に示されており、そこに記載できる事項は限定的であるというべきであるから、その中で著者の創意工夫が発揮される余地は大きいとはいえない。】

ここでは、歴史教科書が著作物であることを否定するために、学習指導要領などを持ち出しています。しかし、ここに書かれていることは、真っ赤な嘘です。「教科書の検定基準」や「学習指導要領」及びその「解説」には、教科書の記述内容や記述方法が「相当詳細に示されて」などいません。例えば、どの教科書にも書かれている、日本における「稲作の始まり」について、学習指導要領で「内容」として指示されているのは、次のような記述だけです。

「世界の古代文明や宗教のおこり、日本列島における農耕の広まりと生活の変化や当時の人々の信仰、大和朝廷の統一と東アジアとのかかわりなどを通して、世界の各地で文明が築かれ、東アジアの文明の影響を受けながら我が国で国家が形成されていったことを理解させる。」

たったこれだけです。直接関連する記述は、「日本列島における農耕の広まりと生活の変化や当時の人々の信仰」という言葉があるだけで、要するにこういうテーマを取り上げよ、と言っているだけなのです。学習指導要領には「内容の取扱い」というパートもありますが、ここでも、「『日本列島における農耕の広まりと生活の変化」については、狩猟・採集を行っていた人々の生活が農耕の広まりとともに変化していったことに気付かせるようにすること」と書かれているだけです。この程度では、到底、教科書の記述内容や記述方法が「相当詳細に示されて」いるとはいえません。

学習指導要領解説を開いても、事態はほとんど変わりません。関連する記述は次のとおりです。

「『日本列島における農耕の広まりと生活の変化や当時の人々の信仰』については、日本の豊かな自然環境の中における生活が『農耕の広まりとともに変化していったこと』（内容の取扱い）や、自然崇拝や農耕儀礼などに基づく信仰が人々の中に生きていたことに気付かせる。その際、新たな遺跡や遺物の発見による『考古学などの成果の活用』（内容の取扱い（1）カ）を図るようにする。」

これからすればテーマについて無数の書き方が成立します。

教科書検定基準にいたっては、そのどこにも、稲作だとか農耕だとかの話は出てきません。「統計は最新のものを使うこと」などの注意書き、内容に関わりのない一般論が述べられているだけです。

以上のとおり、判決が言及したどの文書にも、「教科書の記述内容や記述方法」が「相当詳細に示されて」いるわけではありません。一体、裁判官は学習指導要領や教科書検定基準を一度でも開いて真面目に読んだことがあるのでしょうか。一度でも真面目に見たことがあれば、恥ずかしくて上記のような判決文は書けなかったはずです。

〈4〉【検定基準及び学習指導要領に基づく歴史教科書としての上記制限に従った表現にならざるを得ないのであるから表現の選択の幅は極めて狭い。】

判決文は前の文章に続けてこのように書き、ここから、歴史教科書は、どのように書いても相互に似たような表現にならざるをえず、従ってB社がA社の教科書と酷似しているからといって著作権を侵害したことにはならない、とする判決の結論が導かれるのです。しかし、これもまた、事実に反する言明です。裁判官は被告側が作成した乙45号証を読んだはずですが、そこでは、同じ「稲作の始まり」に関しても、各社の教科書が実に多様な表現や言い回しにより記述していることが分かります（甲42：平成27年3月20日付け報告書）。

5　教科書検定制度への無理解

内容、形式とも、何の制約もなく、自由に思想を表現出来る一般の書籍に比べて、検定教科書が一定の制度的制約のもとにおかれ、一般の書籍に比べると、相対的に自由度が制約された文書であることは確かです。しかし、ここから、それゆえ教科書はどれも同じ表現に落ち着かざるを得ない、などと思い込むのは、事実に反する空想に過ぎないことは、上記で論証したとおりです。

しかも、「相対的に自由度が制約された」というところから、「従って工夫の余地がない」と推論することも、根本的な間違いです。制約があるからこそ、その制約の中で、教科書の記述を他社と差別化し、他社をしのぐ教科書をつくろうと各社の心ある執筆者はしのぎを削っているのです。表現の幅が狭いという共通の認識から、判決は、だから教科書に著作権はない、というのですが、話は逆だというべきです。これは、教科書を民間の教科書会社につくらせる教科書検定制度の本質からくるもので、教科書検定制度とは、民間の活力を相互の競争によって引き出すことを狙いとした制度なのです。判決は、このような教科書検定制度の趣旨を全く理解していません。

6　歴史教科書は「我が国の歴史に対する愛情を育て、深める」ためにつくられる

著作権法第2条1項1号には、「著作物」を「思想又は感情を創作的に表現したものであって、文芸、学術、美術又は音楽の範囲に属するもの」と定義しています。

そこで問題となるのは、文科省検定済みの歴史教科書が、「思想又は感情を創作的に表現したもの」であるか

どうかです。この論点は2つの内容に分けることができます。まず、第1は「文科省検定済みの歴史教科書は本来どのようなものとして制度化されているのか」という問題です。第2は「事実として、歴史教科書の個々の記述が思想・感情の表現になっているかどうか」です。

第1の教科書検定制度のもとにおける歴史教科書の性格に関する論点ですが、被控訴人ら及び一審判決は、歴史教科書を「思想・感情」の表現とは関係のない、無味乾燥な歴史事実を並べただけの文書とみなしています。

しかし、それは根本的に間違っています。そもそも、教科書検定制度のもとで学校で使用する歴史教科書は、無味乾燥な歴史事実の羅列のようなものであることが求められているかといえば、そんなことはありません。それは当の学習指導要領を読めばすぐに判断できることです。

学習指導要領には、中学校社会の歴史的分野の「目標」として、「我が国の歴史に対する愛情を深め、国民としての自覚を育てる」と書いています（乙21）。「愛情」も「自覚」も、「思想・感情」の部類に入るものであることは誰も否定できないでしょう。ちなみに小学校の歴史教育の目標は、「我が国の歴史に対する愛情を育て、国民としての自覚を育てる」となっています。小学校と中学校でどこが違うかというと、小学校では「愛情を育て」となっているのに対し、中学校では「愛情を深め」となっているところです。小学校教育が目標を達成していれば、子どもの中にはすでに、「我が国の歴史」に対する「愛情」が育っているので、中学校ではその土台の上に、愛情をさらに深めることが目標とされているのです。

このように、学習指導要領は単に無味乾燥な歴史事実を教えることを歴史教科書に求めているのではなく、「我が国の歴史に対する愛情」や「国民としての自覚」といった「思想・感情」を育む内容の歴史教科書を求めているのです。こういうことを全く理解していない判決は、根本的な誤りを犯しています。

では、上記のような学習指導要領に定められた「目標」をどのようにして達成し、それに見合った教科書をどのようにしてつくるのでしょうか。「愛情」も「自覚」も主観的なものでもありますから、どこかに客観的なひな形があってそれを写し取るようにして記述すれば良いというものではありません。とすれば、教科書の執筆者は、これを執筆者自身の我が国の歴史に対する「愛情」や、国民としての「自覚」として引き受けた上で、これを自分の言葉で教科書に表現する、という筋道をたどることになります。

もう一度繰り返しますが、歴史教科書は単なる事実の記載にとどまらず、その事実を「愛情」や「自覚」を育てるように構成して表現・記述することが求められているのです。その記述の在り方は著者により多種多様ですから、そこに教科書執筆者の個性が現れるのは当然です。そして、もう一度言いますが、以上のことから、学習指導要領の制約のために教科書は全く個性のない、同じような事実を同じように記述したものにならざるを得ない、という類の話は成り立たず、それは事実にも合致しないのです。逆に、学習指導要領の規定があるからこそ、歴史教科書には著作物としての性格が本来求められている、というのが正しい理解です。

7 『改訂版 新しい歴史教科書』に表現されている「思想・感情」

次に第2の論点ですが、私が代表執筆者を務めた『改訂版 新しい歴史教科書』には、執筆者である私の「思想や感情」がどのような形で表現されているのか、「稲作の始まり」を例にして執筆体験記を書いてみることにします。

私が歴史教科書の改善運動に取り組んだのは、従軍慰安婦の記述問題がキッカケですが、もともと、そういう「自虐史観」にかかわる個々のトピックの問題を越えて、戦後日本の歴史教科書には、日本の文化・文明の独自性を低く評価し、中国や朝鮮よりも劣位の地位にあった国である、などという中韓隷属史観とされる歴史観が支配的でした。自国を卑しめ、貶めることが多くの歴史教科書の執筆方針であったのです。

これに対し、私は、改訂版の執筆に当たって、学習資料要領の「我が国の歴史に対する愛情」を深める教科書にしたいという強い願いをもって作業に当たりました。ただし、言うまでもなく、歴史は事実に基づいて書かれなければなりません。幸いにも、近年の考古学的研究は、古代において、日本は朝鮮半島から文化・文明を一方的に学んだのではなく、反対に日本の方が先に発達し、こちらから朝鮮半島に伝えたものがたくさんあることを証明してくれました。ここ20年ほどの間に、韓国の考古学の研究は飛躍的な進歩をとげましたが、皮肉にもその結果として、縄文式土器を初めとして前方後円墳にいたるまで、日本から伝わったものが多数あることがわかってきました。稲作も例外ではありません。

そこで、「稲作の始まり」を執筆するにあたって、私が自らの課題としたのは、次のような三つの原則を実現することでした。

① 日本を、遅れた野蛮な地域であったとするような自虐的な歴史観を排し、日本の文化・文明を史実に基づき正当に評価すること

② 歴史事実の選択においても、最新の学説を取り入れること

③ 記述は、歴史の大きな流れがわかるようにするとともに、そのパートの記述のなかで、ダイナミックなわかりやすい記述をすること

このうち、③に関して、特に方法的に意識したことは、記述の抽象度を意図的に変化させて、描写的な要素や、教科書としてぎりぎり許されるような口語的な文体の用語を可能な限り選び用いることでした。

そして、私は、著者として、自分の内部で、読者である若い世代の日本人に最も伝えたいことは何か、それが具体的な言葉となって形をなすまで、執筆のペンを取ることはしませんでした。人をして文章を書かせるのは、その人の知識ではなく思想です。これは創造的な文章を執筆した人は、誰でも思い当たることでしょう。ですから、私は、執筆に当たっては先に教科書を並べて読むといったことを意図的に避けました。教科書を読めば、悪意がなくてもどうしてもその内容・表現から何らかの影響を受けてしまうからです。あくまでも、他社の教科書

は、自分の文章が出来上がった後に、その過不足をチェックするために読むということにしました。

私がこの教科書で、古代についてどうしても伝えたかったのは、稲作についての通説とされてきた、「紀元前1〜2世紀に、朝鮮半島から伝えられた」という固定観念を覆すことでした。戦後の歴史教育で教えられてきたことが、近年の考古学の研究で覆されたことを、九州の菜畑遺跡を素材にして書きたい、と考えました。菜畑遺跡は2500年前の遺跡で、そこから水田稲作の遺構が昭和54年（1979年）に発見され、世界的なニュースとなりました。ここまで遡ると、朝鮮半島から稲作が伝わったという説は完全に否定されます。なぜなら、朝鮮半島にはこれより新しい遺跡しか存在しないからです。だから、通説の内容は話が逆で、日本列島から朝鮮半島に稲作技術が伝わっていったと考えなければならないのです。

さて、それでは上記の内容を教科書にどのように盛り込めばよいのでしょうか。改訂版を執筆するにあたっては、次のことを作業の方針としました。

① 判型を大判にし、各単元を見開き2ページに統一するための字数の調整
② 著者によって異なっていた文体をある程度統一する
③ 新しい研究成果や知見、教科書としてのおもしろさをさらに増大させる記述を新たに工夫する

これがもし、一般の歴史書などであったら、どう書くかということですが、字数の制約も内容の制限もなければ、上記稲作に関する学説史から書き始めるのが一番わかりやすい書き方です。しかし、教科書にこのような学説史を書くことはできません。内容の制約があり、字数の制約もある。そこで、「すでに縄文時代に…」という書き出しを考えついたのです。わずかこれだけのことでも長い時間をかけています。従来の通説は、「縄文時代=狩猟・採集の時代」、「弥生時代=農耕の時代」というパラダイムに基づいていましたが、これを意図的に打ち破るため、このような書き出しを考えたのです。この構文には、このような著者の思想が表現されており、事項の選択と配列や、論理展開のなかに、その苦心のあとが表現されているのです。

この部分がそっくり、育鵬社の教科書で模倣されているのを見た私は、それが盗作であること、しかも、私が考え抜いたあげくにたどり着いた苦心の表現を盗んだものであることを、瞬時に理解しました。盗作においては、原著者と盗作者が一番よく盗作の事実を理解するのです。

こうした説明をすると、一審判決は次のように書いてこれを混ぜっ返します。

〈5〉【稲作の開始を弥生時代におく従来の教科書記述を書き変えるとの「表現の視点」や、最新の研究結果に依拠して、渡来した人が稲作を伝えたとの書き方を避けるとする「表現の視点」は、著者の制作意図若しくはアイデアにすぎず、それ自体は著作権法で保護されるべき表現には当たらない。】

とんでもありません。「稲作の開始を弥生時代におく従来の教科書記述を書き変える」というのは、表現と密着した視点であり、上記の説明のとおり、現に教科書に表現されているのです。これを「著者の制作意図若しくはアイディアにすぎず」として切り捨て、議論の外に追いやってしまっては、一体、何を論じているのか、わけがわからなくなります。

思想や歴史観のような言葉が出てくると、一審の裁判官は、条件反射のように、「それは著作権で保護されないアイディアに過ぎない」というご託宣を垂れる傾向がありますが、このような論理は、著作権法の読み方を間違っていると考えます。すでに引用したように、著作権法第2条にいう「著作物」の「表現」とは、他ならぬ「思想・感情」の表現なのです。ですから、議論するときには、どのような「思想・感情」が表現されているかを論じざるを得ないのです。

「稲作の始まり」には、以上のとおり、私の「思想・感情」が、他社の教科書とは全く異なる形で表現されているのです。それは究極的には、「我が国の歴史に対する愛情を深める」という、私（=学習指導要領）の「思想」に由来するものです。

8 「稲作の始まり」の著作物性を否定した一審判決の誤り

一審判決は、「稲作の始まり」のケースについて、次のように書いています。

〈6〉【原告が同一と主張する共通の事項は、要するに、①縄文時代に大陸から稲がもたらされたこと、②初めは畑や自然の水たまりでの栽培が行われていたこと、③紀元前4世紀頃までに灌漑用水路をともなう水田稲作が九州北部に伝わったこと、④稲作が東北地方まで達したこと、（中略）であると認められるが、それらはいずれも歴史上の事実に過ぎず、また、他の歴史教科書にも取り上げられている一般的な事項であり（乙45）、上記の点を表現しようとすれば、原告書籍のような表現にならざるを得ないのであって、表現の選択の幅は極めて狭いというべきであり、実際の表現自体も教科書の記述としてごくありふれた表現にすぎないから、上記共通の事項に関し、その選択及び表現に創作性を認めることはできない。】（傍線引用者）

ここには、原告の教科書の記述が著作物であることを否定する理由として、

❶歴史上の事実に過ぎない

❷他の歴史教科書にも取り上げられている一般的な事項である。

❸上記の点を表現しようとすれば、原告書籍のような表現にならざるを得ない

❹表現は教科書としてごくありふれたものに過ぎない

の4点が挙げられています。この一つひとつに反論します。

❶取り上げられている事項が歴史上の事実であることは誰も否定しません。歴史教科書なのだから、当たり前のことです。もちろん、すでに見てきたように、このことから直ちに歴史教科書は著作物ではないという結論を導き出すことはできません。

❷は完全な事実誤認です。少なくとも①の事項は他社の教科書には書かれていません。

❸は事実に反します。同じ事項を選択しても、著者が自分の頭で考えて書けば、類似性のない教科書記述にな

ります。

❹この「稲作の始まり」について、原告の教科書記述が、決して「ありふれた」ものでないことは、すでに説明したとおりです。それを越えて、裁判所が「ありふれた」というなら、どのような表現をすれば著作物と認められるような「ありふれていない」表現になるのか、一般理論をつくり、それに基づいて判別基準を示して欲しいものです。判決はそういう課題を完全にネグレクトして、ひたすら「ありふれている」と断定しているだけです。

9　判決に見る著作権否定の執念

判決の論理をたどっていくと、歴史教科書の著作権を否定する裁判官の執念が伝わってきます。

例えば、判決は歴史教科書における「事項の選択」について、【他の歴史教科書にも取り上げられている一般的な事項】の場合はその創作性が否定される、としています。そこで、乙45号証などにも依拠して、原告の教科書の記述が他の教科書にもあることを示して、創作性を否定していきます。

それなら、「他の教科書に取り上げられていない」事項が選択されているならば、その教科書記述を著作物として認めてくれるのだろうと、判決文の読み手は当然期待します。『改訂版　新しい歴史教科書』には、他社の教科書にはない、ユニークなトピックが無数にあるのです。

ところが、それでもダメなのです。判決は、【また、ある歴史教科書に、他の歴史教科書に記載のない事項が取り上げられて記載されている場合でも、その事項が歴史文献等に記載されている一般的な歴史上の事実又は歴史認識にすぎないときは】、やはり著作物として認められないというのです。

これには笑ってしまいました。ここまで書かれれば、もう万事休すです。どこの世界に、歴史文献に載っていない事項を書く歴史教科書がありますか。そんなことをすれば、一発で文科省の検定の網に引っかかるのは必然です。

要するに、一審判決はあり得ない非常識なことを歴史教科書に要求した上で、そうなっていないから著作物ではないという、初めに結論ありきの詭弁を展開しているのです。歴史教科書の著作権は何が何でも認めない、という執念だけが際立つ、異様な判決であると言わざるを得ません。

10 おわりに

被告側は、実際に教科書を一人で書いたのは、現役の公立中学校の教師であるとして、その陳述書を裁判所に提出しました。育鵬社は、この中学教師に歴史教科書の執筆を丸投げしたのです。そうすると、奥付にある有名教授らは、単に名前を貸しただけ、あるいは、編集会議で原稿にコメントしただけということになります。実際、被控訴人八木秀次氏は、いざ裁判になると、自分は書いていないことを強調した陳述書を出しています。執筆者の中学校教師は、次のように書いています。

「執筆方法としては、まず各社教科書の本文記述に目を通し、大まかな内容と重要語句、分量を把握した後、一から文章を「一太郎」のソフトを用いて入力するという方法をとりました。」

他社の教科書を見ないで構想を練った私の方針と正反対です。それにしても、「一から」文章を紡ぎ出していったのであれば、なぜ、私が執筆した教科書のデッドコピーと言える文章が頻出するのか、控訴審の法廷でご当人に聞いてみたいものです。多忙な現職の中学校教員としての仕事をしながら、一冊の教科書を全て一人で書く。さぞかし大変であったことであろうと、個人的には同情しますが、こうした無茶苦茶な執筆体勢が盗作行為を誘引する土壌となったことは明白です。

この度の東京地裁判決は、歴史教科書がすぐれて著作物であることを予定されているものであるというその性格を見誤り、教科書検定制度とその運用の実態にも無理解で、教科書執筆の現場にも無知のまま、誤った論理操作によって、「歴史教科書は著作物ではない。故に、歴史教科書においては著作権の侵害ということは成り立たない。従って、他者の教科書をどんなに盗んでも罪を問われない」という、およそ常識に反し、著作権という社会的に確立した権利を破壊する、驚くべき判決にいたったものであると私は考えています。控訴審において、厳正な審議が尽くされ、正しい判決が下されることを切にお願いする次第です。

以上

主要参考文献

著作権をめぐる文献

田村善之『著作権法概説』有斐閣、一九九八年初版、二〇〇一年2版
加藤雅信『「所有権」の誕生』三省堂、二〇〇一年
田村善之「創作的表現でないところに同一性があるに止まる場合と著作権侵害の成否（消極）
―北の波濤に唄う事件」『法学協会雑誌』一一九巻七号、二〇〇二年
福井健策『著作権とは何か――文化と創造のゆくえ』集英社、二〇〇五年
中山信弘『著作権法』有斐閣、二〇〇七年
栗原裕一郎『〈盗作〉の文学史――市場・メディア・著作権』新曜社、二〇〇八年
別冊宝島編集部編『「パクリ・盗作」スキャンダル事件史』宝島社、二〇〇九年
島並良、上野達弘、横山久芳『著作権法入門』有斐閣、二〇〇九年
甘露純規『剽窃の文学史――オリジナリティの近代』森話社、二〇一一年
上野達弘「著作権法における侵害要件の再構成――「複製又は翻案」の問題性――」『月刊パテント』二〇一二年十二月号

髙部眞規子「著作権法の守備範囲」『月刊　パテント』二〇一三年十一月号
溝口敦・荒井香織編著『ノンフィクションの「巨人」佐野眞一が殺したジャーナリズム――大手出版社が沈黙しつづける盗用・剽窃問題の真相』宝島社、二〇一三年

中学校歴史教科書関係文献

日本教職員組合編著『教科書白書2005（中学校歴史・公民編）』アドバンテージサーバー、二〇〇五年六月
三浦朱門編著『全「歴史教科書」を徹底検証する――2006年版教科書改善白書』小学館、二〇〇五年七月
小山常実『歴史教科書が隠してきたもの――「中学校歴史」各社教科書を総点検する』展転社、二〇〇九年
新しい歴史教科書をつくる会編著『歴史教科書盗作事件の真実』自由社、二〇一二年

あとがき

育鵬社が「つくる会」の歴史教科書を盗作している事実に気付いてから、五年の歳月が流れた。他の仕事もしてきたとはいえ、この盗作問題が筆者の心を最も占拠してきたことは疑いのないことである。盗作問題を追及し、世の中に訴えるために、いろいろなことを犠牲にしてきた。特に、この盗作問題研究のため、「日本国憲法」や大日本帝国憲法の研究が完全にストップしてしまった。きわめて残念なことであった。ともあれ、育鵬社歴史教科書事件判決に対する批判をようやく書き終えた。とりあえず、この問題に関する筆者なりのけじめがつき、ほっとしている。

ただ、何とも言えない気持ち悪さが残っている。法曹界の論理からすれば、育鵬社は扶桑社版の著作権を侵害していないという論理が成立するのかも知れないが（筆者は成立不能だと思うが）、本書で示してきたように盗作したこと自体は隠しようのない事実である。極めて不道徳な作られ方をしたということである。他人が苦労して作り上げた教科書を盗んだ事実は、消えはしない。教育の場で、盗作教科書が用いられ続けたという気持ちの悪さは、消えはしない。

しかも、平成二十七年版では盗作部分の多くはなおされはしたが、まだなおされていないところが少数ながら存在する。二審判決は四七箇所すべてがなおされたと勘違いしているが、育鵬社には、その部分を完全になおしてもらいたいと心から願う。筆者が育鵬社歴史教科書問題を追及する上での最低限の目的は、盗作部分を平成二十七年版以降に持ち込まないように持っていくことだった。この目的は八割方達成されたが、「鎌倉幕府の成立」など、何点かは盗作及び著作権侵害の痕跡が色濃く残っている。育鵬社は、これからでも、盗作箇所をなくしていくべきであろう。

しかし、以上のことよりも、はるかに強く思うことが二つある。一つは、裁判官が法の精神を持たないことである。特に事後法を認める考え方をしていることには驚かされた。二審判決が、平成十七年版の『新しい歴史教科書』の記述は、平成二十五年出版の別の本に取り上げられているものだから創作性がないと判断していることに、本当に驚かされた。今の日本の裁判官は、事後法で以て日本の軍人や政治家を裁いた東京裁判の思想を受け継いでいるのであろうか。

二つは、特に二審判決が歴史教科書の著作権を原理的に否定したことである。今後は、少なくとも単元本文については、他社教科書をコピー&ペーストして作った教科書も完全に合法となる。歴史教科書の世界は盗作教科書で溢れかえることになるかもしれない。生徒に模範を示すべき教科書が盗作で溢れるようになるかもしれないということは、何ともブラックな状態であり、見たくない事態である。そんな状態にしないためにも、育鵬社歴史教科書事件判決に対する批判を社会に広める必要があると考えるものである。

小山常実

平成二十八年八月

歴史教科書と著作権

育鵬社歴史教科書事件判決を批判する

2016年12月23日　初版発行

著　者　　小山 常実
定　価　　本体価格 3,400円＋税

発行所　　歴史教科書と著作権研究会
発売所　　株式会社　三恵社
〒462-0056 愛知県名古屋市北区中丸町 2-24-1
TEL 052-915-5211　FAX 052-915-5019
URL http://www.sankeisha.com

　ISBN 978-4-86487-576-9 C1030 ¥3400E